Bauwelt Fundamente 83

Herausgegeben von
Ulrich Conrads und Peter Neitzke

Beirat:
Gerd Albers
Hansmartin Bruckmann
Lucius Burckhardt
Gerhard Fehl
Herbert Hübner
Julius Posener
Thomas Sieverts

Christoph Feldtkeller

Der architektonische Raum: eine Fiktion

Annäherungen an eine funktionale Betrachtung

Friedr. Vieweg & Sohn Braunschweig/Wiesbaden

Der Verlag Vieweg ist ein Unternehmen der Verlagsgruppe Bertelsmann.

Alle Rechte vorbehalten
© Friedr. Vieweg & Sohn Verlagsgesellschaft mbH, Braunschweig 1989
Umschlagentwurf: Helmut Lortz
Satz: Satzstudio Frohberg, Freigericht
Druck und buchbinderische Verarbeitung: W. Langelüddecke, Braunschweig
Printed in Germany

ISBN 3-528-08783-8   ISSN 0522-5094

Inhalt

Einleitung 7

I.

Die formale Betrachtung, wie sie sich auf der Grundlage der idealistischen Philosophie der Antike (des Dualismus von Form und Stoff, der Zahlenlehre) zu Beginn der Neuzeit herausbildet: das Abheben der Form von der funktionalen Wirklichkeit; Körper und Raum als Gegenstände der künstlerischen Formgebung 13

II.

Der seit dem 18. Jahrhundert als Folge der Aufklärung und des zweckrationalen Denkens unternommene (halbherzige) Versuch der Rückbindung der Form an die funktionale Wirklichkeit; die explizite Thematisierung des Raums 29

III.

Die nähere (systematische) Befassung mit den instrumentellen Belangen seit dem 18. Jahrhundert: die Ansätze zu einer rationalen Entwurfsmethodik; ihr Festhalten an der Idee des architektonischen Raums (Ausblendung der Wand in ihrer materiellen und funktionalen Bestimmtheit) 49

IV.

Der mißverstandene, in seinem Potential noch ungenutzte Funktionsbegriff – Funktionale Betrachtung jenseits des Rationalismus (die Rolle des Subjekts) und jenseits des Funktionalismus (die Rolle des ästhetisch-semiotischen Entwurfsmoments) 65

V.

Die Funktion von Gebäuden im Nutzungszusammenhang: Architektur nicht als Ensemble von Räumen, sondern als Gefüge selektiver gradueller Abschirmungen 83

VI.
Die bisherige Dominanz des Aspekts der Trennung – Die Notwendigkeit des Zusammenspiels von Trennung und Nicht-Trennung, betrachtet insbesondere unter ökologischem Gesichtspunkt *95*

VII.
Zur Methodik funktionalen Entwerfens (instrumenteller Aspekt): Entwerfen als Auseinanderlegen des Tätigkeitskomplexes und Lokalisierung der Tätigkeiten unter Zuhilfenahme eines Gefüges selektiver gradueller Abschirmungen – Die Frage nach dem Subjekt des Entwurfs *115*

VIII.
Zum ästhetisch-semiotischen Entwurfsmoment in seinem Bezug zur funktionalen Wirklichkeit des Entworfenen (präsentationeller Aspekt): Notwendigkeit zunächst der Abwehr formaler Idiome, die mehr mit den Ideen von Körper und Raum als mit der funktionalen Wirklichkeit zu tun haben – Rückbezug vom präsentationellen zum instrumentellen Aspekt: die primäre Zeichenschicht der Architektur *125*

Anmerkungen *143*

Abbildungsnachweis *169*

Einleitung

Was Architektur sein könnte, wenn wir anfingen, Gebäude als das zu nehmen, was sie ihrer primären Bestimmung nach sind, wenn wir anfingen, sie von dieser Bestimmung her zu entwickeln und durchzubilden – diese Frage bildet gleichsam den Hintergrund, vor dem sich die vorliegende Untersuchung entwickelt. Sicherlich wird schon diese Frage als obsolet, als anachronistisch erscheinen; es wird sich jedoch zeigen, daß dies nur so ist, weil die Vergangenheit (insbesondere die Moderne) selbst gründlich verkannt wird.

Die Bemühung um eine rationale (theoretisch-methodische) Erhellung der Architektur in ihrem instrumentellen Aspekt war, als sie Anfang der siebziger Jahre aufgegeben wurde, über erste, noch sehr im dunkeln tappende bzw. in die Irre führende Schritte nicht hinausgekommen. (Es ist solche Erhellung in den sechziger Jahren, indem man die Aufgabe des Entwurfs als das Lösen eines ‚Problems' ausgab, geradezu systematisch vereitelt worden.) Insbesondere ist dabei der für ein solches Unterfangen unersetzliche allgemeine Funktionsbegriff – nun schon vor über 200 Jahren in die Architekturtheorie eingeführt – noch kaum zum Tragen gekommen. Diesbezüglich sollten wir uns nicht täuschen lassen durch den ehemals häufigen Gebrauch der Termini ‚Funktion', ‚funktional' usw. im Architektenlatein, durch die programmatischen Erklärungen der Avantgarde, und schon gar nicht durch die sogenannte Funktionalismuskritik, welche eben diese Erklärungen – „form follows function" – für bare Münze nahm, ja noch überinterpretierte: als Ausdruck eines völligen Desinteresses an jedem über das instrumentell Erforderliche hinausgehenden künstlerischen Moment der Formgebung, welche der modernen Architektur unterstellte (und darin ihr Elend begründet sah), sie sei funktional und nichts als funktional. Davon kann keine Rede sein. Nirgendwo, weder bei den Architekten noch bei ihren Kritikern noch bei den Kritikern der Kritiker findet sich in dieser Hinsicht auch nur begriffliche Klarheit, ganz zu schweigen von der Nutzung der mit dem Begriff gegebenen theoretisch-methodischen Möglichkeiten. Die Termini dienen bis auf den heutigen Tag eher ideologischem Geplänkel oder opportunistischen Phrasen als der theoretisch-methodischen Arbeit.

Nein, über eine Architektur, die sich wirklich das Potential des Funktionsbegriffs zunutze gemacht hätte, die auf der Grundlage einer genuin funktionalen Betrachtung entwickelt worden wäre, sind wir nicht hinaus;

wir haben sie noch vor uns im Sinn einer Möglichkeit. Über ihre Tauglichkeit oder Untauglichkeit kann auf der Grundlage der bisherigen Entwicklung noch nicht, jedenfalls nicht in negativem Sinn, entschieden werden. Insbesondere ist nicht erwiesen, daß sie dem Bedürfnis nach persönlicher Identifikation mit der baulichen Umwelt entgegensteht, wie die Funktionalismuskritik unterstellt. Nichts spricht dafür. (Man muß in der funktionalen Betrachtung die Form keineswegs als irrelevant ansehen, aber man wird sie ansehen als ein Äußeres, in dem das instrumentell Erforderliche sich nur präsentiert: als dessen Gestalt also – und folglich als etwas, mit dem man nicht beliebig umspringen kann, dem man aber auch keineswegs durch bloße Abweisung offensichtlicher Formalismen, wie sie seit dem 18. Jh. erfolgte, ohne tieferes Verständnis (und entsprechende Gestaltung) des instrumentell Erforderlichen selbst, und schon gar nicht durch ein generelles Verdikt über das Ornament, schon gerecht wird.)

Bei dem Versuch der Entwicklung einer genuin funktionalen Betrachtung als Vorbedingung einer nicht-formalistischen Architektur wird man um eines nicht herumkommen, nämlich um eine Auseinandersetzung mit dem Begriff des architektonischen Raums bzw. seiner, wie man weiß, dominierenden Rolle in der architektonischen Praxis; ja es ist diese Auseinandersetzung dabei der kritische und entscheidende Punkt. Sie wird in den folgenden Kapiteln breiten Raum einnehmen.

Der architektonische Raum ist nicht nur, seit Beginn der Moderne, vornehmster Gegenstand der (künstlerischen) Formgebung, „Protagonist [der Schauspiele] der Architektur"[1], der den architektonischen Körper zu seinem Gegenspieler hat bzw. sich als Mittel unterwirft. Er ist zugleich und vor allem zentrale Entwurfseinheit, in der schon die Aufgabe formuliert wird, und die durch den ganzen Entwurf hindurch bestimmend bleibt. So ist er gleichsam das A und O der architektonischen Praxis. In ihm scheint die Architektur in unmittelbarem Bezug zum Leben zu stehen; diesem, den verschiedenen Tätigkeiten des Menschen Raum zu geben, gilt als die – würdige – Aufgabe der Architektur, als das unter allem äußerlichen (bisher primär dem Körper zugeordneten) Wandel sich durchziehende, freilich spät entdeckte ‚Wesen' der Architektur.

Mit dieser Auffassung hatte man immer schon die (vorgefaßte) Antwort bereit auf die Frage, worum es in der Architektur in ihrem instrumentellen Aspekt gehe. So blockierte sie (die selbst bisher nie in Frage gestellt worden ist) die Bemühung um eine genuin funktionale Betrachtung.

Läßt man sich von dem allgemeinen „Credo"[2] in der Bemühung um eine funktionale Betrachtung nicht irre machen, so zeigt sich der architektonische Raum im Blick zurück bald in einem anderen Licht. Er zeigt sich als ein Abstraktum, mit dem es nur in sehr unzulänglicher Weise gelingt, Gebäude in ihrer funktionalen Wirklichkeit zu fassen. Nicht daß die Idee des architektonischen Raums völlig aus der Luft gegriffen wäre; aber sie bleibt, ganz entgegen der skizzierten Auffassung, wie ihr Pendant, die Idee des architektonischen Körpers, an der Oberfläche – im doppelten Sinn des Wortes. (Die Oberfläche im wörtlichen Sinn ist ein und dieselbe, nämlich die des Körpers: im einen Fall eines dem Betrachter gegenüberstehenden, im andern Fall eines sich um den Betrachter herumziehenden Körpers.) Was sie aus der Gesamtwirklichkeit des Gebäudes bzw. der Stadt heraushebt, ist gerade nicht dasjenige, worauf es, funktional gesehen, ankommt.

Ich würde mich wundern, wenn nicht jeden Architekten bisweilen eine Ahnung davon beschliche. In der Detaillierung – nachdem, wie ich behaupte, sehr vieles bereits fehlgelaufen ist – arbeitet er nämlich auf einer ganz anderen Ebene. Er arbeitet nicht auf der Ebene der Räume und ihrer Grenzen, sondern auf der Ebene des Systems der Wände und Decken, Stützen und Träger, betrachtet in ihrer materiellen Struktur und ihren physischen Eigenschaften bzw. in ihren funktionalen Bedingtheiten. Das sind zum einen die Bedingtheiten der Tektonik, der Konstruktion, wie sie zum Teil in der älteren, körperbezogenen Auffassung thematisiert waren. Es sind aber vor allem, als die primären Bedingtheiten, die Erfordernisse der Abschirmung der in dem Gebäude (oder im Freien) stattfindenden Tätigkeiten gegeneinander und gegenüber der weiteren Umgebung bzw. Umwelt. Gerade in letzterer Hinsicht aber bleibt die Arbeit einseitig und partikular. Kaum je wird die Wand in ihrem – durchgängigen – Doppelcharakter als zugleich Trennung und Nicht-Trennung, als Trennung in einer, Nicht-Trennung in anderer Hinsicht gesehen. (Dieser Doppelcharakter der Wand steht in unmittelbarem Widerspruch zur Idee des architektonischen Raums.) Und natürlich kann die Befassung mit der Wand als selektiver, gradueller Abschirmung, solange vom architektonischen Raum ausgegangen wird, nicht von Anfang an die entwurfsbestimmende Rolle spielen, wie es – funktional gesehen – nötig wäre. Damit bleiben auch die Tätigkeiten in ihren Beziehungen zueinander und zur Umwelt inadäquat erfaßt und berücksichtigt. Diesen heute auf untergeordneter Entwurfsebene stiefmütterlich begegneten instrumentellen Belangen gegen die Dominanz der Idee des architektonischen Raums zu primärer Geltung zu verhelfen und sie mit Hilfe des Funktionsbegriffs näher zu ergründen – darum wird es in dieser Arbeit gehen.

Dabei wird die funktionale Betrachtung, wenn sie nicht tatsächlich auf verlorenem Posten stehen will, über ihren eigenen Schatten springen müssen: Sie wird ansetzen müssen jenseits des Rationalismus, innerhalb dessen sich die ersten Schritte in dieser Richtung ergaben und dem sie allgemein zugeordnet wird – dem auch die bisherigen theoretisch-methodischen Bemühungen um die Architektur in ihrem instrumentellen Aspekt, je weiter sie fortschritten (je ausgeklügelter die Methoden wurden) desto mehr verfielen –, der ihr aber keineswegs inhärent ist. Sie wird ansetzen müssen auf einem Niveau der Reflexion, auf dem das Subjekt anerkannt wird als die auch durch den Verstand nicht hintergehbare Grundlage von Erkenntnis und erst recht von Planung – auf einem Niveau also, auf dem der Verstand nicht länger als übernatürliche, über alles Subjektive erhabene Instanz der Erkenntnis überschätzt wird, sondern ins Spiel gebracht – und gefordert – wird gemäß dem, was er zu leisten imstande ist, als Diener des Subjekts sozusagen. (Der Bezug aufs Subjekt ergibt sich bei der funktionalen Betrachtung, wenn man nur konsequent ist, sozusagen von selbst.)

Daraus ergibt sich, daß die hier angestellten theoretisch-methodischen Überlegungen für andere nur eine Anregung sein können, eventuell ein Werkzeug, das sie benutzen können.

Die vorliegende Untersuchung ist zugleich eine theoretisch-methodische und eine historisch-kritische. Nach dem Ausgeführten ist klar: die Untersuchung befaßt sich nicht mit *der* Architektur, mit der heute wieder so beliebten (reaktionären) Frage – oder richtiger, mit einer Behauptung dazu –, was Architektur in ihrem Wesen sei. (Ist es nicht offensichtlich, daß die Architektur, vor allem was das Verhältnis zwischen dem instrumentell Erforderlichen und dem darüber hinausgehenden ästhetisch-semiotischen Entwurfsmoment betrifft, sich zusammen mit dem Selbst- und Weltverständnis zu Beginn der Neuzeit schon einmal grundlegend gewandelt hat, daß sie seit zwei Jahrhunderten Ansätze zu einem erneuten Wandel zeigt?) Sie hat zum Gegenstand eine mögliche andere Architektur, in der die oben genannten Widersprüche aufgehoben wären, oder vielmehr den Übergang von der Architektur der Neuzeit zu einer möglichen anderen, wie er sich im Übergang von der formalen zur funktionalen Betrachtung ergibt.

Der theoretisch-methodischen Reflexion wird dabei die Aufgabe zufallen, die Gebäude in ihrem instrumentellen Aspekt zu betrachten, also unter der Fragestellung, was sie im Nutzungszusammenhang leisten müssen – dies nämlich ist ihre Funktion –, sie sozusagen von hierher in ihrer Existenz zu ‚erklären'. Diese Erklärung ermöglicht es, im Rückschluß die für die Erfüllung dieser Funktion notwendigen Charakteristika der Gebäude neu zu bestimmen. Diese Bestimmung bleibt hier, wo es um eine allgemeine theoretische Reflexion, nicht um Planung eines bestimmten Gebäudes geht, auf allgemeine Charakteristika beschränkt. Das Ergebnis: an die Stelle der bisherigen Auffassung der Architektur als Ensemble von Räumen wird ihre Konzeption als Gefüge selektiver gradueller Abschirmungen treten. Diese Konzeption wird dann bis hinein in die entwurfsmethodischen und die ästhetisch-semiotischen Konsequenzen entwickelt bzw. diskutiert werden.

Die historisch-kritische Reflexion befaßt sich mit der Geschichte der (gegenwärtig verworfenen) Idee einer solchen funktionalen Betrachtung und mit dem Zögern, der Inkonsequenz der Realisierungsversuche bisher. Sie befaßt sich darüber hinaus und vor allem mit der Geschichte jener Betrachtungsweise, die zu ihr in diametralem Gegensatz steht und gegenüber der sie sich bisher nicht durchzusetzen vermochte, nämlich mit der formalen Betrachtung. Dabei gilt das besondere Augenmerk dem architektonischen Raum: dem Umstand, daß er in der formalen Betrachtung, als Pendant zum Körper, eigene Geltung gewinnt, und der Rolle, die er in der Folge auch in der Entwurfsmethodik spielt. Schließlich soll auf gewisse Konflikte hingewiesen werden, die sich aus der Widersprüchlichkeit der formalen Betrachtung zu den instrumentellen Belangen notwendigerweise ergeben.

Die historisch-kritische Reflexion wird in der Herausarbeitung dieser Strömungen die Geschichte der Architektur durchaus einseitig betrachten, ohne dies als einen Nachteil zu sehen. Sie wird überhaupt dem Umstand, daß wir gar nicht anders können, als die Vergangenheit von der Gegenwart aus, mit unseren heutigen Begriffen und Vorstellungen zu erfassen, nicht, wie es bezogen auf das Ideal objektiver Erkenntnis erschien, als Mangel nehmen, sondern als selbstverständliches Charakteristikum einer Geschichtsschreibung, die die Vergangenheit gar nicht für sich betrachten will, sondern in bezug auf die Gegenwart als dem Knotenpunkt zwischen den verschiedenen Strömungen eben dieser Vergangenheit und der noch offenen Zukunft – einer Geschichtsschreibung, die also immer wieder neu erfolgen muß. (Anders als bei der der Idee objektiver Erkenntnis verpflichteten Geschichtsschreibung, die mit der Negierung der subjektseitigen Bedingtheiten der Erkenntnis dazu tendiert, „daß bei der forschenden Betrachtung der Vergangenheit der eigene Standpunkt nicht berücksichtigt wird und so unvermerkt Anschauungsweisen und Begriffe unserer eigenen Zeit in die älteren Epochen hineinprojiziert werden, sie verzeichnen und entstellen"[3] – der ahistorische Umgang mit der Idee der „Raumgestaltung" in der Architekturgeschichtsschreibung ist ein Beispiel –, wird bei solcher bewußt gegenwartsbezogenen Betrachtung die Aufmerksamkeit von selbst darauf gerichtet, nicht nur das Gemeinsame, sondern auch die Unterschiedenheit der vergangenen Epochen zur Gegenwart zu sehen.)

Bezogenheit auf die Gegenwart – das bedeutet allerdings auch, daß die historisch-kritische Reflexion versuchen muß, die besonders interessierenden Momente der Architekturentwicklung vor ihrem eigenen geistesgeschichtlichen und sozio-ökonomischen Hintergrund zu sehen – auch wenn dies immer nur skizzenhaft, nur andeutungsweise möglich ist. Erst in solcher Sicht zeigt sich nämlich die Entwicklung der Architektur als realgeschichtliche, abhängig vom Denken und Treiben der Menschen in den betreffenden

Epochen. Damit rücken die verschiedenen Strömungen, auch wenn sie sich bis in die Gegenwart hinein fortsetzen, eventuell deutlich in Distanz gegenüber dem eigenen, sich weiterentwickelnden Selbst- und Weltverständnis, von dem aus in der Auseinandersetzung mit diesen Strömungen die für die Zukunft einzuschlagende Richtung, oder zunächst, die theoretische Aufgabe sich bestimmt. (Dieses In-Distanz-Rücken betrifft hier in erster Linie die formale Betrachtung; es betrifft aber, wie schon angedeutet, auch das bisherige Verständnis der funktionalen Betrachtung.)

Man kann sagen, die historisch-kritische Reflexion bereite die theoretisch-methodische vor. Es gilt aber auch das Umgekehrte. Beide entwickeln sich in wechselseitiger Abhängigkeit. (Das gilt insbesondere für die Auseinandersetzung mit dem architektonischen Raum, die in der theoretisch-methodischen Reflexion der springende Punkt ist.) So bedarf die Lektüre der einzelnen Abschnitte des Texts, in denen jeweils eines dieser beiden Momente der Untersuchung im Vordergrund steht, zu seinem vollem Verständnis der Ergänzung durch die korrespondierenden, dem andern Moment gewidmeten Abschnitte. (Es müßten jeweils die einen vor den anderen gelesen werden und umgekehrt.) Wo immer also der Leser seinem Interesse gemäß in den Text eintritt, vonnöten wäre, zumal das Ausgeführte zu dem Erwarteten oft nicht nur in einer Hinsicht quer stehen dürfte, eine Lektüre, die (anders als das programmierte Lernen) die Gedanken zunächst in der Schwebe hält, die damit rechnet, daß manches erst im nachhinein recht zu verstehen sein bzw. eine weitere Dimension des Verstehens erhalten wird.

I.

Grundlegend in der Philosophie von Aristoteles bis zu den mit dem Beginn der neuzeitlichen Wissenschaft erfolgenden Umwälzungen ist der Dualismus von Form und Stoff, wie er schon in der eleatischen Philosophie und in Platons Ideenlehre sich vorbereitet, aber erst von Aristoteles als solcher gefaßt wird. In diesem Dualismus gilt der Stoff als das Zugrundeliegende, Formbare (weniger die Materie im neuzeitlichen, abstrakten Sinn als der je besondere Baustoff mit seinen spezifischen Möglichkeiten), die Form aber als das Unveränderliche und Wesensbestimmende, das den Stoff gewissermaßen zu sich heraufzieht, um mit ihm ein Seiendes in eigener Wesenheit zu bilden.[4]

In den Kategorien des Bauens heißt es bei Leon Battista Alberti im Vorwort seiner *Zehn Bücher über die Baukunst* entsprechend: das Gebäude sei „eine Art Körper", der „aus den Rissen und dem Material entsteht". „Die ersteren werden vom Geist hervorgebracht, das letztere wird aus der Natur gewonnen." Als zusätzlich erforderlichen Faktor, Aristoteles' Wirkursache entsprechend, nennt Alberti den erfahrenen Handwerker, der das Material den Rissen gemäß formt. Die Risse sind hier entschieden mehr als ein bloßes Hilfsmittel zur Aufführung des Baus, etwa im Rahmen einer teilweise selbstverständlichen, traditionsbestimmten Praxis. Sie sollen, in der Gesamtheit der (formalen) Bestimmungen, die ‚Idee' des Hauses wiedergeben. Dies wird ganz deutlich gleich zu Beginn des ersten Buches, wo Alberti ausführlicher von den Rissen handelt, und wo er als ihre vorteilhafte Eigenschaft hervorhebt, daß in ihnen „die gesamte Form" (integras formas) „durch den Geist" (animo et mente), „ohne Berücksichtigung des Materials" (seclusa omni materia), also in rein geistiger Bestimmtheit festgelegt werden könne. (Damit ist nicht gemeint, daß das Material keine Rolle spiele, sondern daß die Form von ihm unabhängig ist und sich gewissermaßen das geeignete Material sucht.)[5]

Es ist offensichtlich, daß diese idealistische, ungeschichtliche Auffassung, was die Belange der Zweckmäßigkeit und der Festigkeit betrifft, gerade bei Alberti permanent unterlaufen wird, wenn er sich auf das verfügbare Erfahrungswissen bezieht und dabei dem, was er von anderen hört, oft seine eigene Erfahrung entgegensetzt. Sie wird aber in hohem Maße für die Auffassung der Schönheit bestimmend.

Diese faßt Alberti, wie man weiß, als „eine gewisse Übereinstimmung und ein Zusammenklang der Teile zu einem Ganzen".[6] Als bestimmend da-

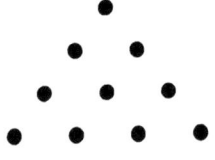

Die heilige Tetraktys der Pythagoreer, die vollkommene Zahl 10, zusammengesetzt aus den Zahlen 1, 2, 3 und 4 – aus jenen Zahlen, durch die die Verhältnisse der Saitenlängen der konsonanten Töne bestimmt sind: 1:2 bei der Oktave, 2:3 bei der Quinte, 3:4 bei der Quarte. Sie zeigt die bei den Pythagoreern gebräuchliche Darstellungsweise der Zahlen als geordnete Punktmengen (ursprünglich gebildet aus Rechensteinen, wie sie auch zum Rechnen auf dem Rechenbrett verwendet wurden), in der die Zahlen in ihrem Aufbau gleichsam aus atomaren Einheiten – wie die sinnlich wahrnehmbare, materielle Wirklichkeit, zu dessen Grundlage sie erklärt wurden – den Charakter eines Zusammengesetzten, Ausgedehnten und durch bestimmte Form-Merkmale Ausgezeichneten hatten. Noch deutlicher wird dieser Charakter in der räumlich-geometrischen Interpretation der in der Tetraktys zusammengeschlossenen Zahlen, bei der die Eins dem Punkt, die Zwei der Linie, die Drei der Fläche (dem Dreieck) und die Vier dem Körper (dem Tetraeder) zugeordnet wurde.

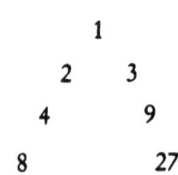

Das platonische Lambda, darstellend den Aufbau der «Weltseele», die Harmonie der Sphären. Es ist gebildet aus den beiden von der Eins ausgehenden, durch dreimalige Verdoppelung bzw. Verdreifachung sich ergebenden Reihen, die eine aus geraden, die andere aus ungeraden Zahlen (die Eins aufgefaßt als zugleich gerade und ungerade). In der geometrischen Interpretation wurden hier die Eins dem Punkt, die Zwei und Drei der Linie, die darauf aufbauenden Quadratzahlen der Fläche und die Kubikzahlen dem Körper zugeordnet. Wie in dieser Zuordnung der Zahlen zum Gemoetrischen als einem vom Punkt aus schrittweise sich Entfaltenden schon zum Ausdruck kommt, sah Platon die Struktur der Zahlen als eine durch fortgesetzte Aufspaltung (Diairesis) bestimmte, hierarchische, mit der Eins als zugleich der kleinsten wie der allumfassenden Einheit. In diesem Sinn bildeten die Zahlen bei Platon die Ordnungsstruktur im Reich der Ideen.

für nennt Alberti neben der „Anzahl" (numerus) der Teile einer Art und ihrer „Anordnung" (collocatio) – es geht dabei vor allem um Geradzahligkeit oder Ungeradzahligkeit, um Symmetrie und Hierarchie – ein Drittes, das im vorliegenden Zusammenhang von besonderer Bedeutung ist: „finitio", wörtlich die „Begrenzung" – Begrenzung nämlich der Größe der Teile in den verschiedenen Dimensionen und zwar in einer in sich wie bezogen auf die Maße der anderen Teile abgestimmten Weise. Es geht also um die Bemessung, um räumliche Proportionen. Alberti bezieht sich dabei auf „das vollkommenste und oberste Gesetz der Natur". Unschwer läßt sich darin ein Rückgriff auf die ältere pythagoreisch-platonische Lehre von der Bestimmtheit der Dinge durch Zahlen und der in bestimmten Zahlenverhältnissen bestehenden kosmischen Harmonie erkennen[7], wenngleich festzustellen ist, daß diese Lehre in der Präokkupation mit der Form umgemünzt erscheint zu einem Regelwerk formaler Bestimmungen, wie sie es in ihrer äußersten Abstraktheit ursprünglich nicht war.

Ehe gezeigt werden soll, wie in der Folge der Rezeption dieser Lehren in der Architektur zusammen mit der Behandlung des Gebäudes als Körper auch der Raum als formale Einheit Geltung gewinnt, seien einige kulturgeschichtliche Reflexionen eingeschoben, die dazu beitragen mögen, diese Lehren in ihrer ganzen Fremdartigkeit, ihrer kulturgeschichtlichen Gebundenheit zu sehen. Es geht um die vor allem bei Pythagoras festzustellende Verbindung des Erbes des Schamanen (des Sehers, Dichters, Heilers) mit einer neuen Vernarrtheit in abstrakte Rationalität, und, diesen letzten Aspekt betreffend, um den Zusammenhang mit der Entwicklung des Warentauschs, auf den schon Aristoxenus, ein Schüler von Aristoteles, hingewiesen hat[9], und der, bezogen auf die Anfänge der Philosophie überhaupt, in jüngster Zeit Gegenstand mehrerer Untersuchungen war.[10]

Der Tausch von Waren impliziert die Abstraktion von allen ihren qualitativen Besonderheiten und vom Gebrauchswert, um allein dasjenige hervortreten zu lassen, worin sie sich zueinander in Beziehung setzen: ihre Werte. (Man beachte, daß die Werte, anders als die Maße, die noch eine qualitative Bestimmung, eine Maßdimension (z. B. Länge, Gewicht) haben, rein quantitativer Natur sind; es sind relationale quantitative Größen.) Diese Abstraktion ist zunächst unbewußte Implikation des Tauschakts; sie wird aber mit der Einführung des Münzgelds, das heißt der Verdopplung der Ware in einer besonderen, von jedem konkreten Bedürfnis abgehobenen Ware, greifbare Wirklichkeit, die man in der Tasche mit sich herumtragen kann und die zugleich in den Köpfen ihre Spuren zu hinterlassen beginnt. Dies gilt zunächst für den Kaufmann, der sich zwischen die ursprünglich beim Tausch noch zusammenkommenden, sich wechselseitig als Produzenten und Konsumenten ergänzenden Parteien schiebt und in dessen Händen das Geld als vergegenständlichter Wert sich zu verselbständigen beginnt, von einem Mittel des Tauschs zu seinem Zweck – zum „Gott der Waren" (Marx) – wird. Vor allem bei ihm entwickelt sich, entsprechend dem, was zunächst nur für den Moment des Tauschs galt, ein neues Verhältnis zu den Dingen. Es ist ein Verhältnis nicht des tätigen (den Gegenstand wie die betreffenden Personen selbst verändernden) Umgangs mit den Dingen, des Involviertseins in der Herstellung oder im Gebrauch von Gegenständen, ja überhaupt nicht mehr des Interesses an bestimmten Gegenständen, sondern der abstrahierenden, in-Beziehung-setzenden Betrachtung – im Interesse eines ganz anderen, nämlich des im Handel mit diesen Gegenständen, im ungleichen Tausch erzielbaren Gewinns. (Für den Tausch ist gerade vorausgesetzt, daß die Waren nicht der Veränderung unterworfen sind. „Selbst von der Natur", schreibt Alfred Sohn-Rethel, „wird angenommen, daß sie gleichsam im Warenkörper ihren Atem anhält."[11]) So sehr es dabei noch auf die sachkundige Erfassung der Qualitäten der Ware ankommt – immer ist das Ziel das Abschätzen ihrer Werte bzw. das endgültige Hervortreten der Werte im Tausch, bei dem alle seine Kalkulationen (betreffend die geschätzte Differenz der Tauschwerte, beim Einkauf und Verkauf, die Transportkosten, die hohen Risiken des Land- und Seetransports, die Lagerhaltungskosten, Löhne, Zinsen usw.) zu seinen Gunsten aufgehen müssen.

Es ist dieses Verhältnis der bloßen – abstrahierenden, in-Beziehung-setzenden – Betrachtung, das in der Philosophie, bezogen auf die gesamte Mannigfaltigkeit der sinnlich wahrnehmbaren Wirklichkeit, als Form des Denkens wiederkehrt – später für die gesamte Wissenschaft gültig formuliert wird als das Gegenüber von transzendentalem Subjekt und identisch bleibendem Objekt –, nun im Interesse der Erkenntnis des ‚wahren Seins'. Es geht dabei, wie im Warentausch, um In-Beziehung-Setzen nicht vor allem des Gleichartigen, sondern gerade des Verschiedenartigen. Und es geht um eine Art der Abstraktion, die im archaischen Denken ganz unvorstellbar ist[12], nämlich um Reduktion der Wirklichkeit auf Zahlen und Begriffe, die dann auf ihre mathematischen bzw. logischen Beziehungen hin erkundet werden können. Es handelt sich aber nicht, jedenfalls nicht nur um Theorie im heutigen Sinn. Auch Pythagoras' Spiel mit den Rechensteinen, mag man es auch als Anfang der reinen Mathematik ansehen, ist mehr als dies. Es handelt sich um ‚theoretische' Tätigkeit mit dem im griechischen Begriff noch enthaltenen Aspekt eines Schauens. Es war Reflexion über das Wesen der Dinge und seine Kontemplation mit dem Ziel der Läuterung des eigenen Selbst. Und die Lehre, daß die gesamte sinnlich wahrnehmbare Wirklichkeit auf Zahlen und Zahlenverhältnissen gegründet sei, ja in ihnen bestehe, galt als Offenbarung eines Sehers. Dies entsprach durchaus dem allgemeinen

Selbstverständnis der ersten Philosophen – bis zu Sokrates, dessen Einzigartigkeit gerade darin bestand, ausdrücklich hervorgehoben zu haben, daß er über keine derartigen seherischen Fähigkeiten verfüge. Doch auch er und mit ihm Platon waren von diesem Selbstverständnis nur einen Schritt entfernt, wenn sie Erkenntnis als einen dialektischen Prozeß der Erinnerung (Anamnesis) des Wissens der unsterblichen Seele auffaßten, des Wissens folglich über das allem Wandelbaren zugrunde liegende unwandelbare „Sein". (Das Abstraktum erscheint, wie auch im Warentausch, also nicht als solches, es erscheint, geradezu im Gegenteil, als das einzig Wahre, dem gegenüber die ‚volle' materielle Wirklichkeit zum bloßen Schein wird.)

Erst in diesem Rahmen wird halbwegs verständlich, wie der Sachverhalt, daß bei den harmonisch zusammenklingenden Tönen die Saitenlängen einfache quantitative Verhältnisse bilden – er war sicherlich keine Entdeckung von Pythagoras; er mußte jedem Instrumentenbauer bekannt sein –, die Bedeutung erhalten konnte, die er für Pythagoras' Lehre erhielt. Dabei spielte eine besondere Rolle, daß die Musik nach pythagoreischer Überzeugung – auf welcher auch ihr Einsatz zu Zwecken der Heilung basierte – in enger Beziehung zur Seele stand, die als das den vergänglichen Körper belebende Ewige galt und auf die in dem religiösen Orden der Pythagoreer das höhere Sinnen und Trachten gerichtet war.

Letzteres verschob sich mit der theoretischen Tätigkeit unmerklich hin zu einer ontologischen, die gesamte materielle Wirklichkeit in ihrem metaphysischen Grund betreffenden Betrachtung – wobei an die Stelle der Zahlen bei Platon die „Ideen" (Idea, Eidos) treten, die neben den Zahlen die Begriffe umfassen, bei Aristoteles schließlich die „Formen" (Eidos, Morphe) und, ihnen gegenüberstehend, der formlose Stoff.

Wenn wir uns vergegenwärtigen, daß im Warentausch nicht nur die Waren sich zueinander in Beziehung setzen, daß sich über den Warentausch in der Tauschwirtschaft auch der ökonomische Zusammenhang zwischen den Individuen herstellt, die nun im übrigen als vereinzelte, voneinander getrennte Individuen sich gegenüberstehen, so erkennen wir, daß auch diese ontologische Orientierung, die für die gesamte Philosophie in ihren Anfängen charakteristisch ist, die Befassung nämlich mit dem, ‚was die Welt im Innersten zusammenhält', mit der gesellschaftlichen Wirklichkeit zu tun hat. Erst in der Herausgelöstheit aus dem unmittelbaren Natur- und Gesellschaftszusammenhang der alten gemeinschaftlichen Wirtschaft des Oikos, im Gegenüber zur ‚Welt' kann diese als Ganze zum Thema werden. (Zugleich erhebt sich die Frage nach der eigenen Identität, mit der die Entwicklung des Ich beginnt, das zu Beginn der Neuzeit eine so wichtige Rolle spielen wird und auf das ich im Zusammenhang mit dem architektonischen Raum noch zu sprechen kommen werde.) Wenn das besondere Interesse von Pythagoras der Harmonie gilt – verstanden als eine in quantitativen Verhältnissen bestehende „Verbindung" der Gegensätze –, die gleich wie der vom Menschen gemachten Musik und der menschlichen Seele, so auch der unveränderlichen Ordnung des Kosmos innewohnen soll – handelt es sich nicht um eine ins Ontologische verschobene und idealisierende Beantwortung der Frage nach der sich anbahnenden neuen gesellschaftlichen Ordnung, der Frage nach der Gerechtigkeit?[13] Handelt es sich nicht um den Anfang bürgerlicher Ideologie?

Der skizzierte Bezug zur ökonomischen Entwicklung legt nahe, in ihr auch den tieferen Zusammenhang zwischen der geistigen Entwicklung in der Antike und der erneuten Faszination gerade auch der angesprochenen Lehren zu Beginn der Neuzeit zu sehen. Wir haben es zu tun mit verschiedenen Phasen des Übergangs von der alten gemeinschaftlichen, autarken Wirtschaft relativ kleiner Einheiten zu der durch Warentausch und Warenproduktion bestimmten Wirtschaftsweise. Sie entwickelt sich in der Antike neben der alten Wirtschaftsweise, ohne diese schon abzulösen, aber doch bis zu der im vorliegenden Zusammenhang signifikanten Stufe der Einführung des Münzgelds – sie erfolgt zwischen dem Ende des 7. und dem Ende des 6. Jh., und es spricht einiges dafür, daß Pythagoras, dessen Orden in Kroton und anderen Städten die politische Macht innehatte, dort selbst an seiner Einführung beteiligt war[14] –, blüht dann im späten Mittelalter erneut auf, um schließlich zu Beginn der Neuzeit, in der Ära des Kaufmannskapitals dominierend zu werden.

Die genannten Lehren erhalten nun, geweiht durch die Autorität der ‚Alten', den Status allgemein beschworener, unangezweifelter Wahrheiten. Jetzt kommen sie, wie oben angedeutet, auch in der Architektur in einer grundlegenden Weise zur Wirkung. Insbesondere die auf der pythagoreisch-platonischen Zahlenlehre aufbauende Proportionslehre wird nun mit weitreichenden Ambitionen verbunden. Dies gilt im Vergleich mit dem Mittelalter, für deren Architektur sie, in den der Planung zugrunde gelegten Proportionsfiguren, wohl eine symbolische Rolle spielte, dabei aber – hierin vergleichbar der Rolle des Ecksteins – kaum die visuelle Erscheinung bestimmte; es gilt aber auch im Vergleich mit der Architektur der Antike, in der sie, jedenfalls, was ihre Anwendung betrifft (gleich wie die Perspektive in der Malerei) in Ansätzen stecken blieb.[15]

Dies hat, außer mit dem genannten Status der Zahlenlehre, mit einer geistigen Entwicklung zu tun, die man als eine neue Etappe auf dem Weg abstrakter Rationalität betrachten kann, die schon mit Aristoteles beginnt, aber erst zu Beginn der Neuzeit zum Abschluß kommt. Sie zeigt sich im wissenschaftlich-philosophischen Bereich in der Konzeption des bis ins Unendliche erweiterbaren und teilbaren Zahlenkontinuums, in der Konzeption des homogenen Raums (‚Raum' hier im Sinn des allgemeinen Raumbegriffs verstanden), und nicht zuletzt in der durch Nikolaus von Kues erfolgten Erhebung des quantitativen Vergleichs zum allgemeinen Erkenntnisprinzip (auf das Alberti in seinen Schriften verschiedentlich sich bezieht[16]): „comparativa igitur est omnis inquisitio, medio proportionis utens".[17] Es handelt sich um konzeptionelle Errungenschaften, die entscheidend dazu beitragen, die für die Antike charakteristische, trotz des hohen Abstraktionsgrads beibehaltene Bezogenheit des Denkens auf das so und so bestimmte Einzelne, den anschaulichen Typus, die Klasse zu überwinden.[18] In der Kunst entspricht dieser Entwicklung die Perspektivkonstruktion.[19] Auch sie bezieht sich nicht mehr auf einzelne Gegenstände (Menschen, Tiere, Pflanzen, für sich oder in einem Handlungszusammenhang gesehen), auf die sich in der Antike das bildnerische Schaffen konzentrierte[20], sondern auf den Gesamtzusammenhang, also den Raum, den sie lückenlos und, wenn auch verzerrt, so doch als durchgängig und einheitlich maßbestimmt auf die zweidimensionale Fläche projiziert, und zwar in streng geometrischer Weise, gleichgültig gegenüber allen qualitativen Unterschieden der ihn einnehmenden gestalthaften oder gestaltlosen Materie. (Daß sie mit dem Bezug zum Betrachter zugleich eine neue Differenzierungsmöglichkeit ins Spiel bringt, ist eine andere Sache. Ich komme darauf zurück.)

In vergleichbarer Weise erhält auch die Proportionslehre eine integrierende Aufgabe. In der Antike scheint sie vor allem auf einzelne Bauelemente, insbesondere die Säule, bezogen (z.T. wohl auch auf den Grundriß, wobei dann zwischen den Grundriß mit den Achsmaßen für die Säulen und den Säulen selbst schon keine Kommensurabilität mehr gegeben ist). Jedenfalls ist, verglichen mit der äußerst feinen Durcharbeitung, mit dem Interesse am Gleichmaß der Säulen[21], eine relative Gleichgültigkeit nicht nur gegenüber den Zwischenräumen, sondern auch gegenüber Abweichungen vom Gleichmaß der Achsen (ich denke an die Kontraktionen der Interkolumnien in den Eckfeldern des dorischen Tempels) unübersehbar, und genauso gegenüber den formalen Beziehungen der Gebäude untereinander.[22] Dies entspricht der dem natürlichen Sehen eigenen Differenzierung zwischen ‚Figur' und ‚Grund', bei der die klar umgrenzten (überschneidungsfreien) Teile des visuellen Felds vor dem Rest ‚hervortreten' und die Aufmerksamkeit auf sich ziehen.[23] Nun soll sich die proportionale Bemessung gleichermaßen auf die körperlichen Elemente wie auf die Zwischenräume beziehen – zunächst das einzelne Gebäude betreffend.

Damit wird die Sache gleich relativ komplex: Es geht um die Streckenverhältnisse der Grundflächen, der einzelnen Wände, der Interkolumnien, um die Verhältnisse von Durchmesser und Höhe der Säulen bzw. Pilaster.

Vor allem aber geht es dabei um die Beziehungen dieser in der Regel verschiedenen Verhältnisse zueinander. Es geht bei den letzteren um Proportion weder im Sinn eines einfachen Zahlenverhältnisses noch im strengen Sinn des mathematischen, schon von Euklid und Eudoxos definierten Begriffs als Gleichheit zweier Verhältnisse. Alberti, der den Terminus überhaupt selten gebraucht, spricht von einer „Verknüpfung durch Affinität" (affinitatis adiunctione).[24] Im allgemeinen Rückbezug auf die pythagoreisch-platonische Zahlenlehre empfiehlt er dafür die sogenannten proportionalen Mittel.

Um diese Affinität sichtbar, um die proportionalen Bezüge deutlich zu machen, werden die verschiedenen Begrenzungen so gegliedert, daß sie gewissermaßen als in unterschiedlichen Kombinationen aus denselben Elementen (Proportionen) zusammengesetzt erscheinen. Dabei bedient man sich, wo sich eine solche Gliederung nicht aus einer tektonischen Differenzierung ergibt, wo sie also das an sich tektonisch Undifferenzierte betrifft, eben solcher tektonischer Glieder, insbesondere der ‚Ordnungen' – Signum aller Architektur, die sich dieser Bezeichnung würdig erweisen will – als „ornamenti". Diese sind nun nicht Verzierungen im herkömmlichen Sinn, Verzierungen einer nach wie vor sichtbaren, in ihrer Masse beeindruckenden technischen Konstruktion – meist stammhaft mit der Wand verwachsen –, wie etwa die romanischen Blendarkaden, sondern bilden eine für sich zu beurteilende äußere (in der Regel vorgeblendete) Schicht. Und diese stellt sich nicht als Verkleidung der Wand dar, wie etwa eine Wand-Vertäfelung, sondern gibt in ihrem pseudo-tektonischen, historisierend-rhetorischen Charakter vor, selbst das Ganze der Architektur auszumachen.[25] Die Wand ist, wo sie nicht mit Ornamenten bedeckt ist, nurmehr neutraler – weißer – Grund: Negation sowohl der tektonischen Struktur als auch einer Bemalung, damit nämlich das Gliederungsspiel der Ornamente recht zur Wirkung komme.

Ein Beispiel, nicht ganz mustergültig, da das Image hier wie bei allen Palästen das festungsmäßige Rustika-Mauerwerk verlangte, ist der Palazzo Rucellai, bei dem die gesamte Fassade samt Rustika-Mauerwerk vorgeblendet ist, und bei dem Alberti z. B. die von ‚Pilastern' ‚getragenen' ‚Gebälke' in die obere Brüstungszone legt, um die Fenster formal besser zu integrieren und in ihnen das Motiv des römischen Torbogens aufzunehmen.

(Die Einbeziehung der Fenster in das Gliederungsspiel war natürlich das große Problem, sind sie doch Durchbrechungen der Wand, in denen verschiedene, in der oberflächenbezogenen Betrachtung sonst je für sich behandelte Einheiten der Formgebung ineinandergreifen. Im Innern beschränken sie sich auf jene Seiten des Raums, die Außenseiten sind. In der Fassade ergeben sie sich infolge der vielfachen Unterteilung des Innern und der unterschiedlichen Anforderungen oft nicht in der gewünschten Regelmäßigkeit oder dem erwünschten Gleichmaß. Dazu kommen delikatere Symmetrieprobleme, die sich an allen Ecken daraus ergeben, daß die Wand nicht nur eine zweidimensionale Grenze ist, sondern selbst beträchtlichen Raum einnimmt, so daß die Verhältnisse auf der Außenseite andere sind als auf der Innenseite.[26] Aber die Architekten wußte sich zu helfen. Sie werden nicht davor zurückschrecken, sie, wo sie nicht anders zu ihrem Ziel kommen, einfach zu eliminieren[27], oder im Gegenteil auf der Oberfläche nachzuahmen um des Ideals der Symmetrie bzw. der einheitlichen Gliederung willen. Die Lösungen reichen von der mehr oder weniger dekorativen Version einer vorgeblendeten Rahmung auf ebener Wand (Pazzi-Kapelle) bis zur illusionistischen Version mit Leibung, Fensterrahmen und verspiegelten Scheiben (Benediktinerabtei Neresheim).)

Dies also ist das Resultat einer Formgebung auf der Grundlage des Dualismus von Form und Stoff. Der Witz daran ist, daß dieser ursprünglich in Analogie zur Praxis des Handwerkerkünstlers konzipiert wurde, in welcher die Artefakte nach bestimmten, im Kopf des Künstlers vorhandenen Vorstellungen geformt werden. Worin Platon und Aristoteles irrten, ist die Meinung, daß diese Vorstellungen der unsterblichen Seele entstammten, während sie doch tatsächlich aus der Aufgabe und dem Bezug zum Material in einem langen Prozeß der Tradierung, durch ‚Versuch und Irrtum' sich bildeten und veränderten. Indem nun diese Praxis der philosophischen Lehre zu folgen versucht, werden die traditionellen Vorstellungen überlagert und zunehmend beiseitegeschoben durch abstrakte ‚Ideen' (insbesondere des Schönen), die mit der jeweils besonderen Sache nichts zu tun haben. Die Formgebung erfolgt nicht mehr in einer Einheit mit der Bemühung, den instrumentellen Erfordernissen gerecht zu werden, also im Bezug zur jeweiligen Aufgabe und zum verwendeten Material; sie hebt sich von diesen ab, folgt eigenen Gesetzen. Der Aspekt der Schönheit (venustas) verselbständigt sich gegenüber dem Aspekt der Zweckmäßigkeit und Festigkeit (utilitas, firmitas) – ganz wie im entwickelten Warentausch (in der Praxis des Kaufmanns) der Wert gegenüber dem Gebrauchswert. (Man bemerke auch die genaue Entsprechung der Stellung des Architekten zwischen Auftraggeber und Hersteller zu der des Kaufmanns zwischen Produzent und Konsument.)

Durch das Gliederungsspiel – zumal dieses mit der Wand in ihrer materiellen Wirklichkeit wenig zu tun hat und nur auf der Oberfläche stattfindet – kommt neben dem Körper, als der das Gebäude betrachtet wird, auch der architektonische Raum als ein formales Ganzes zur Geltung. Das formale Aufeinanderbezogensein seiner verschiedenen Begrenzungsflächen ist genau das, was nötigt ist, um auch ihn, der eher Grund als Figur ist, der gewöhnlicherweise im Blick auf die Dinge oder Personen im Raum oder auf Teile der architektonischen Konstruktion nur miterfaßt wird, nicht nur für den

Das Spiel der proportionalen Gliederung: Die Verselbständigung der Schauwand.
Leon Battista Alberti: Palazzo Rucellai, Florenz

Das Spiel der proportionalen Gliederung: Zur-Figur-Werden des architektonischen Raums.
Filippo Brunelleschi: Pazzi-Kapelle, Florenz 1429–1443

Verstand, sondern auch für die – kontrollierten – Sinne als Figur gegenständlich werden zu lassen. Dabei kommen komplexere Gesetze der Figurbildung zum Zuge als beim Körper – oder wenigstens entsprechende Tendenzen der Betrachtung –, insbesondere das Gesetz des (tendenziellen) Zusammenschlusses des Gleichartigen und das Gesetz der Erleichterung eines solchen Zusammenschlusses bei restlosem Aufgehen aller Teile.[28] Über ihre durch die Gliederung augenfällige wechselseitige Affinität verweisen die Begrenzungsflächen aufeinander – wobei die Decke (das Wölbungssystem) oft eine zwischen den Wandbegrenzungen vermittelnde Rolle spielt – und verführen sozusagen den Blick sukzessive zur Erfassung der Hohlform, die der Raum – formal betrachtet – ist, als Ganzer. (Der Raum ist nicht, wie von Kunsthistorikern seit Alois Riegl verschiedentlich aufgefaßt, ein für sich zu sehender anderer Körper, aus Luft gebildet[29], sondern Zwischenraum.) Beispiel: die oben bereits genannte Pazzi-Kapelle.[30].

Anders als der Körper, der dem Betrachter als in sich geschlossene Einheit gegenübersteht, schließt sich der Raum um ihn als Einheit zusammen. So kann man in seinem Zur-Figur-Werden oder wenigstens in seiner zukünftigen ästhetischen Bedeutung noch etwas anderes am Werk sehen, das nämlich, was man seit Jakob Burckhardt in der historischen Literatur im allgemeinen mit dem Begriff des Individuums oder der Individualität zu fassen versucht: das Ich. Das Ich wird hier nicht, wie größtenteils in der psychoanalytischen Theorie nach Freud, verstanden als das sich selbst als eigenständiges Wesen, als getrennt von der Mutter (und allen anderen) erkennende Individuum, als „Körper-Ich" (Margaret Mahler), sondern spezifischer, wie bei Freud und dann wieder bei Jacques Lacan[31], als die Vorstellung des Individuums von sich selbst, als Objekt des Bewußtseins, etwas sich gleichsam über den körperlichen Organismus Erhebendes, das offenbar nur unter bestimmten gesellschaftlichen bzw. familiären Verhältnissen auftritt und sich dann beim Kind sozusagen in Überformung der oben genannten Entwicklung herausbildet. (Als diese Vorstellung entbehrt das Ich nicht des Moments der Illusion; es etabliert damit ein das ganze Leben bestimmendes Spannungsverhältnis zum realen körperlichen Organismus, ein Verhältnis immer unvollständiger Identität, und damit immer ein Stück gesellschaftlicher Dynamik.)

Dieses Ich begegnet uns, wie gesagt, zuerst in der Antike, in der mit dem Übergang zur Tauschwirtschaft sich bildenden Klasse der ‚Freien', an Grund und Boden Besitzlosen, Auf-sich-Gestellten.[32] Aber erst mit dem Abschluß dieser Entwicklung zu Beginn der Neuzeit, mit dem Aufstieg der Handwerker und Händler zur herrschenden Klasse wird es gleichsam tonangebend[33] – nun keineswegs mehr wie in der Antike verbunden mit dem Gefühl des Ausgeliefertseins an das Auf und Ab des ‚Schicksals', sondern im Gegenteil als autonomes Ich. Wohl nirgends ist es in so prägnanter Weise zum Ausdruck gebracht wie bei Pico della Mirandola, wenn er bei der Schöpfung Gott zum Menschen sprechen läßt: „Keinen festen Ort habe ich dir zugewiesen und kein eigenes Aussehen, ich habe dir keine dich allein auszeichnende Gabe verliehen, da du, Adam, den Ort, das Aussehen, die Gaben, die du dir wünschst, nach eigenem Willen und Ermessen erhalten und besitzen sollst. Die beschränkte Natur der übrigen Wesen wird von Gesetzen eingegrenzt, die ich gegeben habe. Du sollst deine Natur ohne Beschränkung nach deinem freien Ermessen, dem ich dich überlassen habe, selbst bestimmen. Ich habe dich in die Weltmitte gestellt, damit du um so leichter alles erkennen kannst, was ringsum in der Welt ist. Ich habe dich nicht himmlisch noch irdisch, nicht sterblich noch unsterblich geschaffen, damit du dich frei, aus eigener Macht, selbst modellierend und bearbeitend zu der von dir gewollten Form ausbilden kannst. Du kannst ins Untere, zum Tierischen, entarten; du kannst, wenn du willst, in die Höhe, ins Göttliche wiedergeboren werden."[34] Der Mensch, so Nikolaus von Kues: „gleichsam ein anderer Gott"[35].

Jacques Lacan hat auf ein in unserm Zusammenhang, wie ich meine, interessantes Phänomen aufmerksam gemacht, das beim Kind mit dem Beginn des Heraustretens aus der Einheit mit der Mutter und der Entwicklung des Ich beobachtbar wird, nämlich die Faszination, die das eigene Spiegelbild auf das Kind ausübt.[36] Sie scheint darauf zu beruhen, daß der Spiegel dem Kind äußerlich vor Augen führt, womit es innerlich befaßt ist: es selbst als gesondertes Wesen – wobei das Spiegelbild schon der Form entspricht, in der das Ich im Spiegel des Bewußtseins sich bilden wird, als imaginäres.

In ähnlicher Weise scheint in der phylogenetischen Entwicklung – und nun speziell bezogen auf die Entwicklung des Ich in dem skizzierten Verständnis – die Kunst in den Dienst der Selbstreflexion gestellt. Man denke etwa an die Portraitmalerei, die seit Anfang des 14. Jh. von neuem sich entwickelt und im 15. und 16. Jahrhundert ihre bisher größte Blüte erlebt, die den Portraitierten zeigt als jemand, der nicht mehr durch äußere Attribute, sondern, wie Pomponius Gauricus sagt,[37] „aus sich selbst" verstanden werden will. Das Portrait war in der Regel von dem Portraitierten in Auftrag gegeben; er selbst war es, der sich abgebildet sehen und zeigen wollte, der sich im Bild selbst gegenüberstehen wollte. Und es enthielt oft selbst das Spiegelmotiv in sich[38]. Man denke an die neuen Reiterbildnisse – ist doch der die überlegene Kraft des Pferdes zügelnde Reiter, schon von Freud in diesem Sinn als Analogon herangezogen, selbst das prägnanteste Symbol für das Ich in der Beziehung zum Es. Zu nennen wäre aber ganz allgemein die bildnerische Darstellung des Menschen zu Beginn der Neuzeit, im Gegensatz zu den mittelalterlichen Darstellungen als eines seiner selbst bewußten oder bewußt werdenden, in seinen Bewegungen reflektierten (wohlbemessenen), Anmut, Würde, Lässigkeit usw. ausstrahlenden.

Das Portrait – Ausdruck des sich entwickelnden Ich.
Piero della Francesca: Frederigo da Montefeltro, 1465
Tizian: Alfonso I d'Este von Ferrara, 1523–1525

Piazza di SS. Anunziata, Florenz
Als einheitlich begrenzter Raum entstand er erst im 16. Jh., indem der Arkadenvorbau des Findelhauses von Brunelleschi, entworfen 1419, sozusagen durch Spiegelung sein Gegenüber erhielt (Antonio da Sangallo d.J., 1516–1526) und die Kirche SS. Anunziata ihren Portikus (G.B. Caccini, 1599–1601). Nicht zu übersehen die Reiterstatue: Ferdinand I, entworfen von Giovanni da Bologna.

Die Kolossalordnung (zuerst vielleicht am Palazzo del Tè in Mantua von G. Romano), die die Fassade des mehrgeschossigen Gebäudes dem gleichsam eingeschossigen Platz anpaßt, als dessen Raumgrenze sie wirken soll.
Michelangelo: Palazzo dei Conservatori am Campidoglio; 1538 Auftrag zum Umbau des bereits bestehenden Gebäudes

Auch die Architektur spielt hier eine Rolle, nämlich in der in ihr gespiegelten kosmischen Harmonie, die auch der Mensch in sich, in der Ausgeglichenheit seiner inneren Strebungen verwirklichen soll. Andrea Palladio in der Widmung seiner *I Quattro Libri*..., bezugnehmend auf das Vorbild der neuen Architektur: „die antiken Bauten ... vermitteln auch noch als grandiose Ruinen ein klares und schönes Zeugnis von Tugend und Größe des Römertums; dergestalt, daß mich das Studium dieser Tugend immer wieder fesselte und begeisterte und daß ich all meine Gedanken mit den größten Erwartungen darauf richtete."[39] In ganz besonderer Weise aber bietet sich der architektonische Raum als Medium der Selbstreflexion an. In seiner Eigenart des Umschließens des Betrachters bildet er eine Welt für sich – der Blick durchs Fenster verstanden nicht als Verbindung mit der Umwelt, sondern als Blick in eine andere Welt[40] –, nämlich eine von ihm selbst geordnete, seine Ich-Ideale widerspiegelnde Welt, die ihn erst recht situiert gemäß dem Charakter dieses Ich als bürgerlichem, autonomen.

Im Äußeren, in den städtischen Arealen freilich kann von solchermaßen geordneten Räumen noch nicht die Rede sein. Hier prallen die Gegensätze aufeinander, zeigt sich die Kehrseite des autonomen Ich. Hier stehen sich die Paläste (in all ihrer Wohlproportioniertheit, ihrer äußerlichen Harmonie) selbstherrlich – als Solitäre – wenn nicht antagonistisch gegenüber, wie die miteinander rivalisierenden, sich befehdenden Geschlechter. Die Aneinanderreihung von gleichartigen – nicht formal einheitlichen – Gebäuden, die die mittelalterlichen Straßen und Plätze begrenzten, ist aufgegeben, eine Gesamtkonzeption gemäß der neuen Vorstellung proportionaler Gliederung zunächst noch kaum möglich, wenn überhaupt anvisiert. Wohl sind die Gebäude mit ihren Schauwänden auf Sicht angelegt, erfordern sie das freie Feld vor dem Gebäude (und möglichst ‚Ellenbogenfreiheit' gegenüber den Nebengebäuden), aber nur um selbst in ihrer Einzigartigkeit recht zur Wirkung zu kommen. Nur vereinzelt, wo ein und derselbe Bauherr die verschiedenen Seiten eines Platzes bebaut, und dann natürlich im Zuge der Entstehung des Absolutismus, d.h. der Idee eines die Einzelinteressen zusammenfassenden und sie übersteigenden Gesamtinteresses und seiner Darstellung durch den Souverän, kommt es zu solchen einheitlich geformten Plätzen. Erst hier gilt, was Hans Kauffmann schreibt: „Es ist, als gäben die Gebäude ihre Schauwände an den Platz ab, so daß sie als dessen Raumgrenze dienten .. das Außen (der Bauten) ist ein Innen (des Platzes), das Innen ein Außen."[41] Erst hier kommt es zur Erfindung der ‚großen Ordnung' oder ‚Kolossalordnung', die die aus dem Inneren sich ergebende Geschoßgliederung auf der Außenseite überspielt durch eine alle Geschosse übergreifende Ordnung als Begrenzung des gleichsam eingeschossigen Platzes.

Zugleich beginnt das Spiel mit szenographischen Effekten, das sich das neue, seinerseits gleichfalls unter dem Einfluß der Entwicklung des Ich entstandene perspektivische Sehen zunutze macht, also die Behandlung des architektonischen Raums als Bühne, auf der die einen als Akteure auftreten, die anderen als Publikum (oder Statisten) sich finden. (Die Zentralperspektive leistet nicht nur die Projektion des dreidimensionalen Raums auf die zweidimensionale Bildfläche ohne Rücksicht auf alle ‚inhaltlichen' Differenzierungen des Dargestellten, wie oben beschrieben. Sie führt – im Gegensatz etwa zur Parallelprojektion – zugleich eine neue Differenzierungsmöglichkeit ein: Sie bezieht das betrachtende Subjekt über die senkrecht zur Bildebene stehende Blickachse sozusagen in das Bild ein, ordnet es dem Dargestellten bzw. das Dargestellte ihm zu. Gerade bei architektonischen Szenerien ergeben sich hier verschiedene Möglichkeiten, je nachdem man die Blickachse mit der Achse des dargestellten architektonischen Raums zusammenfallen läßt oder nicht.) Der Raum ist hier also eher Medium der Selbstdarstellung als der Selbstreflexion. Den Höhepunkt dieser Entwicklung wird die Staffagen-Architektur der Schlösser des ‚Absolutismus' bilden, die den Blick auf die neue machtpolitische Mitte lenken soll, den ‚moderator mundi', der im Schloß vor dem Hofstaat in täglichem Ritual seine Herrlichkeit inszeniert.

Diese Entwicklung entspricht ganz dem allgemeinen, schon sehr früh beginnenden Verblassen des ontologischen Bezugs der Proportionslehre und der zunehmenden Dominanz des bloß Ästhetischen in der künstlerischen Formgebung, der Ausrichtung auf die sinnlichen Reize, den bloßen Schein.[42] Dieser Wandel zeigt sich in all den neuen Ideen – Ideen im modernen, zunehmend subjektiven Sinn des Wortes[43] –, die die Möglichkeiten der Formgebung, des Spiels mit Körper und Raum erweitern, im Grunde den Rahmen der Proportionslehre sprengen und, nach deren Zusammenbruch, in der Aufklärung an ihre Stelle treten: die Idee des Kontrasts in den Streckenverhältnissen, des Gegensatzes von konvexen und konkaven Formen, also von Körper und Raum, die Einführung von Raute und Ellipse (neben Rechteck und Kreis) als Grundrißschemata, die Verschränkung von ebenen, gekrümmten und gegensinnig gekrümmten Körper-/Raumbegrenzungen, das Verlassen des Tektonisierenden in der Dekoration, der Spiegel als Wandelement (Entmaterialisierung der Wand), die Einbeziehung des Lichts, die Idee des Malerischen, die Idee des Charakters.

Ich will auf diese Entwicklung hier im einzelnen nicht eingehen. Das Ausgeführte genügt als Grundlage zur Befassung mit der gleichzeitig mit den letzten der genannten Schritte einsetzenden antiformalistischen Bestrebungen, dem Beginn einer funktionalen Betrachtung und der damit entstehenden inneren Widersprüchlichkeit der architektonischen Praxis seither.

II.

Im 18. Jahrhundert, als mit der Aufklärung die schon längst ausgehöhlte, zunehmend nurmehr rein ästhetisch verstandene Proportionslehre, jedenfalls in ihrem ontologischen Anspruch unhaltbar geworden war und Formgebung immer weiter abzugleiten drohte in reinen Subjektivismus – Ersetzung der ‚Regel‘ durch den ‚Geschmack‘ –, geriet die gesamte neue Ästhetik in eine Krise, von der sie sich bis heute nicht erholt hat und von der sie sich nie wieder wird erholen können – auch wenn die Postmoderne vielleicht meint, alles wieder eingerenkt zu haben.

Der wichtigste Versuch einer Neuorientierung besteht meiner Ansicht nach in einer Orientierung an dem instrumentell Erforderlichen. Zu ihm soll, so die neue Maxime, die Form nicht in Widerspruch stehen. Es ist zunächst eine bloß negative Bestimmung im Sinn eines beschränkenden Kriteriums in der formalen Betrachtung, die aber auf neue Weise den Blick auf den instrumentellen Aspekt richtet, im Grunde bereits die Einheit von instrumentellem und präsentationellem Aspekt anvisiert und so eventuell die formale Betrachtung (samt der Thematisierung von Körper und Raum) zu überwinden in der Lage sein wird.

Diese Neuorientierung ist die Konsequenz einer radikal veränderten Einstellung der Wirklichkeit gegenüber, wie sie im Zusammenwirken der neuzeitlichen Wissenschaft, der Philosophie der Aufklärung und der Entwicklung des Kapitalismus sich ergab.

Die Wissenschaft, wie sie Ende des 16. Jahrhunderts bzw. im 17. Jahrhundert aus der Verbindung des Prinzips des quantitativen Vergleichs mit der methodischen Kopplung von Theorie und Experiment hervorgeht[44], ist zunehmend von einer (mehr oder weniger konsequent durchgehaltenen) materialistischen Weltanschauung geprägt. Sie löst sich von der Annahme eines der materiellen Wirklichkeit zugrunde liegenden und sie bestimmenden Reiches der Ideen, und schließlich auch von der Annahme eines äußeren Bewegers. An die Stelle der Ideen treten die Naturgesetze, die in der materiellen Wirklichkeit selbst aufzuspüren sind. Gemäß der von Giordano Bruno vorgenommenen Konkruentsetzung von Gott und Welt, Beweger und Bewegtem, wird die Natur vorgestellt als alle Bewegung in sich selbst enthaltend, ja sie wird in der Zukunft immer mehr gerade als in dieser Bewegung bestehend verstanden, die auch in allem anscheinend Festen ständig stattfindet. Die Form gilt nicht mehr als das Bestimmende (die Substanz), sondern als Ergebnis bestimmter physischer (naturgesetzlich wirkender) Kräfte und Bedingungen, die es zu erforschen gilt.[45] In dieser Entwicklung trennt sich Wissenschaft von Kunst, Wahrheit von Schönheit, Wirklichkeit von Idee. Letztere wird in der Kunst nun in Anlehnung an mittelalterliche Vorstellungen wieder umgedeutet als der göttliche Funke, als Intuition, dem Künstler direkt eingegeben oder, später, in der Anschauung sich bildend – als das, was das „innere Auge des Geistes" sieht. Das Werk der Kunst gilt nicht mehr als Moment in der Entfaltung der Wirklichkeit, sondern nurmehr als ihre subjektive Widerspiegelung bzw. als Medium der geistigen Auseinandersetzung mit ihr. „Wir haben die Kunst, damit wir nicht an der Wahrheit zugrunde gehen."[46]

Was in der Natur die in ihr wirkenden physischen Kräfte sind, als das gilt im Bereich der Kultur die menschliche Arbeit. (Adam Smith wird sie in der zweiten Hälfte des 18. Jahrhunderts als die Ursache allen gesellschaftlichen Reichtums erkennen.) Der Kapitalismus, also das Eindringen des Kapitals vom Handel in die Produktion, ist dabei, sie neu zu bestimmen. Unterstützt durch die neu errichtete zentrale, allmächtig scheinende Staatsgewalt (deren Funktion es ist, die zerfallende feudale Gesellschaft gemäß der sich ausbreitenden kapitalistischen Produktionsweise neu zu ordnen), durch die Aufklärung in ihrer Attacke auf alle nicht-rationalen Begründungen der ethischen Werte und, last not least, durch die Kirche in ihren am meisten rational orientierten bzw. Ich-betonten Strömungen, dem Protestantismus und vor allem dem Calvinismus mit seiner weltlichen Berufsethik, führt er zu einer qualitativ neuen Stufe der Rationalität des Handelns und der ihr entsprechenden Disziplin[47] – vergleichbar vielleicht jener Form, in der sie in den mittelalterlichen Klöstern entwickelt wurde, nun aber nicht mehr als einer selbstgewählten und begrenzten, sondern als einer erzwungenen und das ganze Leben und Denken bestimmenden.

Wie in der kapitalistischen Produktion nicht nur Material und Werkzeug, sondern auch der Arbeiter nur als Mittel (Arbeitskraft) eingesetzt wird in einem von A bis Z von außen durchgeplanten Produktionsprozeß zur Herstellung von Waren, die selbst wiederum nur Mittel sind in der Verfolgung eines übergeordneten, abstrakten Zwecks, dem Profit, so erhält im Leben zunehmend alles einen instrumentellen Charakter, bis hinein in die Beziehungen der Individuen untereinander, ja, der Individuen sich selbst gegenüber durch Repression des Unterbewußten bzw. des Körpers – zu der das Ich sich als ausgezeichnetes Instrument erweist –: Dämpfung der Affekte, Verbannung der gerade erst so recht aufgewachten, zum Teil bereits in durchaus herausfordernder Weise sich manifestierenden Sinnlichkeit ins innere Exil, Bildung des Körperpanzers. Treffend sprechen Adorno und

Horkheimer von einem „disponierenden Denken"[48]. An die Stelle des Entwicklungsgedankens der frühen Neuzeit tritt der Fortschrittsglaube.[49] Nicht mehr Meisterung und Entfaltung von innerer und äußerer Natur sind das Ziel, sondern deren – ziellose – Beherrschung (zu erkaufen durch das Opfer, den Verzicht in der Gegenwart). Was zählt in der Sicht der Individuen, ist Leistung oder, in der utilitaristischen Ethik, der gesellschaftliche Nutzen, nach dem das Handeln sich richten soll: abstrakte, scheinbar die jeweils konkreten, individuellen Bedürfnisse in Richtung eines Allgemeineren, Höheren übersteigende Begriffe. (Tatsächlich ist es der Wert als prozessierender Wert, als Kapital, der sich zum gesellschaftlichen Subjekt erhebt und die Individuen zu bloßen Funktionsträgern reduziert.)

Die Maschine, Inbegriff von Selbsttätigkeit und innerer Koordiniertheit (des Zusammengesetzten), von Rationalität und Vorhersehbarkeit, schon von Nicole Oresme im 14. Jahrhundert, von Nikolaus von Kues, von Johannes Kepler als Analogon des Universums bzw. der „Himmelmechanik" herangezogen[50], dient nun als Modell auch des Staats (Hobbes u. a.) und vor allem des Menschen (Descartes, Leibniz, La Mettrie) – letzteres in einem durchaus heuristischen, wissenschaftlichen Sinn. Die Maschine – das ist die Uhr und der auf ihr aufbauende Automat, der ja seinerseits als Nachahmung des lebenden Organismus entstand und schon in der Antike die Zeitgenossen zum Staunen brachte, der nun mit zunehmendem Raffinement gebaut wird von einer Technik, die sich gleichzeitig anschickt, die menschliche Arbeit zu mechanisieren und später tatsächlich durch Automaten (Roboter) abzulösen.[51] (Wir stehen an der Schwelle des Übergangs, der Emanzipation der Maschine vom Spielzeug zum Werkzeug, für die, so Hanns Sachs[52], das entwickelte Ich Voraussetzung ist. Mit ihm erst wird nämlich das Unheimliche, das der Maschine in ihrer Eigendynamik bzw. in der hierin liegenden Ähnlichkeit mit dem eigenen Körper zunächst anhaftet und das bisher nur in einer durch den Spielzeugcharakter entschärften Form erträglich war, überwunden.)

Nicht weniger bezeichnend als das Maschinenmodell selbst ist der Umstand, daß größter Wert darauf gelegt wird, daß in der Anwendung auf den Menschen (anders als in der Anwendung auf die Tiere) die Seele, der Geist – ganz entsprechend Descartes' Dualismus von res extensa und res cogitans – ausgenommen bleibt. Dies mag selbstverständlich erscheinen, gilt doch die Maschine sozusagen per definitionem als das Bewußtseinslose, Seelenlose. Aber übersehen wir nicht das andere Moment: Die der Seele eigene Vernunft galt auch als die allein zuverlässige Instanz der Führung, der für notwendig erachteten Kontrolle des Animalischen, der Disziplinierung der inneren Natur. (Das Maschinenmodell, bezogen auf den Organismus, ist ambivalent: Dieser ist nicht nur Leistungsmaschine, sondern auch „Wunschmaschine"[53].)

Die Maschinerie der Spielautomaten, bisher nur ein Trick zur (äußerlichen) Nachahmung des Organischen, Lebendigen, wurde nun das Modell, nach dem man dieses selbst zu verstehen suchte. Und sie bot sich zugleich an, gegebenenfalls auch an dessen Stelle zu treten: in der Ersetzung menschlicher Arbeit durch maschinelle. Jacques de Vaucanson erreichte nicht nur bei seinen Spielautomaten Unvorstellbares; er war zugleich Pionier in der Entwicklung von Arbeitsautomaten, nämlich befaßt mit der Entwicklung der Spinnmaschine und des mechanischen Webstuhls.

Oben eine freie zeitgenössische Darstellung seiner berühmten Automaten. Der Flötenspieler, den Vaucanson 1738 der Pariser Akademie der Wissenschaften vorstellte, konnte zwölf Melodien spielen, wobei die Töne tatsächlich durch den Luftstrom in der Flöte, durch Bewegung der Lippen, der Zunge und der Finger erzeugt wurden. Seine Ente aus dem gleichen Jahr, von ihm selbst verstanden als «anatomie mouvante» (hier eine Rekonstruktion), konnte den Hals bewegen, mit den Flügeln schlagen, die Federn sträuben, schnattern, schluckte Wasser, fraß Körner, zermalmte sie, löste sie auf und schiß.

Und es war das Unerhörte La Mettries, des enfant terrible des Materialismus, daß er in seinem Werk *L'homme machine* von 1747, indem er mit dem cartesischen Dualismus brach und so erst mit dem Materialismus konsequent ernst machte, nicht nur das Physische, sondern auch das Psychische bis hin zum Denken, zum Verstand materialistisch zu erklären unternahm, der Vernunft ihren übernatürlichen, göttlichen Charakter absprach und sie sozusagen aus dem Animalischen hervorgehen ließ. Damit wendet er sich nicht nur, wie die Philosophen der Aufklärung, gegen die Religion, die sie durch die Vernunft ersetzt wissen wollen, sondern relativiert auch die Vernunft (gerade als Führungsinstanz), was ihm zusätzlich zur Feindschaft der Pfaffen die heftigste Kritik der Philosophen seiner Zeit eintrug. In seinem darauffolgenden Werk, dem *Discours sur le bonheur,* wendet er sich explizit gegen das, was man heute als Über-Ich oder Ich-Ideal bezeichnet, gegen jenen Teil des Ich also, der durch Verinnerlichung der Gebote und Verbote seitens des Vaters bzw. der Gesellschaft (gleichgültig ob mit Hilfe der Religion oder der Vernunft begründet) entsteht und (da dem Kind in jedem Fall uneinsichtig) das Gewissen bildet, und der für ihn nichts anderes ist als Sand im Getriebe der Maschine und Behinderung in dem Streben nach Glück – zwei Jahrhunderte vor Wilhelm Reich.[54]

Aber dies nur nebenher. Das Maschinenmodell ist der prägnante Ausdruck der mechanistischen Betrachtung des Organismus in der Biologie bzw. Medizin, in der auch der allgemeine Funktionsbegriff, der dann auch in der Architektur eine Rolle spielen wird, zuerst zu neuer Geltung gelangt.[55] Es sind die Funktionen der Organe, die nun als das Wesentliche in den Vordergrund treten, alle anderen Konzeptionen wie Idee (Urbild), die Fakultäten, die Seele, die Lebenskraft entweder außer Kurs setzend oder aus der wissenschaftlichen Betrachtung eliminierend. Von der Funktion der Organe handelt Descartes in seinem *Traité de l'homme* von 1632 und in *La description du corps humain et de toutes ses fonctions...* von 1648; von ihnen handelt die im Anschluß an Descartes von Giovanni Alphonso Borelli begründete iatromechanische Richtung, in der die Funktion der Muskeln, des Herzens usw. völlig mechanisch erklärt werden.

Ende des 18. Jahrhunderts schließlich führt die funktionale Betrachtung zu einem Neuaufbau der taxonomischen Systeme, nämlich durch Georges Cuvier, der die alten morphologischen Merkmale – Form, Größe, Anordnung, Zahl –, also äußere Ähnlichkeit bzw. Unähnlichkeit bei der Klassifikation der Arten durch die Organfunktion ersetzt bzw. hinter diese an die zweite Stelle rückt. Ihm folgt auf dem Fuß Jean Lamarck, der das ganze System umdreht, und zwar im Hinblick sowohl auf die Erkenntnisstrategie als auch auf eine evolutionäre Interpretation, so daß der Mensch nicht mehr Ausgangspunkt, sondern Endpunkt ist – mit dem Geist, um La Mettrie

Carlo Lodoli: Stich von Pietro Vitali nach Antonio Longhi, 1743
«DEVONSI UNIRE FABRICA E RAGIONE – E SIA FUNZION LA RAPRESENTATIONE»
«UT ERUAS ET DESTRUAS – UT PLANTES ET AEDIFICES» (Jeremia)

hinzuzunehmen, nicht mehr als dem alles erklärenden, sondern einem selbst der Erklärung bedürftigen.

In der Architektur ist der Niederschlag dieser Entwicklung relativ schwach. In ihrer Auffassung als Kunst gilt das Interesse, auch wenn die ursprüngliche philosophische Grundlage, der Dualismus von Form und Stoff, nicht mehr trägt, nach wie vor primär der Form. Und nur bezogen auf die Form, als Korrektiv der Formgebung, macht sich die instrumentelle bzw. funktionale Betrachtung bemerkbar. (Genauso oberflächlich wird – von La Mettrie an gerechnet nach noch einmal fast zwei Jahrhunderten, 1914 bei Sant'Elia und Marinetti, 1920/1921 bei Le Corbusier – die Bezugnahme auf die Maschine sein. Sie bringt eher einen Wandel in den formalen Idiomen, eine Abkehr vom Historismus zum Ausdruck als eine wirkliche Umwälzung der architektonischen Praxis, nämlich einen Übergang vom Primat der Form zum Primat der Funktion.) Dabei gab es in der Ästhetik durchaus recht radikale Positionen, nämlich in England, in jenem Land also, wo die frühe neuzeitliche Ästhetik am wenigsten tief verankert und die neue ökonomisch-ideologische Entwicklung am weitesten fortgeschritten war. Zu nennen wären Francis Bacon, George Berkeley, David Hume, Adam Smith und William Hogarth.[56] Schönheit, welche ohnehin nicht mehr als im Werk liegend, sondern als im Betrachter entstehend aufgefaßt wurde, war für sie, was Gebrauchsgüter betrifft, von der befriedigenden Erfüllung der instrumentellen Erfordernisse, ja überhaupt von instrumenteller Leistung, von der „Nützlichkeit" abhängig. In der Architekturtheorie aber argumentiert man negativ, von der Form her: Sie soll, so die Forderung, die jetzt erhoben wird, nicht zur funktionalen Wirklichkeit in Widerspruch stehen. In der Lehre Carlo Lodolis, des „Sokrates der Architektur", der den neuen Ansatz, wenn nicht als erster – ihm ging L. G. de Cordemoy voraus – so um so prononcierter vertritt: „Nichts darf zur Darstellung gebracht werden (so die eigenen Ausdrücke Lodolis), was nicht auch in der Funktion vorhanden ist"[57]. (Die italienischen Ausdrücke, die Francesco Algarotti, auf den sonst nicht allzuviel Verlaß ist, ausdrücklich als diejenigen Lodolis kennzeichnet, sind „in representatione" und „in funcione".)

Hier taucht wohl zum ersten Mal der allgemeine Funktionsbegriff in der Architekturtheorie auf.[58] Bedingt ist dies, abgesehen von der allgemeinen ökonomisch-ideologischen Entwicklung, möglicherweise durch den simplen Umstand, daß Lodoli Franziskanermönch war und als solcher nicht nur mit den philosophisch-wissenschaftlichen Ideen seiner Zeit aufs beste vertraut war, sondern wohl auch in besonderer Weise mit dem allgemeinen Funktionsbegriff, der in kirchlichen Kreisen, bezogen auf die Aufgabe des Priesters im Rahmen der religiösen Zeremonien gang und gäbe gewesen zu sein scheint. Man bemerke, wie Lodoli zusammen mit der Einführung des Begriffs der Funktion von der Form als einer Repräsentation, einem Sich-Zeigen spricht, also von einem Signifikanten. (Gemäß heutiger semiologischer Terminologie ist ‚Präsentation' der adäquate Terminus, insofern nämlich, als es sich hier nicht um (konventionell bestimmte) Zeichen handelt, sondern um Anzeichen, um Bezeichnung nicht von etwas außerhalb des Signifikanten Liegendem, sondern von etwas unmittelbar mit ihm Verbundenem.) Angemerkt sei noch, daß Lodoli mit dieser Forderung eine Ornamentierung, welche die Einheit von instrumentellem und präsentationellem Aspekt gleichsam unberührt läßt, welche die Form zur funktionalen Wirklichkeit nicht in Widerspruch setzt, nicht ablehnt.

Nur selten wird die antiformalistische Maxime in Richtung eines Funktionalismus radikalisiert werden, nämlich zu der Auffassung, daß ein Entwurf, der sich allein um den instrumentellen Aspekt kümmere, auch im Hinblick auf den präsentationellen Aspekt befriedigend, ja optimal sei (Durand zu Beginn des 19. Jahrhunderts), bzw. zu der Auffassung, daß der ästhetische Gesichtspunkt bei technischen Gegenständen überhaupt irrelevant sei (Hannes Meyer, Hans Schmidt, Moissei Ginsburg).[59] Im allgemeinen bleibt man bei der oben skizzierten, ein künstlerisches Gestaltungsmoment nicht in Frage stellenden Version. Neben Cordemoy und Lodoli nehmen diese Position ein in Frankreich C. Batteux, Viollet LeDuc, Auguste Perret, in England Henry Home, Augustus Welby Northmore Pugin, in Deutschland Heinrich Hübsch, Karl Marcell Heigelin, Karl Böttiche, Hermann Lotze, in Amerika Horatio Greenough und Louis Sullivan, bei dem der Funktionsbegriff, wie noch zu zeigen sein wird, bereits völlig ausgehöhlt ist, und dessen Formel „form follows function" dann von der Avantgarde aller Länder nachgebetet werden wird.

Dies also ist nach der Entwicklung der formalen Betrachtung (und der Autonomie der künstlerischen Formgebung) das zweite wichtige Moment der neuzeitlichen Architekturästhetik.[60] Es vermochte sich allerdings bisher nicht zu einer genuin funktionalen Betrachtung zu entwickeln und gegen die formale zu behaupten. Die Voraussetzung dafür wäre gewesen, sich mit dem instrumentellen Aspekt selbst näher zu befassen. Und daran hapert es bis auf den heutigen Tag – selbst bei den Funktionalisten. Das neue Moment bleibt vielmehr der formalen Betrachtung untergeordnet. Ich will in groben Zügen verfolgen, wie es sich als Gegenspieler zur formalen Betrachtung, zum Formalismus und in bezug auch auf die Thematisierung von Körper und Raum in der weiteren Entwicklung bis zur Moderne niederschlägt – in einer Epoche, deren Architektur weder Fisch noch Fleisch ist, die den Formalismus ablehnt, aber von der Präokkupation mit der Form nicht loskommt.

Man traute sich zunächst vor allem nicht (bzw. nur vereinzelt und teilweise), den historisierenden Formenapparat – die überkommene ‚Sprache' der Architektur –, der ja schon längst mit der funktionalen Wirklichkeit kaum mehr etwas zu tun hatte, aufzugeben, begnügte sich vielmehr mit dessen mehr oder weniger gründlicher Säuberung, mit der Vermeidung der der Tektonik gröblich widersprechenden Ausformungen und Anwendungsweisen, wie sie sich im Verlauf der Entwicklung ergeben hatten: der Anordnung von Postamenten unter Säulen, der gewundenen Säule, der Kolossalordnung, der gesamten Blend-Architektur, des Blindfensters und anderem mehr.

In der Praxis bestand also kein nennenswerter Unterschied gegenüber jenem anderen, rückblickenden Versuch einer Neubegründung der Architekturästhetik, den in Frankreich Marc-Antoine Laugier unternommen hatte.[61] Die „Urhütte", die er in seiner dem Vorbild der Wissenschaft folgenden Suche nach „ersten Grundsätzen" ersonnen hatte, meinte nichts anderes als die möglichste Reduktion auf das „Essentielle", wie es im Vergleich mit der neuzeitlichen Architektur und auch mit derjenigen der römischen Antike die gerade erst entdeckte Architektur der griechischen Antike (der griechische Tempel) zu demonstrieren schien; der Rückgang auf die Urhütte war nichts anderes als Rückprojektion eben des griechischen Tempels auf eine fiktive Urform, die dazu diente, jenen sozusagen als die natürliche Form der Architektur auszuzeichnen und zur Norm zu erheben. (In vergleichbarer Weise hatte zwei Jahre nach Laugiers *Essay sur l'architecture* Jean Jacques Rousseau nach einem Naturzustand der Gesellschaft Ausschau gehalten (hier ist ein Rekurs auf Natur weniger abwegig), und zwar wohlgemerkt ebenfalls nicht als einem Zustand, zu dem man zurückkehren könnte, sondern als einem, von dem man Prinzipien ableiten könnte für eine zukünftige Gesellschaft, die im Einklang wäre mit der Natur; aber auch Rousseau konnte dort nichts anderes finden als was er zu finden wünschte: die Ideale von Freiheit und Gleichheit, verwirklicht in der Unabhängigkeit der Naturmenschen voneinander bzw. in ihrer gegenseitigen Vergleichslosigkeit.[62])

Das Resultat also waren die Revivals, insbesondere der griechischen, und im Norden, in der Rückbesinnung auf die eigene Geschichte (und die eigene Religion), auch der gotischen Architektur. Der Raum als Gegenstand der Formgebung trat dabei in den Hintergrund bzw. wurde, insbesondere bei Schinkel – wie dann noch einmal in der Gruppe De Stijl – in subtilster Weise aufgehoben in seiner Präsentation als Teil des Raums im Sinn des allgemeinen Raumbegriffs[63], während der Körper nun in tektonischem Sinn als Gefüge der tragenden und lastenden Elemente neuinterpretiert und -thematisiert wurde. Bezogen auf ihn erhält die antiformalistische Maxime nun eine positiv bestimmte Formulierung. Ich denke an Karl Böttichers an der Architektur der griechischen Antike vorgenommene ästhetische Reflexionen⁶⁴, in denen er der „Kernform" als dem instrumentell Erforderlichen die „Kunstform" gegenüberstellt, die in der künstlerischen Gestaltung durch geringe Hinzufügungen hie und da entsteht und dem „Verlangen [entspricht], nun auch das Äußere der *notwendigen* körperlichen Form so zu karakterisiren, daß sich dadurch eben ihr *Begriff für den Zweck,* sowohl in der totalen Erscheinung als wie im Habitus aller einzelnen Theile, *ganz lebendig vor Augen stellt",* sie „so zu entwickeln, daß sie die Funktion ganz offenkundig verräth"⁶⁵.

Die Funktion freilich beschränkt sich nicht auf das Tektonische, auf das Tragen von Lasten; und die „Kunstform" sollte sich nicht auf den Ausdruck dieses Tragens und Lastens beschränken, wie er in der klassischen Architektur vor allem in den ‚Ordnungen' sich zeigt, von denen die Architekturtraktate handeln, als seien sie das Ganze der Architektur. In dieser Hinsicht gelingt Gottfried Semper noch ein wichtiger Schritt auf dem Weg zu einer funktionalen Betrachtung.

Semper geht davon aus, daß bei der Entstehung und Entwicklung der Kunstformen die Tradition eine wichtige Rolle spielt, und zwar auch über Umbrüche in der Konstruktion hinweg. Ihre befriedigende Erklärung erfordere daher, wie die Erklärung der Wörter in der Sprache, ein Zurückgehen bis hin zu den vorgeschichtlichen „Wurzeln"⁶⁶. Dabei hat er nicht, wie Laugier, einen nur ausgedachten Ursprung im Auge, sondern die wirklichen ‚Urhütten', das Bauen und das gesamte kunsthandwerkliche Schaffen des archaischen Menschen und die Bedingtheiten dieses Schaffens durch die Eigenschaften des Materials, die Verarbeitungstechnik und den Zweck. In dieser – materialistischen – Beschäftigung mit den Ursprüngen der Architektur kommt Semper zu der grundlegenden Unterscheidung zwischen der Aufgabe der Tragkonstruktion, welche bei der Befassung mit dem instrumentellen Aspekt bisher im Vordergrund stand, und der übergeordneten Aufgabe der „Raumesabtheilung". Damit wird genau dasjenige, das Laugier als nicht zum „Essentiellen" der Architektur gehörig diskreditierte und nur als Zugeständnis an die Notdurft tolerieren wollte, als das Primäre hervorgehoben.⁶⁷

„Wie nun der allmähliche Entwicklungsgang dieser Erfindung sein mochte, ob so oder anders, worauf es hier wenig ankommt, so bleibt gewiß daß die Benützung grober Gewebe, vom Pferch ausgehend, als ein Mittel das ‚home', das *Innenleben,* von dem *Außenleben* zu trennen und als formale Gestaltung der Raumesidee, sicher der noch so einfach construirten Wand aus Stein oder irgend einem anderen Stoffe voranging.

Die Gerüste welche dienen diese Raumesabschlüsse zu halten, zu befestigen und zu tragen sind Erfordernisse die mit *Raum* und *Raumesabtheilung* unmittelbar nichts zu thun haben. Sie sind der ursprünglichen architektonischen Idee fremd und zunächst keine formenbestimmenden Elemente."⁶⁸

Entsprechend entwickelt sich Semper zufolge auch das Ornament (die „Kunstform" Böttichers) zunächst im Zusammenhang mit der Erfüllung dieses Hauptaspekts der Gebäudefunktion. Durch die Ornamentierung werden die gewobenen Matten als „ostensible Raumestrennungen" gestaltet.⁶⁹

Es wird zu zeigen sein, daß Semper diesen Hauptaspekt der Gebäudefunktion zu einseitig sieht, daß er über der Hervorhebung der Trennung (mit der der Begriff des Raums verbunden ist) den entgegengesetzten Aspekt der Nicht-Trennung übersieht. Immerhin betrachtet er die abtrennenden Elemente noch nicht als abstrakte Grenzen oder nur in ihren raumbildenden Oberflächen.

Mit der weiteren Ausarbeitung seiner Theorie geht Semper allerdings, indem er sozusagen der geschichtlichen Entwicklung folgt, selbst zu einer formalen, historisierenden Betrachtung über: Die Matten, die ursprünglich selbst die Wände bildeten, oder wenigstens ihre Ornamente finden sich, sobald die Wände durch feste Mauern gebildet werden, auf deren Oberflächen als Schmuck der Raumbegrenzungen wieder. Diese „Bekleidung" ist für Semper unverzichtbar, „nacktes Erscheinen der funktionierenden Teile"⁷⁰ nicht tragbar für alle große Architektur.

Und es ist, obwohl man nach der gängigen Meinung das Gegenteil annehmen wird, zunächst nicht das funktionale Moment in Sempers Theorie, sondern die Theorie der Bekleidung, die in der Folge, am Übergang zum 20. Jahrhundert folgenschwer sein wird, eben für die erneute, allgemeine Etablierung der Idee des Raums als eines wesentlich formal bestimmten. Führend dabei werden August Schmarsow auf der Seite der Kunsthistoriker (ihm folgen Alois Riegl, Albert Erich Brinckmann, Paul Frankl, Dagobert Frey, um nur die wichtigsten zu nennen, Sigfried Giedion und Bruno Zevi, um die unter den Architekten populärsten zu nennen) und Adolf Loos auf der Seite der Architekten (ihm folgten Rudolf Schindler, Friedrich Ostendorf und die gesamte Avantgarde). Sowohl Schmarsow als auch Loos beziehen sich dabei auf Semper, Schmarsow in schärfstem Angriff auf das funktionale Moment von dessen Theorie.

Es ist eben nicht richtig, daß durch den Bruch mit dem Historismus sich an der allgemeinen Präokkupation mit der Form viel geändert hätte. Das gilt jedenfalls für die Hauptströmungen, für den Jugendstil, bei dem das alte tektonisierende Ornament nur durch das „neue Ornament", das gänzlich von außen herangetragene, aus dem Kunsthandwerk stammende Ornament ersetzt wird, und für die Avantgarde-Architektur.

In gewisser Hinsicht auszunehmen ist hier die im Zusammenhang mit der Arts-and-Crafts-Bewegung sich entwickelnde, sich an außerakademische,

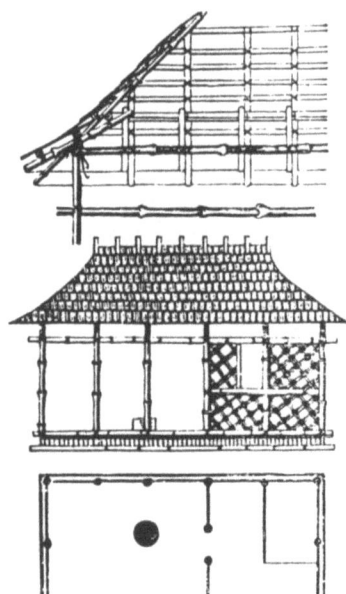

Gottfried Sempers «Karaibische Hütte», aus: Der Stil . . .

«. . . kein Phantasiebild, sondern ein höchst realistisches Exemplar einer Holzkonstruktion aus der Ethnologie entlehnt . . . als der vitruvianischen Urhütte in allen ihren Elementen entsprechend . . . Nämlich die Abbildung des Modells einer karaibischen Bambushütte, welches zu London auf der großen Aufstellung von 1851 zu sehen war. An ihr treten alle Elemente der antiken Baukunst in höchst ursprünglicher Weise und unvermischt hervor: der Herd als Mittelpunkt, die durch Pfahlwerk umschränkte Erderhöhung als Terrasse, das säulengetragene Dach und die Mattenumhegung als Raumabschluß oder Wand.»

Die dominante Rolle der «Bekleidung» der Wand bei Adolf Loos. Kärntner Bar, Wien 1907

handwerkliche Tradition anlehnende Architekturbewegung Englands (Philip Webb, Eden Nesfield, Norman Shaw u. a.) sowie die Anfänge der an das englische Vorbild anknüpfenden Reformarchitektur auf dem Kontinent, vor der Spaltung in eine zunehmend steril werdende, zum Teil auch mit den völkischen Ideen von Blut und Boden sich verbindende traditionalistische Richtung und eine genauso einseitige avantgardistische Richtung. Hierher gehört Handrik Petrus Berlage, der während seines Studiums am Polytechnikum in Zürich – wenn auch zeitlich nach Sempers Lehrtätigkeit daselbst – Sempers Gedanken aufgenommen hat und von ihnen in seiner „Architektur der Mauer"[71] eher das funktionale Moment als das historisierende behält. Wie später viele andere proklamiert er: „Die Kunst des Baumeisters besteht darin, Räume zu schaffen, und nicht, Fassaden zu entwerfen." Aber sogleich wendet er sich der Wand zu: „Eine Raumumschließung wird durch Mauern hergestellt; daher manifestiert sich der Raum, oder verschiedene Räume, nach außen als ein mehr oder weniger zusammengestellter Komplex von Mauern. Auf die Mauer fällt dabei in diesem Sinn wieder der gebührende Wert, daß sie ihrer Natur nach flach bleiben soll, denn eine zu sehr gegliederte Wand verliert ihren Charakter als solche."[72] Wenn nicht mehr die Matten, sondern feste Mauern die Raumabtrennung bilden, so sollen diese in ihrer eigenen charakteristischen Oberfläche sich zeigen, das heißt eben nicht nur als raumbegrenzende Oberfläche, sondern als raumtrennende Wände. „Man soll vor allen Dingen die nackte Wand wieder in all ihrer schlichten Schönheit zeigen."[73]

Vergleichen wir damit Loos (zehn Jahre vor Berlages Vorträgen):
„Der architekt hat etwa die aufgabe, einen warmen, wohnlichen raum herzustellen. Warm und wohnlich sind teppiche. Er beschließt daher, einen teppich auf dem fußboden auszubreiten und vier aufzuhängen, welche die vier wände bilden sollen. Aber aus teppichen kann man kein haus bauen. Sowohl der fußteppich wie der wandteppich erfordern ein konstruktives gerüst, das sie in der richtigen lage erhält. Dieses gerüst zu erfinden, ist die zweite aufgabe des architekten ...

Es gibt architekten, die das anders machen. Ihre phantasie bildet nicht räume, sondern mauerkörper. Was die mauerkörper übrig lassen, sind dann die räume. Und für diese räume wird nachträglich die bekleidungsart gewählt, die dem architekten passend erscheint."[74]

Die Anlehnung an Sempers Bekleidungstheorie ist offensichtlich, wobei das historisierende Moment, das bei Semper im Vordergrund stand, bei Loos durch ein pseudo-funktionales Argument ersetzt ist. Wer Loos' Werk kennt, weiß, daß dieser frühe Text auch für das spätere Werk nicht unbezeichnend ist; daß bei Loos die Wandbekleidung, der Schein der Oberfläche (bis hin zur Vorspiegelung von Mauerpfeilern, der Symmetrie halber) immer ganz entscheidend sein wird – womit nicht übersehen werden soll, daß Loos sich zugleich bemühte, aus der raumbezogenen Architekturauffassung mit seinem sogenannten Raumplan[75] in funktionaler Hinsicht herauszuholen, was herauszuholen war.

Diese Abstraktion von der Wand finden wir genauso in Frank Lloyd Wrights Äußerung über das, was für ihn eine große Entdeckung war: „... that the reality of the building consisted not in the four walls and the roof but inhered in the space within, the space to be lived in. That idea is entire reversal of all pagan – ‚classic‘ – ideals of building whatsoever. If you accept that concept of building classical architecture falls dead to the ground."[76]

Im Gegensatz zu den Kunsthistorikern, die die neue Auffassung auf die gesamte Geschichte der Architektur rückprojizieren oder in eine Konzeption der Entwicklung einbetten, die gleichsam von Anfang an die durch diese Auffassung gekennzeichnete Richtung einschlägt, sieht Wright, nicht minder einseitig, seine Entdeckung (zunächst jedenfalls) als eine die Architektur von Grund auf umwälzende an. Erst später, nachdem er, was ihm zunächst als umwälzende Entdeckung erschienen war, bei Lao Tse – er zitiert ihn mit den obigen Worten – wiedergefunden zu haben glaubte, interpretiert er seine Idee neu als Wiederentdeckung von uraltem Wissen: „something probably eternal therefor universal, something that persisted and will persist forever"[77]. (Auf Lao Tse werde ich noch zurückkommen.) Wright äußerte sich öffentlich zu dieser Idee, sich beziehend auf seine frühen Entwürfe, erst in den dreißiger Jahren, nachdem Loos, Schindler („space-architect", wie er sich nannte) – der dann zu Wright ging, weil er in dessen gerade bei Wasmuth erschienenen frühen Entwürfen erkannte, daß Wright ähnliche Ideen verfolgte wie er selbst – und viele andere dieselbe Idee vorgetragen hatten. Aber Wrights Äußerungen wurden unter den Architekten am weitesten bekannt; und der Wortlaut des obigen Zitats in seiner Bezugnahme auf die vier Wände und das Dach macht es dazu geeignet, sozusagen als These zu der unten entwickelten Gegenthese herausgestellt zu werden.

Die allgemein werdende explizite Thematisierung des Raums (sowohl des Raums im Inneren wie des im Äußern, in der Zusammenwirkung mehrerer Baukörper sich bildenden Raums) als das ‚Wesen‘ der Architektur hat also, gerade in der Gegenüberstellung zum Körper, der ihm als das notwendige Mittel seiner ‚Gestaltung‘ untergeordnet wird, auch mit einer Richtung des Blicks auf die instrumentellen Belange zu tun. Doch bleibt dieser Blick, wie im folgenden noch deutlicher zu machen ist, allzu flüchtig, allzu oberflächlich. Mit dem Begriff des Raums meinte man immer schon das Entscheidende erfaßt zu haben, bevor man die Sache auch nur einmal recht betrachtet hat. Freilich war man mit dieser Auffassung schon deshalb höchst zufrieden, weil der Begriff des Raums der Architektur in der angeblichen

Trias der bildenden Künste neben der an die Fläche gebundenen Malerei und der körperlich gestaltenden Skulptur ihren besonderen Platz zuzuweisen schien, und vor allem, weil dieser Platz infolge der Aura des Raumbegriffs ein in ganz besonderer Weise ausgezeichneter war. Mit dem Begriff des Raums schien nicht nur das für die Nutzung Entscheidende getroffen, sondern überhaupt etwas existentiell Grundlegendes – wie heute mit dem Begriff der Umwelt. Die Emphase der Aussprache ist hier die Botschaft für die hintergründige Bedeutungstiefe. Sie begegnet im Begriff des „Lebensraums", den F. Ratzel Ende des 19. Jahrhunderts in seiner imperialistischen „Anthropogeographie" eingeführt hatte.[78] Sie eignet schon dem allgemeinen Raumbegriff (der vom speziellen Raumbegriff in der Architekturtheorie nirgends klar unterschieden wird und in den Versuchen der Charakterisierung des architektonischen Raums fast immer mit hereinspielt), also der philosophischen Kategorie, von Platon mit einer Amme verglichen, die „das Werdende" aufnimmt, und in diesem Sinn, als receptaculum, als etwas unabhängig von der Materie existierendes, ihr und allem Leben den Grund bereitendes im allgemeinen noch bis zum Ende des 19. Jahrhunderts verstanden. Und noch weit ins 20. Jahrhundert hinein gilt der Raum als unabdingbares, natürliches Korrelat zum Menschen. Ich denke an die Buchtitel *Raum und Ich* (Max Bense, 1934), *Mensch und Raum* (Darmstädter Gespräch 1951), *Mensch und Raum* (Otto Friedrich Bollnow, 1963). Der architektonische Raum im besonderen war der Raum, den der Mensch sich nach seinem Maß schuf – „Projektion aus dem Innern des Subjekts", wie Schmarsow schreibt[79] (ohne zu wissen, was er schreibt). Er war Projektion des Subjekts sowohl in seiner Körperlichkeit, wobei gleichsam die Grenze des eigenen Körpers so weit hinausgeschoben wird, daß dieser Körper den notwendigen Spielraum hat als „Tastraum", „Gehraum", „Sehraum" [80], als auch in seiner Geistigkeit, in seinen Ordnungsvorstellungen (in seinem Ich). Bei Schmarsow, der darin an Friedrich Eusebius Trahndorff[81] anknüpft, erscheint letztere naturalisiert als die angeblich dem Menschen eigene ‚Anschauungsform' des Raums, alias die aus dem menschlichen Organismus entspringenden drei Hauptrichtungspaare. Ein würdiger Gegenstand fürwahr, und in seiner nur indirekten Faßbarkeit (über die ihn begrenzenden Körperoberflächen nämlich) ein das Genie des Architekten herausfordernder – erneut herausfordernder, nachdem das Tektonische im alten Sinn durch Erfindung des Stahls und Stahlbetons, durch die statischen Berechnungsmethoden (so ausdrücklich Schindler[82]) für die künstlerische Gestaltung uninteressant geworden war, nachdem nicht nur das bloß tektonisierende Ornament unhaltbar geworden war, sondern auch die Spiele mit dem „neuen Ornament" des Jugendstil nicht mehr weiter trugen.

In der Avantgardearchitektur erreicht die formale Betrachtung ein neues, ihr höchstes Niveau. Die restlose Verbannung des Ornaments war vielleicht als Vorlage für eine ernsthaft der antiformalistischen Maxime folgende Gestaltung gedacht – tabula rasa für ein striktes Ausgehen von dem instrumentell (funktional) Erforderlichen; aber schon diese Vorlage ist geeignet, das Scheitern, das Falsche des Vorhabens ahnen zu lassen. Sie setzt am falschen Ende an: an der Form. Die so zunächst in der Vorstellung sich ergebenden reinen, ungeschmückten Formen – Körper und Räume – begannen unter dem Einfluß der neuen Strömungen der bildenden Kunst (Expressionismus, Kubismus, Konstruktivismus), die in ihrer Abstraktion, in ihrer Tendenz zu kristallinischer Elementarisierung oder in ihrem Aufbau aus stereometrischen Elementen dem Architektonischen geradezu entgegenzukommen schienen[83] (und zugleich der Idee eines bildkünstlerischen Gesamtkunstwerks neue Impulse gaben), selbst das Interesse auf sich zu ziehen. Das Ästhetische, das zunächst aufs engste mit dem tektonischen oder tektonisierenden Ornament, dann mit dem atektonischen Ornament (Rokoko, Jugendstil) verbunden war, dabei z. T. auch schon die (zuvor konventionell bestimmte) Form zu ergreifen begann, geht nun fast vollständig auf diese über, verstanden als reine, ungeschmückte Form, die nun in sich eine ästhetisch befriedigende, spannungsvolle sein muß. So nähert sich die Architektur tatsächlich zunehmend den bildenden Künsten. Sie unterscheidet sich, künstlerisch gesehen, in nichts mehr von der abstrakten Skulptur als dadurch, daß der mehr oder weniger umschlossene Raum bei dieser zwar möglich, für jene aber essentiell ist.

Diese neue abstrakt-formale Auffassung der Architektur als Körper bzw. Raum verlangt tiefgreifende Manipulation des Überkommenen – über das Abwerfen des historisierenden Formenapparats hinaus. Dazu gehört zum einen die Ausmerzung der morphologischen Heterogenität von Wand und Dach. In den expressionistischen Versuchen geschieht dies oft, indem die Wand formal dem Dach angeglichen wird; später, in der „kubischen Bauweise" und dem konstruktivistischen Reduktionismus („less is more"), indem umgekehrt das Dach, schon seit Jahrhunderten mehr oder weniger gekonnt hinter Blendgiebeln und Balustraden verborgen, vollends als flache Decke ausgebildet wird, wobei jede Detailausbildung, die es als etwas anderes zeigen könnte denn als Oberseite eines Quaders oder als einfache Platte, als mangelhaft gilt. Dazu gehört zum andern die Lösung des Problems des Fensters bzw. der Wandöffnung ganz allgemein, die den Architekten schon immer zu schaffen gemacht hatte, so etwa Frank Lloyd Wright: „I used to gloat over the beautiful buildings I could build if only it were unnecessary to cut windows in them."[84] Le Corbusier: „Die gesamte Geschichte der Architektur dreht sich ausschließlich um die Maueröffnungen."[85] (Nein: nur die Geschichte der akademischen, unter formaler Betrachtung betriebenen Architektur!) Nach dem Abschlagen des Ornaments, dem Weglassen der Rahmung und der die Öffnung überspannenden Sprossen, im Rückgang auf die ungeschmückte Wandfläche als Element der Formgebung mußte das Fenster in der Wand als ‚Loch' erscheinen. Le Corbusier empfand es als „Zerstörer der Form"[86]. Lösungen waren gefordert, bei denen sich Öffnungen als integraler Bestandteil der Form ergeben würden: Erweiterung des Fensters zum Fensterband, die raumgroße Öffnung, die den Quader des Gebäudes von der Ecke her anschneidet, das Aufbrechen des Körpers durch ein Gegeneinander von Ausstülpung und Einziehung, die Zerlegung des Körpers in vertikale und horizontale Scheiben („fließender Raum"), die vollständige Ersetzung der Wand durch die Rundumverglasung, die Rasterfassade. Das in die Wand geschnittene Fenster war, jedenfalls für höchste künstlerische Ansprüche, tabu.

War es in der klassischen Architektur die durch die Gliederung hergestellte Affinität der Raumbegrenzungen, die den Raum zur Figur werden ließ, so wird dies nun, vor allem in der expressionistischen Phase, z.T. einfach durch die Ungewöhnlichkeit der Form angestrebt, wobei, hinausgehend über die im Jugendstil beliebten Verschleifungen der verschiedenen Raumbegrenzungen, bisweilen die gesamte Begrenzung als freie Hohlform konzipiert wird. Vor allem aber geschieht es durch das freie – kontrapunktische – Spiel mit einzelnen körperlichen Elementen, das im Hin und Her des Blicks zwischen den als Figuren erscheinenden körperlichen Elementen bzw. in deren Überschneidungen sukzessive auch den zwischen ihnen liegenden Raum bewußt werden läßt.

Dieser Raum ist im allgemeinen nicht mehr der geschlossene und schon gar nicht der symmetrisch aufgebaute, ruhende. Sein Aufbrechen ist, so meine ich, ein in der allgemeinen Rede vom ‚Ausdruck der Zeit' unbewußt bleibender Niederschlag eines neuen Schubs in der seit dem 18. Jahrhundert perennierenden Krise des bürgerlichen Ich.

Der erste Schub dieser Krise fand seinen Niederschlag in Piranesis entgrenzten Phantasie-Räumen, insbesondere den *Carceri:* endlose, abgründige Irr-Räume bildende Reste einer vergangenen Giganten-Architektur. (Boullées Entwürfe dagegen zeugen eher von einer letzten Steigerung des Ich in der Konfrontation mit dem unendlichen Raum und seiner Beherrschung durch den Verstand. Sein Denkmal für Newton ist die Vergegenwärtigung dieses unendlichen Raums (und dessen Beherrschung) durch die Architektur: durch das von dieser – von der Form eines riesigen, kugelförmigen Hohlraums – erzeugte „Bild" des sich unmittelbarer Faßbarkeit entziehenden unendlichen Raums.) In der Romantik, bei Schinkel vor allem, finden wir, vergleichbar dem literarisch-künstlerischen Versuch der Aufhebung des

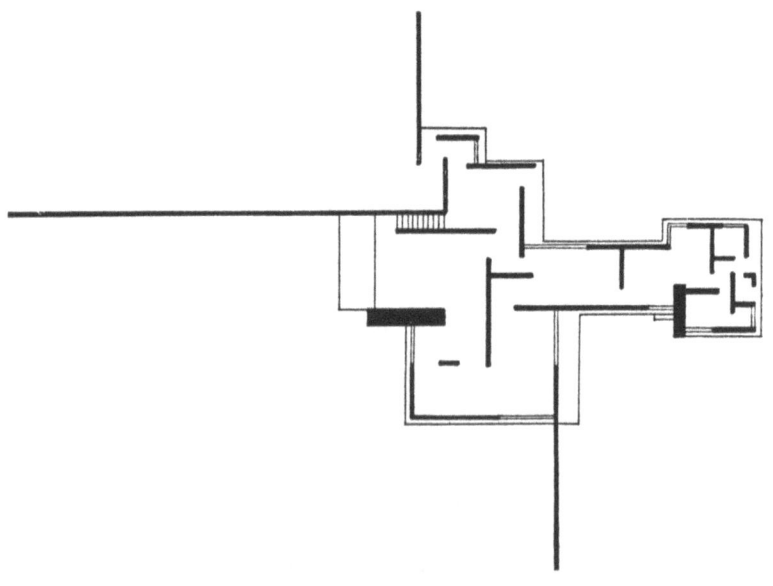

Das kontrapunktische Spiel mit körperlichen Elementen: der fließende Raum.
Mies van der Rohe: Entwurf für ein Landhaus in Backstein, 1923

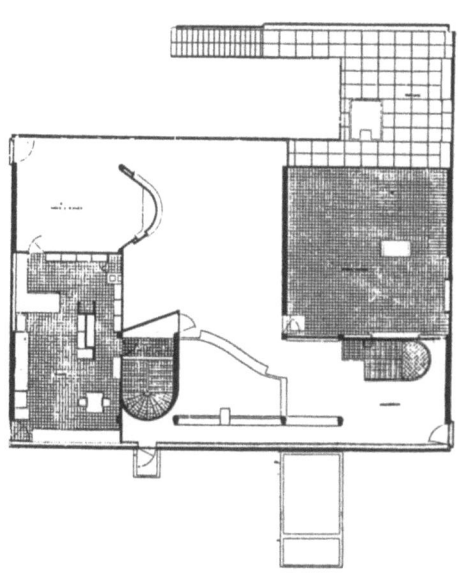

Das kontrapunktische Spiel mit körperlichen Elementen: die Konzipierung der Räume als wechselnde Szenen einer räumlichen Dramaturgie der ‹promenade architecturale›.
Le Corbusier: Les Terraces, Garches 1927
(Fraglich freilich, ob dieses Gebäude so berühmt geworden wäre, wenn Le Corbusier im 1.OG die tatsächlich vorhandenen Stützen vor der geschwungenen Wand in der Achse der rechten Wand des Treppenhauses eingezeichnet hätte. Ebenfalls nicht richtig dargestellt ist der Deckendurchbruch zwischen EG und 1.OG, vom Eingang aus linker Hand.)

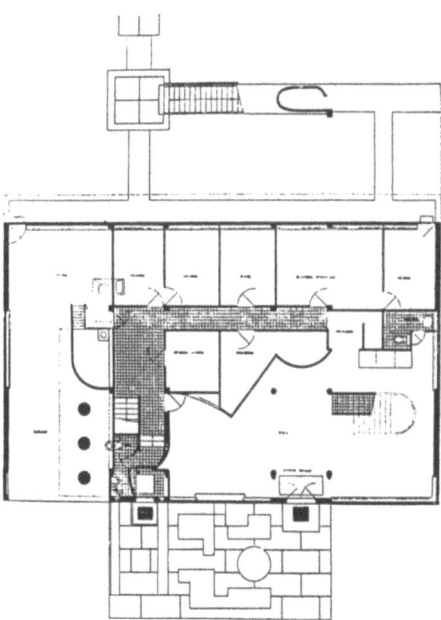

entfremdeten Individuums in der Natur, die Aufhebung des architektonischen Raums im unendlichen Raum. Nun, in der Moderne, die „Öffnung" der Räume gegeneinander (Wright), ihre Konzipierung als Folge von Plätzen entlang eines Wegs[87] (Loos, Le Corbusier) und, ganz besonders von Bedeutung, was die wie immer verwässerte Übernahme von zweit- und drittrangigen Architekten betrifft, der „fließende Raum", die Transformation des Nebeneinander von Räumen in einen einzigen, nur durch einige Wandscheiben gegliederten Raum, bei dem insbesondere auch Innen und Außen (scheinbar) ineinander übergehen (Ludwig Mies van der Rohe). Wie das Verdikt über Fenster und Dach als Ausdruck einer mit Argwohn betrachteten (spießbürgerlichen) Privatheit und Geborgenheit im Innern ist es Negation der bürgerlichen Identität, aber ohne etwas an deren Stelle setzen zu können (und ohne die Fiktion des architektonischen Raums zu überwinden). „Das leere Ich bildet sich keine Hülle mehr um den darin zu bergen, der ohnehin nicht zu Hause ist."[88]

Auf die weitere Entwicklung will ich auch hier nicht ausführlich eingehen. Sie bringt, vergleichbar der Entwicklung zu Beginn der Neuzeit, eine Erweiterung des Formenrepertoires, insbesondere durch die frei geschwungene und die geneigte Wand (abgesehen von frühen expressionistischen Studien zuerst bei Alvar Aalto), sowie eine formale Differenzierung zwischen verschiedenen, nebeneinander verwendeten Raumtypen, zwischen „masterspaces" und „servant spaces" (Louis Kahn) oder zwischen „öffentlichen" und „geheimen" Bereichen (Hans Scharoun) – womit sich ohne Zweifel schon differenzierter auf die instrumentellen Anforderungen eingehen läßt.

III.

Die Bemühung um Zweckmäßigkeit oder, da es sich hier um Gebrauchsgüter handelt, um Gebrauchstauglichkeit, war zu Beginn der Neuzeit noch ganz eine Sache der Erfahrung und der Anlehnung an Vorbilder des entsprechenden Gebäudetyps. So ist auch in den alten Traktaten zu diesem primären Aspekt des Bauens (Alberti präzisiert, sich auf „Dächer, Wände und alles übrige" beziehend: „Ut sint eorum singula ad certum destinatumque usum comoda et in primis saluberrima"[89]) relativ wenig zu finden: Bemerkungen über die Wahl des Bauplatzes, einzelne Forderungen hinsichtlich der Zuordnung bestimmter Nutzungsbereiche zu den Himmelsrichtungen oder zum öffentlichen Bereich, hinsichtlich der Zugänglichkeit bestimmter Räume, der Trennung von Herrschaft und Dienerschaft im Haus, pauschale Angaben über die Größe der Fenster usw.; nur die untergeordneten Belange der Festigkeit des Gebäudes, der Konstruktion werden relativ ausführlich und systematisch behandelt. Und auch als, im Zusammenhang mit der oben skizzierten Entwicklung des zweckrationalen Denkens, der instrumentelle Aspekt der Architektur als solcher stärker ins Bewußtsein trat, tat er dies, wie wir gesehen haben, vor allem als dasjenige, von dem sich Anhaltspunkte gewinnen lassen sollten für die künstlerische Formgebung. Eine nähere Befassung mit dem instrumentellen Aspekt selbst schien dabei zunächst nicht vonnöten. Und wo sie in der Folge hie und da einsetzte, blieb sie, ausgenommen wiederum die untergeordneten Belange der Tragkonstruktion, recht dürftig. Das gilt für die Theorie – allein auf weiter Flur steht hier Gottfried Semper; und selbst er hat die funktionale Seite seiner Theorie zugunsten der formalen (historistischen) abgewertet – wie für die im allgemeinen theoretisch recht unvorbereiteten methodischen Ansätze (die es, wie ein Blick in Ernst Neuferts *Bauentwurfslehre* zeigt, allesamt letztlich auch nicht vermocht haben, das alte, an Vorbildern des entsprechenden Gebäudetyps orientierte Entwerfen zu ersetzen). Diese Ansätze sollen hier kurz überflogen werden, und zwar speziell im Hinblick auf ihr Festhalten an der Idee des architektonischen Raums, nun als zentraler Entwurfseinheit.

Zu beginnen ist mit Jean Nicolas Louis Durand bzw. mit der Ecole Royale Polytechnique, gegründet 1794 unter dem Namen „Ecole centrale des travaux publics", die ihn 1795 zunächst für die Zeichenlehre und kurz darauf für die Architekturlehre berief. Ich erwähne diese Schule, da es sich hier nicht um die Ausbildung von Architekten handelte, wie in den Kunstschulen

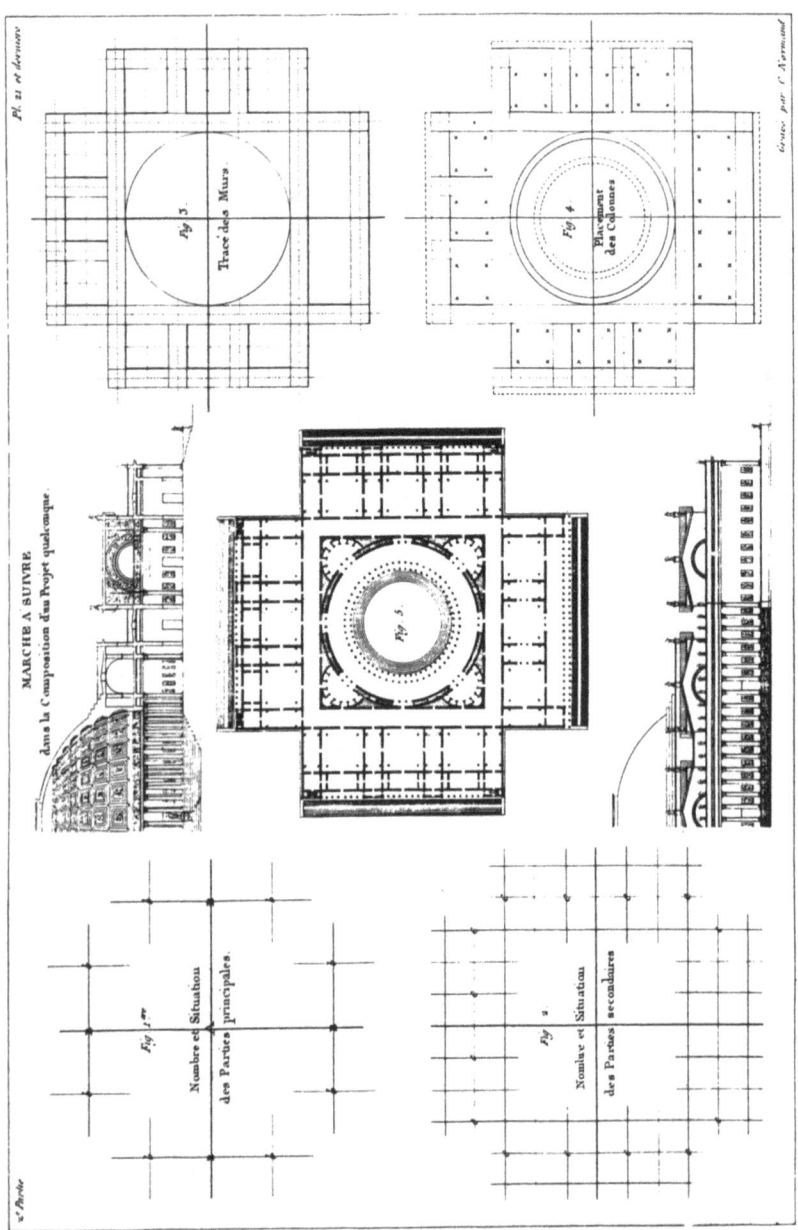

J.N.L. Durand's Entwurfsmethode, aus: Précis...

Nous allons donner un exemple de la manière dont on doit fixer ses idées en architecture, au moyen d'un croquis.

Supposons qu'il s'agisse de faire le projet d'un édifice destiné à la réunion des savants, des hommes de lettres, et des artistes; qu'outre les salles d'assemblées particulières pour les sections de chacune de ces classes, que le programme suppose devoir être au nombre de trois, on demande une salle pour les séances publiques, un vestibule commun, des vestibules particuliers, une galerie qui établisse une communication facile entre toutes les parties de l'édifice, des cabinets, un logement de concierge, etc.; voici la manière dont il faudra s'y prendre.

Ayant reconnu qu'un tel édifice ne doit comporter qu'une seule masse, que cette masse doit être pleine; qu'il peut être convenablement situé au milieu d'une place publique; que plusieurs de ses parties doivent être semblables, et quelques autres différentes; que parmi celles-ci la salle d'assemblée publique est la principale, que les parties destinées aux trois classes et le vestibule commun sont celles qui prédominent ensuite; que chaque classe exige trois salles d'assemblées semblables: par un signe quelconque, on fixera le centre de la salle d'assemblée publique quelque part, comme en A, (fig. 1re) et l'on tracera à la main les deux axes principaux de l'édifice BB et BB; sur quatre points de ces axes, tels que B. B. B. B., et à des distances supposées égales, par d'autres signes, on indiquera le milieu de la place destinée à chaque classe et au vestibule commun, et l'on tracera les axes de chacune de ces parties; enfin, sur ces axes secondaires, on marquera le milieu des salles destinées pour chaque section vers les points $b. b.b.b.b.b.$, supposés également distants des points B.B.B.

Ayant indiqué ainsi le nombre et la situation des parties principales de cet édifice, on s'occupera de la disposition des parties accessoires.

oder Akademien, die diese Aufgabe im 18. Jahrhundert zu übernehmen begannen[90], sondern um die Ausbildung von Ingenieuren. Hier allein offenbar war es möglich, den instrumentellen Aspekt nicht als untergeordneten Aspekt einer vor allem ästhetisch ausgerichteten Lehre, sondern als Hauptaspekt zu behandeln. Durand war der Mann dafür, ein Architekt von enzyklopädischem Geist, wie kein anderer unter den französischen Architekten auf der Höhe (in der Tiefe) seiner Zeit.[91] Ich habe ihn oben schon genannt als jenen Architekten, der als erster die antiformalistische Maxime in Richtung des Funktionalismus radikalisierte und die Entwurfsarbeit ausschließlich auf den instrumentellen Aspekt konzentriert sehen wollte. Er war davon überzeugt, daß die Befassung ausschließlich mit dem instrumentellen Aspekt, daß die Konzentrierung auf das „veritable but" der Architektur zu einem Entwurf führen würde, der auch allen Anforderungen bezüglich des präsentationellen Aspekts – er nennt die in seiner Zeit verbreiteten Ideen der Mannigfaltigkeit, des Effekts und des Charakters – genüge.

Nach seinem 1801 (mit einem Text von Dien) herausgegebenen *Recueil et parallèle des édifices en tout genre,* einer gleichmaßstäblichen Sammlung und Gegenüberstellung von Gebäuden aus allen Teilen der Welt, und zwar im Unterschied zu einem ähnlichen Versuch seines Lehrers, J.-D. Leroy, nicht unter historischem, sondern unter typologischem Gesichtspunkt – Ausdruck für seine Intention der Begründung der Architektur nicht mehr auf die Nachahmung, sondern auf den Gebrauch –, befaßt sich Durand im Zuge seiner Lehrtätigkeit mit dem inneren Aufbau der Architektur und der Entwicklung einer Lehre der „Komposition" (einer auf den instrumentellen Aspekt bezogenen Entwurfsmethode), „qui, chose étonnante, n'avait jamais été traitée dans aucun ouvrage, ni dans aucun cours"[92].

Durand sieht die Architektur wie ein Spiel mit dem Baukasten, ein Spiel des Zusammensetzens von Elementen (élements) aus einem gegebenen Repertoire – Mauern, Säulen, Fenster usw. – zu Räumen (parties) – Vorhallen, Eingangshallen, Säle aller Art – und dieser wiederum zu Ensembles von Räumen. Während die Lehre diesem Aufbau von den Elementen zum Ganzen folgt, soll das Entwerfen vom Ganzen seinen Ausgang nehmen, von dort zur Festlegung der Räume und von diesen wiederum zur Festlegung der Elemente führen[93]. Nachdem man sich anhand des Programms den erforderlichen Aufbau des Ganzen klar gemacht hat, soll die Auslegung (disposition) der Räume erfolgen. Zu beginnen wäre mit dem Hauptraum, von dem aus der Grundriß durch Anfügen weiterer Räume (unter Berücksichtigung noch mehr der ideellen als der materiellen Beziehungen der in ihnen stattfindenden Tätigkeiten zueinander) jeweils entlang der Raumachsen der bereits gesetzten Räume wachsen soll. Es ist offensichtlich, wie hier das methodische Vorgehen von Anfang an ästhetisch imprägniert ist.

Wer mit Verstand gelesen hat, wird sich über Durands „mécanisme de la composition"[94] gewundert haben. Wie soll man sich die Zusammensetzung der Elemente zu Räumen und dieser zu Gebäuden vorstellen? Bestehen die Gebäude im Innern aus lauter Doppelwänden, Doppeltüren, Doppeldecken? Warum werden die Elemente nicht einfach zu Gebäuden zusammengesetzt, wie jeder Laie erwarten würde? Mit der Übernahme der Konzeption des Raums als zentraler Entwurfseinheit (der Terminus, wohlgemerkt, taucht hier noch nicht auf) vermasselt sich Durand seinen Versuch der Entwicklung einer rationalen Entwurfsmethode. Sie zwingt ihn, mittendrin von einem System zum andern überzuwechseln; und dieser Wechsel geht einher mit der Reduktion der Wand zu einer strikt zweidimensionalen, völlig abstrakten Grenze. Und natürlich ist entgegen Durands Forderung, beim Entwerfen vom Ganzen auszugehen, das Ganze durch Ausgehen von einem Raumprogramm bereits gebrochen.

Bei dieser Gebrochenheit des Ganzen und dem Hin und Her zwischen den Systemen mußte es auch in der Folge bleiben, solange man an der Konzeption des architektonischen Raums als zentraler Entwurfseinheit festhielt. In den zwanziger Jahren unseres Jahrhunderts, im Zusammenhang mit dem Wiederaufbau der großen Industrie nach dem Ersten Weltkrieg und speziell mit dem ersten Vorstoß der Architekten in Richtung einer großindustriellen Massenproduktion im Wohnungsbau, finden wir einen neuen Schub in der Bemühung um rationales Entwerfen. Seine radikalste Ausprägung findet er wohl bei Hannes Meyer, der in der Grundhaltung − „alle dinge dieser welt sind ein produkt der formel: (funktion mal ökonomie)"[95] − Durand am nächsten steht, bestimmt aber trotz aller Unterschiede im politischen Selbstverständnis und in der Einstellung gegenüber dem Ästhetischen auf der darunter liegenden Ebene in ganz ähnlicher Weise das Entwerfen der gesamten Avantgarde.[96] Die Aufgabe des Entwurfs wird schon etwas beschränkter gesehen: als Auslegung (Bemessung und Zuordnung) der Räume gemäß den im Programm implizit oder explizit gegebenen Anforderungen. (Das *Ganze* wird schon gar nicht mehr beschworen.) Die Anforderungen werden nun durchgängig materiell interpretiert. In der Ambition, nicht nur die Gebäude, sondern mit ihnen das ganze Leben zu ‚gestalten', rekurriert man mit Vorliebe auf vermeintlich biologische Grundbedürfnisse, auf die „Funktionen des Lebens"[97]. Es handelte sich sozusagen um den Versuch einer wissenschaftlichen Begründung des Raumprogramms; er führte aber in Wirklichkeit zu einer biologistischen bzw. technizistischen Reduktion der Tätigkeiten: einer Reduktion des Handelns auf operationale Verrichtungen, des gesellschaftlichen Verkehrs auf Transport, des Wohnens auf bloße Reproduktion der Arbeitskraft − „räume für einen von träumen gesäuberten schlaf, für universalwaschungen, für körperkultur, und für einige prozeduren, die zur bevölkerungsvermehrung beitragen."[98] Das Vorbild der Organisation des häuslichen und städtischen Lebens ist das der großindustriellen Arbeitsorganisation, der Weg dazu ist der der Ergonomie. So sind es nun die notwendigen Bewegungen von Einrichtungsgegenstand zu Einrichtungsgegenstand, von Raum zu Raum, von Haus zu Haus, die für die Organisation des Hauses wie der Stadt zum entscheidenden Faktor werden.[99] Dazu Sonnenhygiene, welche man von der damaligen Körperkulturbewegung übernahm – sozusagen das Schmiermittel der Körpermaschinen. Hannes Meyer: „Der grundriss errechnet sich aus folgenden faktoren: 1. bewegungsfaktoren, 2. sonne..."[100] Architektur als mathematische Funktion der bedingenden Größen, wissenschaftlich nachvollziehbar durch Aufzeichnung aller Berechnungen und Entwurfsschritte „im kleinstmöglichen Format und Maßstab auf... Millimeterpapier DIN A4"[101] – wie wir es in den frühen sechziger Jahren in unseren Studienarbeiten wieder zu machen suchten.

Hinzu kam das Konzept der Flexibilität im Sinn der Ermöglichung verschiedener Raumaufteilungen im Innern. Sie sollte bei sich verändernden Bedürfnissen – vor allem Umschichtungen innerhalb der Familie – auch bei knapper Grundfläche eine rationale Organisierung des Lebens ermöglichen bzw. für Unvorhergesehenes Spielraum geben. Insofern dieses Konzept ein Zurücktreten des Architekten gegenüber der Aufgabe der räumlichen Durchorganisierung des Lebens, in gewisser Hinsicht auch gegenüber seinen eigenen formalen Ambitionen war, war es sicherlich das wertvollste Konzept der modernen Architektur. Aber es ist ein eher negativ als positiv bestimmtes, das allein uns einer funktionalen Architektur noch nicht näher bringt.

Als in den sechziger Jahren die neuen Sterne am Himmel der Wissenschaften und der Technik, Systemtheorie und Kybernetik, beide damals zu allgemeiner Popularität gelangend, auch für die technischen Künste neue Möglichkeiten eines rationalen Zugangs verhießen, ergab sich der bislang letzte Schub in der Entwicklung der Entwurfsmethodik.[102]

Wie im Operations Research oder im Industriellen Design, wurde die Aufgabe nun als die Lösung eines Problems angesehen, wodurch jede vorgefaßte Meinung, worum es im einzelnen gehen würde, jede konventionelle Bestimmung der Aufgabe als möglicherweise zu eng und das Entscheidende verfehlend erst einmal suspendiert werden sollte. In noch radikalerem Sinn als in den zwanziger Jahren ging es um Rationalität, um Wissenschaftlichkeit bis zurück zur Aufgabenstellung, die man sozusagen als im Problem, einem vermeintlich objektseitig gegebenen Problem enthalten ansah, und die indirekt über dessen genaue Bestimmung gleichsam enthüllt werden sollte. Die Methode, die hierfür vorgeschlagen wurde, war von der denkbar größten Allgemeinheit, ein grober Rahmen des Vorgehens, bestimmt durch eine

Folge von (beliebig rückkoppelbaren) Schritten, etwa: Problemdefinition, Informationssammlung, Analyse, Lösungsgeneration, Implementbildung, Test – ergänzt durch einige wahlweise einzusetzende Techniken, insbesondere für die Analyse und die Lösungsgeneration.

Der neue Ansatz ließ sich in die Praxis nicht leicht einbringen. Die Aufgaben stellten sich in der Wirklichkeit anders und erlaubten auch vom Aufwand her nicht, sie jedesmal radikal zu hinterfragen und von Grund auf neu zu bestimmen. Solches konnte nur wiederum in der Forschung, bezogen auf die Architektur insgesamt, geschehen. Kein Zufall, daß es ein Außenseiter war, der hier mit neuartigen Versuchen am meisten Aufsehen erregte: Christopher Alexander.

In *Notes on the Synthesis of Form*[103] begreift er als Ziel des Entwurfs (vom Teekessel bis zur Siedlung) die Passung (fit) zwischen Form und Kontext, die durch Ausschalten aller denkbaren Nichtpassung (misfit) zu erreichen wäre. Dabei solle auch der Kontext – alles, was beim Gebrauch der Sache mit im Spiel sein würde – nicht von Anfang an festgelegt werden, vielmehr im Zuge der Arbeit sich verschieben können. Es könne sich zeigen, daß man nicht den Teekessel, sondern den Ofen, nicht den Ofen, sondern das Haus, nicht das Haus, sondern die Siedlung neu entwerfen müsse, oder umgekehrt. Als Kern des Problems entsteht dabei das Problem der Komplexität der Aufgabe, denn die aus den zu vermeidenden Nichtpassungen sich ergebenden Anforderungen sind in der Regel sehr zahlreich und in ihren Konsequenzen für die Form untereinander verflochten. Die Lösung des Mathematikers, der Alexander von Hause aus ist, besteht in der systemanalytischen Zerlegung des Anforderungskomplexes in Teilkomplexe, für die unabhängig voneinander Teillösungen entwickelt werden, welche ihrerseits zusammengesetzt die Gesamtlösung ergeben. Der schwache Punkt blieb die Bestimmung der Anforderungen, der zu vermeidenden Nichtpassungen. In dem ausgearbeiteten Beispiel des Entwurfs eines indischen Dorfes jedenfalls tauchen viele Anforderungen auf, die mit Architektur nicht das geringste zu tun haben, während entscheidende architekturrelevante Anforderungen fehlen. Es müßten eben schon die Anforderungen im Hinblick auf den jeweiligen Praxisbereich, in dem die Lösung liegen wird (Teekesselbau, Ofenbau, Hausbau, Siedlungsbau) sowie auf der Grundlage einer reichen Erfahrung in diesem Bereich bestimmt werden.

In *Atoms of Environmental Structure*, zusammen mit Barry Poyner verfaßt, wird der Kreis enger gezogen. Es geht nun speziell um architektonische Entwurfsaufgaben. Was durch den Entwurf erreicht werden müsse, so wird jetzt proklamiert, sei, allen Verhaltenstendenzen freien Lauf zu geben, so zu entwerfen, daß verschiedene Tendenzen nicht miteinander in Konflikt gerieten. „Tendenz" wird dabei als operationaler Begriff verstanden, der den, wie die Autoren meinen, zu vagen Begriff des Bedürfnisses (need) ersetzen soll. Sie wird definiert als das, was die betreffenden Personen zu tun versuchen, wenn die Gelegenheit dazu besteht (zum Beispiel im Büro aus dem Fenster zu schauen bzw. einen Platz zu ergattern, von dem aus ein Ausblick möglich ist). Dies ließe sich empirisch eindeutig, wenn auch nur in Form von Hypothesen, feststellen. Mit diesem Ansatz schien das Ziel der Wissenschaftlichkeit des Entwerfens bis zurück zur Aufgabenstellung im Prinzip erreichbar. Dahinter freilich stand behavioristische Blindheit hinsichtlich der Widersprüche zwischen dem in vielfältiger Weise geschichtlich und durch die jeweiligen Umstände bedingten Verhalten und dem, was die betreffenden Personen erstreben, wünschen, gutheißen bzw. ablehnen, fürchten usw., hinsichtlich ambivalenter Verhaltenstendenzen, hinsichtlich der Versuche, sich von bestimmten gesellschaftlichen Programmierungen zu befreien, hinsichtlich des Kampfes gegen die Entfremdung, kurzum, eine naive, jeden Begriffs von Dialektik entbehrende Vorstellung von der kulturellen Situiertheit des Menschen. So erhielt dieser Ansatz denn auch auf der dritten Designkonferenz von 1967 eine scharfe Kritik[105], die man bereits als den Anfang vom Ende dieser Phase entwurfsmethodologischer Forschung ansehen kann. Die Beispiele allerdings, an denen Alexander und Poyner ihren Ansatz demonstrieren, nämlich der Entwurf von im skizzierten Sinn konfliktfreien Eingangssituationen, einmal für Einfamilienhäuser, einmal für städtische Bürogebäude, sind nicht uninteressant. In ihnen ist sozusagen die ganze Problematik des Ansatzes zurückgelassen, die Aufgabe beschränkt auf den Entwurf, ausgehend von bestimmten, angenommenen Verhaltenstendenzen, betreffend einige wenige Elemente in einer vorgegebenen Gesamtsituation. Hier scheint für einen Moment, sogleich überschattet von der Kritik am Behaviorismus des Gesamtansatzes, wenn auch nur ausschnitthaft und auf wenige Aspekte beschränkt, die Möglichkeit eines Entwerfens auf, das sich nicht primär auf den Raum bezieht, sondern von Anfang an auf die Wände als Gefüge selektiver Abschirmungen – und dies ist, wie zu zeigen sein wird, unter funktionaler Betrachtung das Entscheidende.

Es gab andere Ansätze, darunter einen von Raymond Studer[106], der ebenfalls vom Verhalten ausgeht und versucht, jeden behavioristischen Kurzschluß zu vermeiden, der aber auf der andern Seite völlig architekturunspezifisch bleibt. Alle diese Ansätze bleiben, jedenfalls zunächst, folgenlos. In der architektonischen Praxis reduzierten sich die Bemühungen um eine rationale Entwurfsmethode auf eine Verstärkung ganz allgemein der analytischen Tendenz – bis hin später zum computergestützten Entwerfen –, und zwar wieder auf der Grundlage des alten, von der Konzeption der architektonischen Raums geprägten Entwurfsansatzes. Wiederum sind es vor allem die Verkehrsbeziehungen, die Verbindungen zwischen den Räumen, auf die sich die Aufmerksamkeit richtet, die nun genauer, systematisch und quantifizierend in den bekannten Verbindungstabellen und -diagrammen erfaßt werden, die, wie Broadbent schreibt, für viele Architekten damals das ein und alles der Entwurfsmethode wurden.

Dazu kam eventuell eine genauere Analyse dessen, was in den Räumen stattfinden sollte, der Tätigkeiten. Die Tätigkeiten waren bisher in den Raumprogrammen als bekannt unterstellt; aber solche Bekanntheit war infolge des rapiden Wandels auf allen Gebieten immer weniger gegeben, allemal in den Bereichen der technischen Arbeit, so daß ein auf die Tätigkeiten abgestimmtes Entwerfen nicht ohne weiteres möglich war.

Schon 1964 hatte Melvin Webber (aufbauend auf Überlegungen von Donald Foley) für die Stadtplanung einen vergleichbaren Schritt vorgeschlagen.[107] Er hatte vorgeschlagen, in der Planung die Begriffe der Flächennutzung und der Dichte, die, wie differenziert auch immer nach verschiedenen Nutzungsarten, dem städtischen Leben als interaktionalem Prozeß völlig unangemessen sind, zu ersetzen durch eine konzeptionelle Matrix, in der der Aspekt der Tätigkeit (die verschiedenen Tätigkeiten in ihrer räumlichen Verteilung sowie die Interaktionen zwischen ihnen) und der Aspekt der baulichen Umwelt (das Gefüge der „adapted spaces" und der „channels for communication and transportation") einander gegenüberstehen als immer wieder neu (den eingetretenen und geplanten Veränderungen auf beiden Seiten entsprechend) aufeinander zu beziehende Aspekte.

1966 erschien dann die von Jan Moore und Barry Poyner entwickelte Activity Data Method[108] (sie ging Poyners Zusammenarbeit mit Alexander an den *Atoms...* voraus), die weithin zum Vorbild wurde für ein verstärktes Zurückgehen auf die Tätigkeiten im architektonischen Entwurf bzw. bei dessen Vorbereitung. Diese im Zusammenhang mit der Errichtung von baulichen Anlagen für die Armee erarbeitete Methode gibt ein Schema, nach welchem als Grundlage für den architektonischen Entwurf Information über die Tätigkeiten, die in den zu entwerfenden baulichen Anlagen stattfinden sollen, ermittelt und zusammengestellt werden können. Diese Information gliedert sich in eine Beschreibung der „Organisation" (des Betriebs, der Institution usw.) im allgemeinen bzw. in seinem inneren Aufbau, eine Beschreibung der einzelnen Tätigkeiten in halbstandardisierter Form mit Angabe der relevanten Daten zu diesen Tätigkeiten, insbesondere dem erforderlichen Platzbedarf und den erforderlichen Umweltverhältnissen, und in ein Diagramm der Verkehrsflüsse zwischen den Tätigkeiten.

Die so entstandenen Programme sollten ein genau auf die Erfordernisse abgestimmtes Entwerfen bzw. eine ‚objektive' Prüfung seines Ergebnisses ermöglichen (denn der Entwurf selbst war ja nicht, wie man es gern gehabt

ACTIVITY DATA

activity: AIRCRAFT SERVICING

number:

description

During working hours aircraft are serviced or have defects corrected. Components are removed for servicing or replacement, in some cases the aircraft will be stripped down to its structure. Most work is carried out on or about the aircraft the remainder is covered by other activities. The size of aircraft is likely to increase in future and it is possible that the servicing work will become more complex including work at present done by RAF and civilian manufacturers

q	people
	technicians

q	things
	fixed wing aircraft
	helicopters
	ground servicing equipment
	benches
	2 - ton overhead crane point from which to suspend aircraft for centre of gravity test (5-tons)

space components

fixed wing servicing bay — 50'0", 31'6"

helicopter servicing bay — 35'0", 44'0"

storage bay for ground servicing equipment — 10'0", 30'0"

layout notes

The crane should sweep all aircraft bays.
The ground equipment bay should be placed centrally

~~clear height~~ hook height 18 ft.

regulations and notes

Electric socket outlets should be raised 2-3 ft from floor to reduce risk of sparking fuel

D.C. only provided in new building.

AIR CONDITIONS

temp °F.	70	65	~~60~~	55	50	no heat.
temp va.	±1°	±2°	±3°	±4°	±5°	
heat srs.						
humid %	80	70	60	50	40	
humid s.						
sm & fu.						
dust fre.	essent.	~~desirable~~	unnec.			
dust srs.						
infection						
hygiene	essent.	desirable	~~unnec.~~			

VISUAL CONDITIONS

lum/sq ft	50	~~30~~	20	15	7	
daylight	10	~~7~~	4	3	1·4	unnec.
glare ind.	10	16	19	22	~~25~~	28
sunlight	excluded	~~undesir.~~	desirable			
view out	essent.	desirable	~~undesir.~~			
privacy	essent.	desirable	~~undesir.~~			
blackout	essent.	~~unnec.~~				
special						

SOUND CONDITIONS

accept.n	15	20	30	35	40	~~50~~
noises	electric hand tools, engines of ground crane					
RT. secs.	0·75-1·0	~~0·75-1·5~~	1·0-1·5			
privacy	essent.	desirable	~~unnec.~~			

SAFETY CONDITIONS

human	
security	no unauthorised persons permitted
fire risk	Fuel in aircraft, see notes

DIRECT SERVICES

disposal	
h. water	
c. water	
drainage	
gas	
comp. a.	no 2 outlets (80-100 psi) / bay
steam	
elect. p.	no 2 outlets (210v 15a AC) / bay, no 1 outlet (24 v DC)
telephn.	
oth. com	

DIRECT DEMANDS ON FABRIC

loading	80 lbs/ft² (aircraft ≯ 6000 lbs)
spillage	oils
foot tr.	moderate
wheel tr	tyred – light
impacts	tools and components
abrasion	dragging of jacks, stands etc
easy cl.	essent. ~~desirable~~ unnec.
vib free	essent. ~~desirable~~ unnec.
vibration	

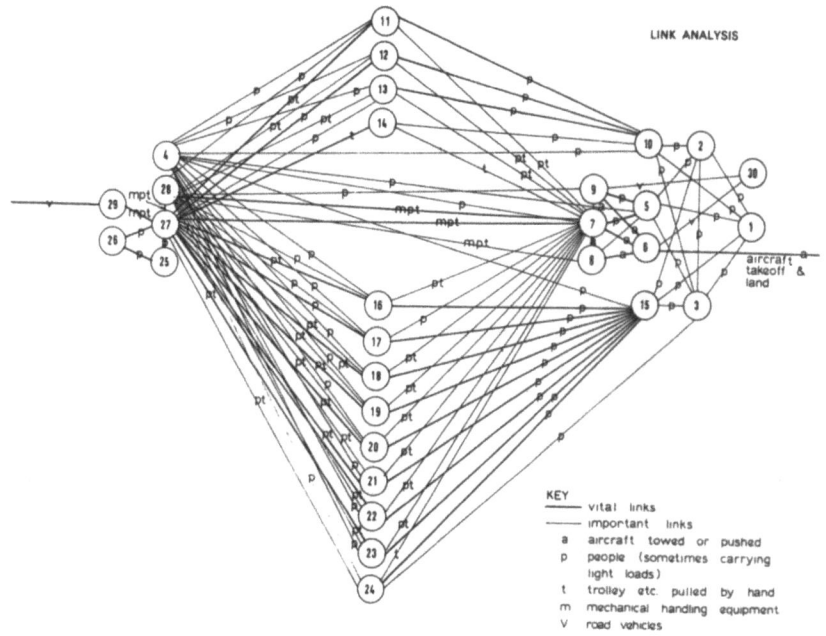

Activity Data Method: ausgefülltes Formblatt zu Erfassung der einzelnen Tätigkeiten und Diagramm der Beziehungen zwischen den Tätigkeiten.

hätte, Schritt für Schritt aus den Anforderungen ableitbar, sondern mußte als kreativer Sprung der Genialität des Architekten überlassen werden). Dabei wurde stillschweigend davon ausgegangen, daß die verschiedenen Tätigkeiten, wenn auch (wie das Verbindungsdiagramm zeigt) nicht isoliert von anderen Tätigkeiten, so doch auf einer je eigenen Fläche, sozusagen in einem je eigenen Territorium stattfinden. Das mag für industrielle Prozesse weitgehend zutreffen, nicht aber allgemein. Es gilt beispielsweise nicht für die Tätigkeiten in Schulen, erst recht nicht für die Tätigkeiten in Wohnungen. Hier kann die gleichzeitige oder abwechselnde Nutzung von Arealen durch verschiedene Tätigkeiten nicht ausgeschlossen werden. Es ergab sich also als eine zusätzliche Aufgabe, ein zusätzliches Moment in der Programmierung die Abklärung solcher Möglichkeiten der Nutzungsüberlagerung oder Nutzungsabwechslung, die Beantwortung der Frage, welche Tätigkeiten mit welchen anderen dieselben Räume oder Flächen teilen und mit ihnen diese in Form, Ausstattung und Zuordnung bestimmen sollten. Hieran wurde in der Folge mancherorts gearbeitet, was meinen eigenen Anteil betrifft, unter Hinzuziehung vor allem von AIDA (Analysis of Interconnected Decision Areas)[109].

Aber auch mit dieser Erweiterung bedeutete das Vorgehen der Activity Data Method unter dem Gesichtspunkt der Gebrauchstauglichkeit der Gebäude nicht unbedingt eine Verbesserung. Die Methode greift im Ansatz zu kurz, bleibt unreflektiert in der Bestimmung der einzelnen Tätigkeiten.

Die Autoren der Methode: „How much can an activity embrace if it is to form a useful basis for design? At present it is difficult to give a perfect definition in theoretical terms. It is easier to take a practical example and to move from extremes towards the mean. Living is an activity. So is beating an egg. But the knowledge that both these activities are to be performed in a kitchen will not assist anyone to design it. One is too general, the other too particular ... Although they may be difficult to define in theory they are proving simple to identify in practice. A primary activity may, like an elephant, be hard to describe, but so far clients and designers have found it easy to recognise one when they see it."[110] Die Bemühung schien dahin zu gehen, Einheiten mit relativ hoher innerer und relativ niedriger äußerer Konnektivität zu ermitteln. Eine solche Gliederung hat aber mit Architektur nichts zu tun, will offenbar mit ihr nichts zu tun haben. Sie ist gegenüber den Mitteln der Architektur abstrakt. (Diese Abstraktheit zeigt sich nicht nur in der Bestimmung der verschiedenen Tätigkeiten als molekulare Einheiten, sie setzt sich fort bei der Bestimmung der erforderlichen Umweltverhältnisse, die nicht etwa im Verhältnis zu anderen Einheiten, mit denen sie verbunden sind (z.B. als bestimmtes Schallschutzerfordernis), sondern je für sich (z.B. in entstehenden oder zulässigen Schallpegelwerten) erfolgt – und bei diesem Ansatz auch gar nicht anders erfolgen kann.)

Hinter dieser Abstraktion stand wohl die Idee, unabhängig von den Mitteln der Architektur ‚objektive' Vorgaben zu machen und die Bestimmung der Mittel wie deren den jeweiligen Erfordernissen gemäßen Einsatz dem Architekten zu überlassen. Genau dies aber ist der Haken: eine architekturunspezifisch formulierte Aufgabe ist eine inadäquat gestellte.

Ich habe natürlich im Auge das Mittel der Wand, ihre Funktion bei der Regulierung der Beziehungen der in den verschiedenen Räumen stattfindenden Tätigkeiten zueinander wie zur übrigen Umgebung bzw. die von hier aus sich erst ergebende Notwendigkeit der Abgrenzung der einzelnen Tätigkeiten.

Die Activity Data Method war insofern von großer Bedeutung auf dem Weg zu funktionalem Entwerfen, als sie, ähnlich wie die vom Verhalten ausgehenden Ansätze, hinter den architektonischen Raum zurückging. Es ist damit aber der Raum noch nicht in Frage gestellt worden. Es ging nur um einen vorbereitenden Schritt, um früher oder später[111] schließlich doch auf dem Raum zurückzukommen. Dabei verstärkt die Methode in ihrer ausführlicheren und zum Teil quantifizierenden Befassung mit den einzelnen Tätigkeiten die dem analytisch-synthetischen Vorgehen ohnehin eigene Tendenz, die Besonderheiten des Einzelnen gegenüber den (ursprünglichen) Zusammenhängen, den Umweltbezügen, entwurfsführend werden zu lassen. (Auch die Bemühungen, als Verbindungen zwischen den Tätigkeiten nicht nur Verkehrsbeziehungen zu berücksichtigen, sondern auch optisch-visuelle oder akustisch-auditive[112], blieben nur dürftige Korrekturen eines meines Erachtens das Entscheidende von Anfang an verfehlenden Ansatzes.)

In ähnlicher Weise von einigem Potential, aber zunächst noch in der Fixierung auf den architektonischen Raum verstrickt ist eine andere Methode, mit der in der Folge hie und da experimentiert wurde: das Entwerfen mit Hilfe von Graphen.[113] Ich will hierauf, zugleich als Vorbereitung für meine Ausführungen im Gegen-Kapitel VII, kurz eingehen.

Ein Graph ist eine Mannigfaltigkeit von Punkten (‚Knotenpunkten'), die paarweise durch Linien (‚Kanten') verbunden sein können, wobei den Punkten und Linien keinerlei geometrische, vielmehr nur topologische Bedeutung zukommt, das ganze Gebilde also beliebigen stetigen Verformungen unterworfen werden kann, ohne daß es sich dadurch in seinen (topologischen) Eigenschaften ändert. Dasselbe gilt für den Dual des Graphen, ein über jedem planaren (kreuzungsfreien) Graphen – nur um solche handelt es sich hier – konstruierbarer sekundärer Graph, der in jedem von Kanten umschlossenen ‚Gebiet' des primären Graphen einen Knotenpunkt hat und jede der diese Gebiete umschließenden Kanten mit einer eigenen Kante schneidet.

In der Anwendung standen bisher die Knotenpunkte des (primären) Graphen für Räume bzw. die in ihnen stattfindenden Tätigkeiten (es sind nicht

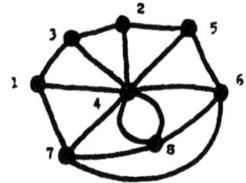

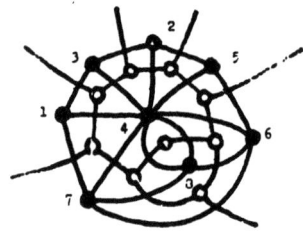

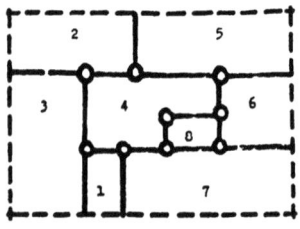

Graphen-Methode: Graph, Dual des Graphen und Umformung des Dual zu einem rechtwinkligen Grundriß.
I. Cousin: Topological Organization of Architectural Space

unbedingt die molekularen Einheiten der Activity Data Method), die Kanten für die erforderlichen Verbindungen zwischen ihnen, eventuell auch zu äußeren lokalen Gegebenheiten. Sofern es gelang, die erforderlichen Räume bzw. die in ihnen stattfindenden Tätigkeiten und die erforderlichen Verbindungen zwischen ihnen in einem planaren Graphen darzustellen, ergab die Zeichnung des Dual gleichsam automatisch den gesuchten Grundriß, zunächst in topologischer Form.

(Wer sich Durands Entwerfen mit Achsensystemen genau angesehen hat, wird eine gewisse Ähnlichkeit hierzu erkennen. Tatsächlich kann man diese Achsensysteme als eine spezielle, teilweise geometrisierte Art von Graphen ansehen, bei der die Kanten immer bereits im rechten Winkel zueinander stehen, die Anzahl der in einem Knotenpunkt zusammenlaufenden Kanten also maximal vier ist.)

Das Entwerfen mit Graphen ist allerdings mit Einschränkungen verbunden. Zum einen ist die Graphenmethode nur bei eingeschossigen Anlagen möglich bzw. führt zu solchen (oder zu geschoßweise gestapelten Grundrissen). Schwerwiegender vielleicht ist, daß die Zuordnung der Räume nur von Anforderungen unmittelbarer Verbindung her angegangen werden kann. Mit dem Metrischen bleiben auch Anforderungen bezüglich der relativen Entfernung von Räumen oder Tätigkeiten unberücksichtigt, die doch selbst für den Grobentwurf höchst wichtig sind – auch wenn es nicht gleich um mathematische Minimierung der Wege[114] gehen muß. Selbst in der Beschränkung auf die Analyse einzelner komplexer Nachbarschaftsanforderungen ist die Graphenmethode fragwürdig. In der Regel ist gerade hier von Anfang an ein metrisches Entwerfen erforderlich, dann nämlich, wenn Einrichtungsgegenstände platzmäßig eine große Rolle spielen (etwa im Teilkomplex Lebensmittellagerung, -zubereitung, Kochen, Essen) und wenn der Verkehr zwischen Arealen immer zugleich als Zugang zu Einrichtungsgegenständen gesehen werden muß, so daß platzsparende Lösungen ohne Plazierung dieser Einrichtungsgegenstände nicht entwickelt werden können.

Wahrscheinlich liegt die Bedeutung der Graphen für die Architektur mehr im theoretischen als im praktischen Bereich. Zum einen geben die in der Graphentheorie zusammengefaßten mathematischen Gesetzmäßigkeiten Auskunft über Beschränkungen, die sich aus der Natur der baulichen Anlagen als räumlicher Gebilde ergeben; beispielsweise über die maximale Anzahl direkter Verbindungen (Nachbarschaften) bei gegebener Anzahl von Räumen (Sättigung des planaren Graphen), oder über die maximale Anzahl von Räumen, die so miteinander verbunden werden können, daß jeder zu jedem anderen direkte Verbindung hat.

Vor allem aber bietet der Graph in der Kombination mit dem Dual ein höchst interessantes Reflexionsmodell. Die Art und Weise der Verflochtenheit der beiden Strukturen ineinander – deren Elemente man bezogen auf die Architektur ja auch anders interpretieren kann, als dies bisher geschah – scheint geradezu prädestiniert dafür, die Architektur (als das Gefüge der Wände) in der Beziehung zu dem sie Bedingenden (den Tätigkeiten in ihren Beziehungen untereinander und zur Umwelt) neu, in elementarer Weise zu fassen.

IV.

Wenn ich der modernen Architektur nicht weniger kritisch gegenüberstehe als die sogenannte Funktionalismuskritik[115], so sind meine Argumente doch geradezu entgegengesetzt; und die Konsequenzen wären höchst unterschiedliche. (Keine Dialektik führt von der Moderne, so wie ich sie sehe, zur Postmoderne.)
Die Funktionalismuskritik, irregeführt durch die programmatischen Erklärungen der Avantgarde und die Ästhetik der Zweckrationalität, sieht das Elend der modernen Architektur in ihrer angeblich ausschließlichen Befassung mit dem instrumentellen Aspekt bzw. in dem Mangel einer selbständigen, das instrumentell Erforderliche übersteigenden ästhetischen Formgebung begründet. (Sie bestätigt damit gleichsam die Vormoderne – ich beziehe mich speziell auf Schinkel[116] – in ihrem Argwohn, der „triviale Zweck" sei als Ausgangspunkt für die ästhetische Formgebung unzureichend.) Ich dagegen sehe das Elend der modernen Architektur in der allzu oberflächlichen Befassung mit dem instrumentellen Aspekt begründet, in der Präokkupation mit dem präsentationellen Aspekt, mit der Form, die selbst die Wahrnehmung der instrumentellen Belange beeinträchtigte. In meinen Augen verkehrt die Funktionalismuskritik das tatsächliche Verhältnis von formaler und funktionaler Betrachtung. Sie nimmt die untergeordnete Strömung für die Hauptströmung und das unreife Stadium der funktionalen Betrachtung für das ausgereifte.
Zunächst ist leicht ersichtlich – kluge Köpfe haben das schon in den sechziger Jahren bemerkt[117] –, daß der Vorwurf der Vernachlässigung des präsentationellen Aspekts, der Betrachtung der Architektur bloß als Instrument und nicht auch als aussagekräftige Form, als Zeichen, Symbol, nicht aufrechtzuhalten ist. (Er trifft nur eine verschwindende Minderheit und auch diese nur in ihren Ambitionen.) Die aufsehenerregendsten Innovationen der Moderne waren schon von der Intention her ästhetisch begründet. Die moderne Architektur entstand nicht aus einer funktionalen Kritik der ihr vorausgehenden Architektur, sondern in ästhetischer Kritik, in der Ablehnung des historisierenden Formenapparats, des Ornaments, im Interesse der sogenannten reinen Zweckform – es handelt sich hier nicht um funktionale, sondern um antiformalistische Bestimmungen – und in der Ambition einer formal einheitlichen Durchbildung dessen, als was sich die vom Ornament be-

freiten Gebäude nun darstellten, nämlich der reinen Körper und der durch sie gebildeten Räume.
Aber damit nicht genug. Die formalen Innovationen, in denen sich die ästhetischen Ambitionen niederschlugen, berührten in der Regel auch die instrumentellen Belange, und zwar, wie die oben angestellten Betrachtungen zeigen – wenn dies vielleicht auch erst zusammen mit den Erörterungen der folgenden Kapitel, also mit der Entwicklung einer funktionalen Betrachtung deutlich faßbar wird – in recht problematischer Weise. Während der Formalismus der frühen Neuzeit die funktionale Wirklichkeit vor allem an der Oberfläche überspielte (freilich zunehmend auch schon die konventionelle Form der Räume veränderte), wurde durch die formalen Innovationen der Moderne, nachdem das Ornament verbannt war, sozusagen die Substanz angegriffen. Bei der Verfolgung des Ziels einer formal einheitlichen Durchbildung der reinen Körper und der von ihnen gebildeten Räume wurden unterhand die instrumentellen Belange den formalen Ambitionen gemäß zurechtgebogen. (Sicherlich stand das Ergebnis der Gestaltung in Einklang mit der antiformalistischen Maxime: es wurde nichts vorgespiegelt, was in der funktionalen Wirklichkeit nicht vorhanden gewesen wäre. Nur ließ diese selbst nun zu wünschen übrig. Sie war nur beschränkt funktional.) Betroffen waren weniger die konstruktiven Belange. Die formalen Idiome des Kubismus und des Konstruktivismus, die nach der expressionistischen Phase für die Gestaltung in der Architektur vorbildlich wurden (die, wie gesagt, selbst schon einen Schritt in Richtung eines Abstrakt-Architektonischen darstellten), ließen sich mit den konstruktiven Anforderungen, insbesondere wie sie sich bei den neuen Konstruktionsweisen des Stahlbetonbaus und des Stahlbaus ergaben, ganz gut verbinden. (Doch auch hier führte der ästhetische Purismus zu Schwachstellen. Und wenn nicht an der Standfestigkeit, die unerbittlich das Ihre verlangt, so mangelte es oft erheblich an der Dauerhaftigkeit.) Betroffen war vor allem der Hauptaspekt der Gebäudefunktion. Und dies hat damit zu tun, daß man über ihn kaum reflektierte, daß er konzeptionell weitgehend unbestimmt oder diffus blieb, so daß bei seiner Berücksichtigung allzuleicht die (vorgefaßten) ästhetischen Idiome mitbestimmend werden konnten. (Selbst das von Le Corbusier favorisierte, seither recht gebräuchliche Fensterband (fenêtre en longueur) dürfte in erster Linie als eine Möglichkeit konzipiert worden sein, das herkömmliche Fenster, oder genauer, die von herkömmlichen Fenstern reihenweise durchbrochene Wand zu vermeiden. Das von Le Corbusier vorgebrachte Argument einer gleichmäßigen Ausleuchtung des Raums scheint selbst eher ein ästhetisches als ein funktionales zu sein; ist doch die Nutzung in der Regel hinsichtlich des Lichtbedarfs in sich differenziert. Auch verringert das von Querwand zu Querwand

sich spannende Fenster die Stellflächen für Möbel, schränkt also die Variationsmöglichkeiten der Möblierung ein.) Wenn die neuen Lösungen als Rahmen für eine neue, von bürgerlichen und kleinbürgerlichen Konventionen befreite Lebensform gesehen wurden, so standen dahinter vielleicht vage, bereits ästhetisch geprägte Vorstellungen – Licht, Luft, Sonne –, kaum aber bestimmte Bedürfnisse des Lebens und Zusammenlebens. Und die der Idee der ‚Sachlichkeit' genügenden Gebäude standen in mancher Hinsicht im Widerspruch zu dem, was das Praktische, einem befreiten Leben Dienliche gewesen wäre.

Freilich gab es auch Innovationen, die unmittelbar (und ohne Seitenblick auf den präsentationellen Aspekt) instrumentelle Belange betrafen. Ich denke, abgesehen von konstruktiven Errungenschaften, etwa an die Idee der Flexibilität. Aber gerade wo – insbesondere bei jenen Architekten, die der allgemeinen Präokkupation mit der Form durch Konzentrierung ihrer Arbeit auf den instrumentellen Aspekt sich entgegenstellten – auf dieser Ebene nun überhaupt in stärkerem Maß auf Rationalität gesetzt wurde, da führte dies sogleich zu einer sehr bedenklichen Entwicklung – ganz entsprechend der für unsere Gesellschaft charakteristischen perversen Tendenz, daß Rationalität in der Form zweckrationalen Denkens zunehmend im ganzen Leben und Trachten der Menschen sich niederschlägt, während dieses Denken dort, wo es zuallererst am Platz wäre, nämlich bei der Entwicklung von Gütern zum freien Gebrauch durch die Menschen nur in beschränkter bzw. einseitiger Weise zum Zuge kommt. (Beispielhaft dafür ist die kapitalistische Warenproduktion. Bei ihr liegt das Haupt-Augenmerk nicht auf dem Gebrauchswert, sondern auf dem Tauschwert. Er ist es, in dem das Kapital sich verwertet. Rational im Sinne dieser Kapitalverwertung ist das forcierte Herabdrücken der Herstellungskosten durch Rationalisierung der Produktion, was immer dies für die Arbeit bedeutet, und auch wenn es eine Minderung des Gebrauchswerts mit sich bringt – die dann durch billige aber großartige Aufmachung, durch bloßes Gebrauchswertversprechen zu verdecken gesucht wird.[118]) So schlug sich in der Architektur die Bemühung um Rationalität vor allem auf der Seite der Tätigkeiten nieder, auf die in der Vorbereitung des Entwurfs verstärkt zurückgegangen wurde, die analysiert und neu geordnet wurden nach operativen oder technizistischen Gesichtspunkten (Gleiches zu Gleichem etwa), kaum aber in der Betrachtung des Gebäudes in seiner Beziehung zu diesen Tätigkeiten. Die Ermittlung des im Bezug auf diese Tätigkeiten baulich Notwendigen – über die Erstellung des Raumprogramms und den Entwurf – blieb unbeholfen, verquer, das Entscheidende nicht recht erfassend. Anstatt höherer Rationalität des Gebäudes als einem Instrument im Dienst des Lebens ergab sich eine Rationalisierung des Lebens selbst.

Auch nach den 60er Jahren läßt sich wiederholen, was Alvar Aalto 1940 gesagt hat: „Nicht die Bemühung um Rationalität war falsch in dieser ersten nun hinter uns liegenden Periode der modernen Architektur. Der Fehler lag darin, daß man dabei nicht tief genug ging."[120] Woran es fehlte, das war jedoch nicht nur, wie Aalto meinte, die Einbeziehung der feineren, weniger physisch als psychisch relevanten Dimensionen der Architektur, um die sich zu kümmern er sich zur Aufgabe gemacht hatte, sondern eine grundsätzliche Reflexion darüber, was das Gebäude überhaupt im Bezug auf seine Nutzung leistet oder leisten sollte. Woran es fehlte, das war die Entwicklung einer genuin funktionalen Betrachtung. (Erst sie wird auch der Arbeit am präsentationellen Aspekt einen konkreten Inhalt geben und ermöglichen, die abgehobenen Sphären der reinen Form – oder heute, der rhetorischen Selbstbespiegelung – zu verlassen.)

Auch in der Befassung mit dem instrumentellen Aspekt von Gebäuden, in der Entwurfsmethodologie, ist der schon von Lodoli vor der Mitte des 18. Jahrhunderts in die Architekturtheorie eingeführte Funktionsbegriff noch kaum zum Zuge gekommen. Durand hat ihn nicht herangezogen, was um so merkwürdiger ist, als in der Biologie durch seine Anwendung zur gleichen Zeit, in der gleichen Stadt eine aufsehenerregende Entwicklung stattfand: die Neuordnung des taxonomischen Systems, zu der Durands *Recueil et parallèle des édifices en tout genre* und sein Entwurfssystem nicht ohne Ähnlichkeit sind[121]. Und was das 20. Jahrhundert betrifft, so ist der Terminus zwar in aller Munde, von seiner Bedeutung aber sind kaum mehr Spuren zu finden. (Auszunehmen wären allein einige verstreute, bisher ohne Resonanz gebliebene Arbeiten gegen Ende der letzten Phase entwurfsmethodologischer Forschung Anfang der siebziger Jahre, die aber in der Anwendung des Funktionsbegriffs ebenfalls noch im Banne des architektonischen Raums blieben bzw. in der Durchbrechung dieses Banns nicht weit genug gingen.[122])

Vielfach hatte der Terminus ‚funktional' Bedeutung nurmehr in einem durch Negation bestimmten Sinn. Als funktional galt, sozusagen in erster Annäherung, das vom Ornament Befreite, folglich, so unterstellte man, rein Sachliche. Zum Teil diente der Terminus ‚Funktion' dazu, die sonstwie gefundene Form zu erklären. Was immer es war, worauf man sich dabei zu beziehen wußte, das galt als die Funktion. Bei Louis Sullivan sind es einfach die inneren Formbildungskräfte (dasjenige, was hierzulande, etwa bei Hugo Häring, gern als das ‚Wesen' oder die ‚Wesenheit' einer ‚Gestalt' bezeichnet wird): „... a vital something or other which we do not see, yet which makes itself visible to us in that very form"; „... the form, oak-tree, resembles and expresses the purpose or function, oak"[123]. Der Begriff der Funktion, der gerade geeignet gewesen wäre, mit der üblichen (im Grunde noch platonischen), alle weiteren Fragen zum Schweigen bringenden Bezugnahme auf das ‚Wesen' zu brechen, wird nicht genutzt. Verwendet wird nur das neue Wort, um sich avantgardistisch zu geben. „Form follows function": eine nach Sachlichkeit klingende Leerformel.

In der Folge bezieht sich der Terminus zunehmend, dem Sinn des Begriffs wiederum unangemessen, sein Potential nicht nutzend, auf das, was in einem Gebäude bzw. in seinen Räumen stattfinden soll, auf die Tätigkeiten also.[124] Von ihnen her sollte sich das Gebäude als Ensemble von Räumen bestimmen. Wie? Als Form eines „Behälters"[125] bezogen auf dessen Inhalt. Die Auffassung von funktionalem Entwerfen scheint dabei jener berühmten, Peter Behrens zugeschriebenen Idee zu entsprechen, die Form eines Sessels aus dem Körperabdruck eines sich in einen großen Tonklumpen setzenden Menschen zu gewinnen.[126] Wie der Sessel dem menschlichen Körper, so sollte das Gebäude – als Ensemble von Räumen – dem, was in ihm stattfinden würde, den Tätigkeiten in dem für sie notwendigen Bewegungs- und Stellraum angepaßt sein.

Wir wissen heute, daß man in einem der Körperform sich anschmiegenden Sessel nicht bequem sitzt; und wir wissen, daß das diesem Paradigma folgende architektonische Entwerfen zu recht lebensfeindlichen Resultaten führen kann. Aber heißt das, daß die Idee funktionalen Entwerfens nicht taugt? Es könnte sein, ja es ist sicher, daß es das die Entwurfsaufgabe kurzschlüssig auf das Räumliche (der Tätigkeit) und das Formale (des Gebäudes) beschränkende Paradigma ist, welches nicht taugt. (Noch die in der Folge von Bengt Åkerbloms Untersuchungen[127] sich durchsetzende Erkenntnis, daß bequemes Sitzen die Möglichkeit voraussetzt, die Sitzhaltung ab und zu verändern zu können, führt nicht auf die rechte Spur; sie bleibt, gleich wie in der Architektur die Idee der Flexibilität, noch im Bannkreis dieser Beschränkung.)

Die Bestimmung des Gebäudes ist nicht nur eine Frage der Form, sondern zuvor oder zugleich eine des Materials und seiner physischen Eigenschaften bzw. des Zusammenspiels verschiedener Teile mit unterschiedlichen Materialien und physischen Eigenschaften, also der Struktur. (Die Form ist nur ein Aspekt dessen, was der Funktion zu folgen hätte.) Und diese Bestimmung des Gebäudes von den Tätigkeiten her kann keineswegs auf so äußerliche, bloß formale Weise erfolgen, wie das angeführte Paradigma es will (und wie es eben der Denkfigur von Form und Inhalt entspricht). Es ist genau hier, in der näheren Reflexion der Bestimmung des Gebäudes von den Tätigkeiten her, daß der Funktionsbegriff, wie er außerhalb der Zunft der Architekten allgemein verstanden wird und wie Lodoli ihn noch verstand, seinen Platz, seine Notwendigkeit erhält. Er bezieht sich nicht auf eine der beiden Seiten, sondern auf den Zusammenhang zwischen ihnen.

Unter einer Funktion versteht man nach gemeineuropäischem Sprachgebrauch die einem Teil im Rahmen eines größeren Ganzen zukommende Aufgabe (Verrichtung, Leistung).[128] Der Begriff impliziert also die Unterscheidung von Teil, größerem Ganzen, und, als drittem Term, als verbindendem Glied, der Aufgabe des Teils im größeren Ganzen. (Wenn wir nach der Funktion von Gebäuden fragen, so ist das Gebäude das Teil, das größere Ganze aber ist der Betrieb, der Haushalt, die Institution usw. als ein Komplex von Tätigkeiten samt den dazugehörigen Gebäuden.) Die Funktion ist dasjenige, worin das Teil zum Ganzen in Beziehung steht. Bezogen auf das Teil handelt es sich um eine Eigenschaft bzw. Verhaltensweise. Bezogen auf das Ganze handelt es sich um einen Beitrag als einer notwendigen Bedingung zur Erreichung des mit dem Ganzen verfolgten Ziels. Vom Ganzen her gesehen, ist das Teil nur in dieser Bestimmung wichtig, ist also die in ihr herausgehobene Eigenschaft das Entscheidende, während der Träger, das Teil selbst auswechselbar, aber von dieser Eigenschaft her bestimmt (bestimmbar) ist. So ist das im Funktionsbegriff implizierte Verhältnis zwischen Teil und Ganzem differenzierter als das in der Denkfigur von Mittel und Zweck zum Ausdruck gebrachte. Hierin liegt der besondere Wert des Funktionsbegriffs für die Technik. Es ist das Teil für das Ganze nicht nur als wichtig genannt, wie das Mittel für den Zweck, wobei entweder selbstverständlich ist oder unklar bleibt, worin diese Wichtigkeit liegt − wie umgekehrt, vom Mittel her gesehen, auch der Zweck unbestimmt oder vage bleibt, da man dabei von einem zum anderen fortschreiten kann −, sondern als wichtig in der Erfüllung einer präzise gestellten Aufgabe.

Dadurch bedingt ist die relative Komplexität und Tücke der funktionalen Betrachtung als Spezialfall der finalen Betrachtung[129], die letztlich eine systemlogische Präzisierung erfordert[130], in der auch das verfängliche Be-

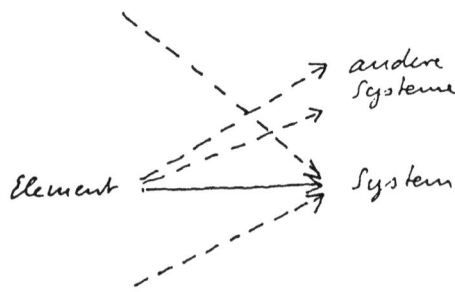

griffspaar von Teil und Ganzem durch das von Element und System ersetzt wird. Auf der Seite des Systems ist der Beitrag des fraglichen Elements zu unterscheiden von Umständen oder weiteren Beiträgen von anderer Seite, die mit ihm zusammenwirken, so wie auch in der kausalen Erklärung ein Ereignis nicht auf ein einziges anderes Ereignis als der ‚Ursache' zurückgeführt werden kann, sondern nur auf ein Bündel von Ereignissen bzw. Umständen, die ihrerseits in derselben Weise auf andere Ereignisse bzw. Umstände zurückgehen usw. und insgesamt die Ursache ausmachen.[131] Auf der Seite des Elements ist die gemeinte Eigenschaft bzw. Verhaltensweise zu unterscheiden von anderen Eigenschaften bzw. Verhaltensweisen, die möglicherweise für andere Systeme wichtig sind, nicht aber für das untersuchte.

In dem Ausgeführten ist impliziert, daß ein und dasselbe Element, bezogen auf verschiedene Systeme, zugleich verschiedene Funktionen haben kann. So kann auch das Gebäude neben seiner Funktion im Nutzungszusammenhang andere Funktion haben, etwa eine ökonomische Funktion als Kapitalanlage oder die Funktion der Steigerung des Renommees des Bauherrn oder des Architekten usw. (Entsprechend könnte man auch von einer ästhetischen Funktion sprechen, wie es ja tatsächlich geschehen ist.[132] Geschieht dies in einem analytischen Verständnis, etwa im Rahmen einer soziologischen Untersuchung, so mag das seinen Sinn haben. Geschähe es aber in operationalem Verständnis, in der Absicht diese Funktion als Grundlage für ein entsprechendes funktionales (zweckrationales) Entwerfen näher zu bestimmen, so würde man damit allerdings das Künstlerische in seinem wesentlichen Zug, in seinem Charakter des Transzendierens des bloß Zweckmäßigen, in seiner besonderen Art der Freiheit, als ein wohl nicht Unnützes, aber in seinem Nutzen nicht Vorbestimmtes zunichte machen. Wenn man nur zum Ausdruck bringen will, daß das Künstlerische auch wichtig ist, so ist der Begriff der Funktion fehl am Platz.)

Wenn ich im folgenden der Einfachheit halber von der ‚Funktion' von Gebäuden rede, von ihrer ‚funktionalen' Wirklichkeit, von ‚funktionalem' Entwerfen usw., so bezieht sich dies auf die Funktion im Nutzungszusammenhang, die ich als die primäre Funktion bezeichne, denn sie ist die ursprüngliche, der sich die anderen gleichsam aufschalten.[133]

Soweit hier zum allgemeinen Funktionsbegriff. Ich denke, seine virtuelle Relevanz ganz allgemein für die Technik, für die Herstellung von Gebrauchsgütern, somit auch für die Architektur in einer nicht mehr primär durch Tradition bestimmten Gesellschaft liegt auf der Hand. (Wer wollte in Frage stellen, daß wir mit der Errichtung von Gebäuden bestimmte (außerästhetische) Zwecke verfolgen? Wer wollte zu der alten, traditionsbestimmten, also durch Vorbestimmtheit aller Zwecke und Mittel charakterisierten, jeder individuellen Entfaltung rigide Beschränkungen auferlegende Gesellschaft zurück? Nicht einmal, so unterstelle ich, die neuen Traditionalisten.) Erkunden wir also einmal, so die Grundidee der vorliegenden Untersuchung, wie weit und wohin man damit kommt.

Mit der funktionalen Betrachtung soll nicht nur zu Ende geführt werden, was im 18. Jahrhundert begann: die Aufhebung der formalen Betrachtung als einer nun schon seit drei Jahrhunderten mit unserem Weltverständnis nicht mehr übereinstimmenden. Sie situiert sich heute zugleich mitten in einer erneuten Umwälzung, nämlich der Abkehr vom Rationalismus, dem die Ansätze der funktionalen Betrachtung von Anfang an nahe standen, und der in der entwurfsmethodologischen Forschung vor allem in unserem Jahrhundert unter dem Stichwort „Verwissenschaftlichung der Architektur" sich zeigte.

„Verwissenschaftlichung der Architektur" – das war die Hoffnung, ja die feste Überzeugung, das Entwerfen von allem Subjektiven, von den Launen des Genies befreien, in ihm absolute Zuverlässigkeit erreichen zu können, wie in besonderem Maße die erstrebte Serienproduktion sie zu erfordern schien. Man dachte, daß das Gebäude in seinem Aufbau und seiner Form in durch und durch rationaler Weise aus den Bedürfnissen oder aus dem ‚Problem' ableitbar sein müßte, der Entwurf sich also auf eine endliche Anzahl eindeutiger Feststellungen und rationaler Folgerungen reduzieren lassen müßte.

Die Rationalismuskritik hat diesem Traum ein Ende gemacht. Aber anders als im Bereich der Stadtplanung, wo sie zu den Versuchen der partizipatorischen Planung geführt hat, ist sie in der Architektur, da hier im Schatten der Funktionalismuskritik gelegen, kaum ins allgemeine Bewußtsein gedrungen, jedenfalls ohne Konsequenzen geblieben. Hier ging es immer gleich um die Frage nach dem Ästhetischen. Ein typisches Beispiel ist das von Hermann Muthesius schon zu Anfang des Jahrhunderts angesichts der damaligen Bemühungen um rationales Vorgehen und der damit einhergehenden Befürchtung einer Eliminierung des Ästhetischen vorgebrachte, nun erneut aufgetischte Argument, daß solches rationale Vorgehen, wie im Ingenieurbau zu sehen, meist zu verschiedenen, gleichermaßen tauglichen Alternativen führe, zwischen denen nur das ästhetische Urteil entscheiden könne.[134] (Dieses Argument ist nicht gänzlich abzuweisen. Allerdings ist es in der vorliegenden Form kaum haltbar. Man könnte, wenn man wollte, die angebliche Tauglichkeitsgleichheit der Alternativen durch nur einen weiteren Schritt rationaler Durchdringung, nämlich durch Erweiterung oder Verfeinerung der (nicht-ästhetischen) Beurteilungskriterien leicht zunichte machen.)

Der Rationalismuskritik geht es um etwas anderes, um etwas, das für jeden Planungstheoretiker heute so selbstverständlich ist, daß man sich wundern muß, wie man je hat versuchen können, daran zu rütteln; es geht um den Aufweis der Nicht-Eliminierbarkeit der dem ganzen Projekt zugrunde liegenden subjektiven Entscheidungen, die in der Regel als Zielsetzungen den Ausgangspunkt des Entwurfs bilden und eventuell bei der Bewertung von alternativen Lösungen anstehen. Das betrifft den Entwurfsprozeß im ganzen wie eventuell seine verschiedenen Phasen, wobei anhand der Zwischenergebnisse auch die Ziele immer wieder der Revision unterliegen können. Der Versuch, die Bewertung in einen rationalen Vorgang zu überführen dadurch, daß das Ziel von vornherein in allen Dimensionen quantitativ fixiert wird, so daß sich die Beurteilung gleichsam durch ‚Messen' der Lösungen an dem quantifizierten Ziel ersetzen ließe, erweist sich als nicht-rational. Auch wenn man nicht auf die ‚optimale' Lösung erpicht, sondern mit einer ‚befriedigenden' zufrieden ist, wird man doch kaum damit einverstanden sein, a priori festlegen zu müssen, was als befriedigend gelten soll. Man will erst wenigstens einen Teil der Möglichkeiten überblicken, bis man sieht, man wird nur schwerlich eine bessere als die beste davon finden können. Erst recht kann die Zielsetzung nicht in einen rationalen Prozeß umgemünzt werden, wie es in dem Rekurs auf sogenannte biologische Grundbedürfnisse versucht wurde, wie es ferner Alexander und Poyner in ihrem behaviorischen Ansatz zu tun versuchten, indem sie Verhaltenstendenzen (unter nicht weiter hinterfragten, gegebenen Umständen) als Bedürfnisse und folglich Ziele ansahen, wie es ganz allgemein in der Betrachtung des Entwurfs als das Lösen eines vermeintlichen objektseitig gegebenen Problems versucht wurde.

Zu letzterer Idee des Problemlösens scheinen mir einige Bemerkungen vonnöten.

Horst Rittel und Melvin Webber[135] haben das Dilemma beschrieben, in das der Rationalist im Versuch der Problemlösung gerät: Einerseits erforderte es der Anspruch der Rationalität, daß er keine Lösungsmöglichkeit ununtersucht lasse, daß er den ganzen Lösungsraum durchkämme und für jede Lösungsmöglichkeit die möglichen Konsequenzen erkunde; andererseits aber erweise sich der Lösungsraum als unbegrenzt und die möglichen Konsequenzen verzweigten sich in einem Baum sekundärer, tertiärer Konsequenzen usw., so daß die Analyse sich immer weiter verzweige und vertiefe, ohne daß ein Ende abzusehen sein würde, und das Problem, statt der Lösung näher zu kommen, sich bloß differenziere und dabei immer weniger greifbar werde.

Rittel und Webber bezeichnen dies als die "Bösartigkeit" der Probleme. Hinzu komme ihre prinzipielle „Einzigartigkeit", der Umstand, daß die

Probleme sich nicht vorweg bestimmen ließen und man während des Versuches der Problemlösung immer damit rechnen müsse, daß, verglichen mit zunächst vielleicht ähnlich scheinenden Problemen, neue Faktoren hinzukommen könnten, die sich als von überragender Bedeutung erweisen würden.

Bösartigkeit und Einzigartigkeit hatte Stafford Beer schon den Problemen des Operations Research bescheinigt.[136] Bösartig und einzigartig im genannten Sinn sind wohl alle jene Probleme, deren Lösung nicht von vornherein eindeutig festliegt und nur gefunden werden muß, wie bei einem Schachproblem, wie bei vielen technischen Problemen und zum Teil, so meine ich, auch bei vielen Problemen des Operations Research, beispielsweise seinem Präzedenzfall: Schiffe versenken. Solche Wohlbestimmtheit („Zahmheit") der Probleme ist gewiß bei architektonischen Aufgaben nicht gegeben, auch dann nicht, wenn man nicht so weit geht, in Frage zu stellen, ob es überhaupt darum geht, ein Haus zu bauen. Auch sie wären also tendenziell bösartig.

Wir sollten noch weiter gehen; wir sollten nicht nur nach der Möglichkeit der Problemlösung fragen, sondern über den Begriff des Problems selbst nachdenken.

Ludwig Wittgenstein: „Ein philosophisches Problem hat die Form: ‚Ich kenne mich nicht aus'", oder, wie die englische Übersetzung bezogen auf die Frage der Methode – wörtlich: entlang eines Wegs – noch treffender formuliert: ‚I don't know my way about'.[137] Dies gilt für Probleme allgemein. Ein Problem ist nicht, wie bei Rittel und Webber offenbar noch unterstellt, eine objektseitige Gegebenheit. Es gibt es nicht ohne ein Subjekt, das sich ihm gegenüber sieht, das es ‚hat'. Und nur von diesem Subjekt aus kann die Lösung gefunden werden, wenn sich nämlich die Sachlage schrittweise klärt, so daß es Entscheidungen treffen kann, die jeweils den Lösungsraum einengen. (Anderenfalls wird man das Problem auf sich beruhen lassen, bis es sich eines Tages von selbst löst, dadurch nämlich, daß sich irgendetwas ändert, mit dem das Problem zu tun hatte, und sei es nur die innere Einstellung des Subjekts.)

Diese subjektive Bestimmtheit des Problems ist schon durch das Wort selbst verdunkelt. Als das ‚Vorgelegte' hat es den Anschein einer objektseitigen Gegebenheit. Ein Problem ist es aber nur deshalb, weil das Subjekt den Weg nicht weiß. (In den meisten Fällen, wo von einem Problem die Rede ist, handelt es sich freilich nur darum, daß etwas nicht so ‚läuft', wie man es sich wünscht – das Problem resultiert hier aus der Versessenheit auf ein bestimmtes Ziel bei sich verändernden Umständen –, oder es handelt sich um eine gewisse Irritation, eine Ambivalenz in der Zielsetzung.)

Das Problem der Problemlösung entsteht, wenn der professionelle Problemlöser auftritt und sich der Probleme annimmt (die nicht seine eigenen sind). Seine Position den Problemen gegenüber ist, mit Rittel gesprochen, „detached". Die Probleme werden vom ursprünglichen Subjekt abgetrennt. Es ergibt sich die Tendenz zu einem rationalistischen Lösungsversuch, der seinerseits in das von Rittel und Webber analysierte Dilemma führt. Wenn aber die Sache nicht so konsequent gehandhabt wird, nicht bis zu diesem Dilemma führt und den Problemlöser von seinem rationalistischen Wahn heilt, dann ergibt sich die Gefahr der Bevormundung: An die Stelle der Werte des ursprünglichen Subjekts (von denen aus es seine Entscheidung treffen würde) treten, jedenfalls wenn diese nicht auf der Hand liegen wie in der Regel wohl beim Operations Research, irgendwelche Schnapsideen des Problemlösers. Bei Alexander geschieht dies nicht einmal ganz unbewußt: „We believe that all values can be replaced by one basis value: everything desirable in life can be described in terms of the freedom of people's underlying tendencies. Anything undesirable in life – whether social, economic or psychological – can always be described as an unresolved conflict between underlying tendencies. Life can fulfil itself only when people's tendencies are running free. The environment should give free rein to all tendencies; conflict between people's tendencies must be eliminated."[138]

In vielen Fällen schließlich entstehen die Probleme überhaupt erst durch das Auftreten des professionellen Problemlösers. (Der Problemlöser ist hier in Wirklichkeit der Problemmacher.) Aus seiner Position erscheint vieles als Problem, was für den oder die Betroffenen eine problemlose Angelegenheit ist. Den Hunger (eines anderen) zu stillen, wäre für ihn gewiß ein Problem, dessen Lösung begänne mit den Schwierigkeiten einer adäquaten Problembestimmung, mit virtuell unendlicher Informationssammlung, unzähligen Alternativen, Kalkulationen, der Reflexion über gesundheitliche Konsequenzen, der Beurteilung diverser Ernährungstheorien, der Berücksichtigung womöglich ökologischer und politischer Zusammenhänge usw. Als Betroffener jedoch gehe ich in die Küche oder auf den Markt, schaue, was mir zusagt und nicht zu teuer ist – that's it. D. h., als Betroffener unterlaufe ich die virtuelle Problemhaftigkeit der Situation durch Routine, in der meine persönlichen Werte und Neigungen teils ‚eingebaut' sind, teils spontan zum Zuge kommen können. Erst unter besonderen Umständen, etwa wenn ich kein Geld habe, kann ich ein Problem bekommen. Aber dann werde ich mich ihm gegenüber nicht „detached" verhalten, sondern meine strategischen Fähigkeiten (derer es dem Rationalisten notwendigerweise ermangelt bzw. über die er sich als irrational mokieren würde) einsetzen. Ich werde mich für die aussichtsreichste der sich zeigenden Lösungsmöglichkeiten entscheiden und sehen, ob ich so zum Ziel komme.

Ein vergleichbarer Fall ist die Architektur. Ich denke – und stehe damit offensichtlich nicht allein –, man tat nicht gut daran, das Entwerfen partout als Problemlösen anzusehen. Und gewiß handelt es sich bei den Aufgaben des Entwurfs nicht um einzigartige Probleme. Jeder Hausbau, jeder Entwurf, jede Ausgangssituation ist zwar einzigartig, alle aber haben eine gemeinsame, allgemeine Charakteristik, bezogen auf die sich – hier unterscheide ich mich wohl von anderen – theoretische Überlegungen anstellen und allgemeine Wege des Vorgehens, eben Methoden entwickeln lassen.

Der Kritik des Rationalismus in der Planungstheorie an die Seite zu stellen ist die Kritik des Rationalismus in den Wissenschaften, deren Einzelerkenntnissen sich die technischen Künste oder Handlungsdisziplinen bedienen und auf die sie sich in ihrer Ambition der Verwissenschaftlichung voll und ganz abstützen können müßten.

Auch in ihnen nämlich hat sich der Rationalismus, hier die Idee objektiver (theoretischer) Erkenntnis bzw. einer methodisch kontrollierten sukzessiven Annäherung an Objektivität, in blauen Dunst aufgelöst. Dies das Resultat einer erkenntnistheoretischen Entwicklung, die sich schon im Konventionalismus und Pragmatismus angebahnt hat, aber erst durch die historische Untersuchung der wissenschaftlichen Praxis durch Thomas Kuhn und in der Kritik der ‚Kritischen Rationalismus' Poppers, insbesondere durch Imre Lakatos, Kuhn und Paul Feyerabend zuende gekommen ist: in der Einsicht, daß wissenschaftliche Erkenntnis – wie all unser Denken – an Betrachtungsweisen bzw. Annahmen gebunden ist, die nicht nur nicht wissenschaftlich begründet, sondern als solche überhaupt nicht reflektiert sind, vielmehr in den die jeweilige wissenschaftliche Praxis begründenden Paradigmata impliziert sind; im speziellen, daß nicht nur Verifizierung, sondern auch Falsifizierung von Theorien letztlich unmöglich ist und daß infolge der Inkommensurabilität von Theorien nicht ausgemacht werden kann, welche von zwei Theorien der objektseitigen Gegebenheit adäquater ist.[139]

D.h., die Ergebnisse der Wissenschaft sind, so sehr letztere die natürlichen, artspezifischen Wahrnehmungs- und Erkenntnisweisen[140] durch einheitliche (entanthropomorphisierte) Maßbestimmungen und mathematische Exaktheit, durch technische ‚Erweiterung' der Sinne, durch Abstraktion und Formalisierung des Denkens übersteigt, und trotz der experimentellen Methode nur „Modelle"[141] der Wirklichkeit. Ihr Kriterium ist die ‚Bewährung' in der Praxis, in dem von der Praxis bestimmten Gesamtrahmen des Denkens und Handelns. Und dieser ist selbst schon längst nicht mehr, wie in den alten Traditionen, ein gesamtgesellschaftlich einheitlicher, sondern ein durch vielschichtig dialektische Entwicklungen[142] zersprengter, mit tausend Widersprüchen, sich rasch entwickelnden und stagnierenden, hochintegrierten und relativ isolierten Bereichen, mit der „Gleichzeitigkeit des Ungleichzeitigen" (Bloch), mit Verdrängungen und Hoffnungen. Bewährung der Modelle ist letztendlich selbst etwas Ungewisses.

Halten wir also fest: die Beschränktheit der Wissenschaft, die Relativität der Erkenntnis, und zwar schon in den Naturwissenschaften, um wieviel mehr erst in den Kulturwissenschaften. Halten wir fest insbesondere die Relativität der Erkenntnis des Menschen selbst, die Unmöglichkeit, das Subjekt der Praxis durch das Subjekt der Erkenntnis gewissermaßen einzuholen, es in allen seinen Bedingtheiten und also auch Bedürfnissen oder Wünschen zu durchleuchten, um entsprechend für es planen zu können. (Das Subjekt der Erkenntnis ist eben nicht das transzendentale Subjekt, wie es sich die bürgerliche Wissenschaft in ihrem Traum von der Übernatürlichkeit (Göttlichkeit) des Verstandes, der Vernunft, des Geistes zurechtgelegt hat als eines, das in der Reduktion auf die Funktion der Erkenntnis, der reinen Betrachtung sich alles ,Subjektiven' entledigen können würde.)

Bemerken wir aber zugleich das damit gewonnene Moment der Freiheit in der Erkenntnis. Sie ist weniger ein zwanghaftes, alles Subjektive auszuschalten versuchendes Hinstreben auf ein in der objektseitigen Gegebenheit Vorgegebenes, dessen makellose Spiegelung, als vielmehr ein Sich-Zurechtlegen eines Unbekannten nach eigenem Maß (die Maße sind samt und sonders nicht in der objektseitigen Gegebenheit vorgefunden, sondern in sie hineinprojiziert), ja als dessen Zerlegen, bei dem nicht nur immer wieder neue Aspekte, neue Zusammenhänge entdeckt, bei dem, den sich verändernden Interessen entsprechend, neue Betrachtungsweisen entwickelt werden. (Damit rückt die Wissenschaft in neue Nähe zu den (freien) Künsten, insbesondere zur Literatur. Wie Roland Barthes schreibt: „Man zeichnet die Karte des menschlichen Tuns neu, und die Form dieser unendlichen Umgestaltung (natürlich nicht ihr Gehalt) ist nicht ohne Parallelen zur Renaissance."[143] Dieses Moment der Freiheit möchte ich nicht von vornherein gleich wieder beschnitten oder eingeengt sehen durch irgendeinen a priori hergestellten Anwendungsbezug, sei es durch die Forderung der Zweckdienlichkeit (instrumentelle Rationalität), sei es durch die Beziehung von Rationalität auf den Prozeß intersubjektiver Verständigung, letztlich die Konsensbildung („kommunikative Rationalität"), womit Jürgen Habermas die Beschränkung der Rationalität auf eine instrumentelle aufzuheben sucht.[144] Leitendes Motiv kann schließlich auch die Abgrenzung, der Protest sein, oder es kann sich um bloßes Spiel handeln. Nur unter der Bedingung des Konsenses freilich können die Modelle der Wissenschaft allgemeineren Wert bekommen als Werkzeuge auch für andere oder, in Fragen des gesellschaftlichen Zusammenlebens, als Argumentationshilfen in der gesellschaftlichen Auseinandersetzung.[145] (Die Absage an die Idee der objektiven Erkenntnis impliziert geradezu die Notwendigkeit einer offenen, relaisartigen Verknüpfung zwischen der Wissenschaft und der Anwendung ihrer Modelle.)

Was nun die funktionale Betrachtung angeht, um endlich auf sie zurückzukommen, so ist folgendes festzustellen: Als finale Betrachtung steht sie zur kausalen Betrachtung in jenem komplementären Verhältnis, auf das schon Francis Bacon sich bezog als der Grundlage für den Zusammenhang der Technik mit der Wissenschaft: „Wissen und menschliches Können ergänzen sich insofern, als ja in Unkenntnis der Ursache die Wirkung verfehlen läßt. Die Natur nämlich läßt sich nur durch Gehorsam bändigen; was bei der Betrachtung als Ursache erfaßt ist, dient bei der Ausführung als Regel."[146] Das heißt, die funktionale Betrachtung macht auf der einen Seite die Beziehung zur Wissenschaft erst recht stringent. Auf der anderen Seite verbietet der Funktionsbegriff im Grunde selbst jeden rationalistischen Kurzschluß. In seinem teleologischen Charakter, in seiner Bezogenheit auf das im übergeordneten System implizierte oder mit ihm verbundene Ziel verweist es selbst aufs Subjekt, nämlich eine zielsetzende Instanz.

Ein kurzer Seitenblick: Der teleologische Charakter des allgemeinen Funktionsbegriffs ist natürlich auch der Grund dafür, daß die empirischen Wissenschaften, die Biologie vor allem und die Sozialwissenschaften, mit ihm ihre Probleme hatten[147] – ganz im Gegensatz zum mathematischen Funktionsbegriff, bei dem der Terminus ja eine ganz andere Bedeutung erhält, bei dem es um rein quantitative Beziehungen geht, die gegebenenfalls als kausale oder konditionale Beziehungen interpretiert werden können. Finale Beziehungen, wie sie der Funktionsbegriff ursprünglich meint, waren vom Standpunkt des materialistischen Weltverständnisses in der Natur ausgeschlossen. (Sie waren der Technik vorbehalten.) So mußte die Biologie, da sie auf den allgemeinen Funktionsbegriff nicht verzichten konnte, versuchen, ihm seinen teleologischen Charakter zu nehmen, Funktionen also zu begreifen nicht als vorgegebene Aufgaben, die sich ihrerseits die entsprechenden Organe schaffen, sondern als unbeabsichtigte Wirkungen des Verhaltens der zufällig entstandenen Organe im jeweiligen Zusammenhang – was angesichts des in der Evolution zunehmenden Organisationsgrads sich doch recht wundersam ausnimmt und immer wieder zu idealistischen Gegenströmungen führte. Erst der kybernetisch orientierten Biologie gelingt es, dieses Problem verschwinden zu lassen. Sie begreift die Evolution als einen Prozeß, in dem das Ergebnis der genetischen Determination (Kopie oder Mutation) durch die Selektion (Weitergabe oder Nicht-Weitergabe der Erbinformation) mit jener rückgekoppelt ist, in dem die genetische Determination nämlich gesteuert ist durch die über die Selektion erfolgte Bevorzugung und schließlich Etablierung bestimmter ‚Schaltungen' im epigenetischen System.[148] Das, was zunächst unbeabsichtigtes Ergebnis des Zufalls ist, wird, sofern es sich für das Überleben als vorteilhaft erweist, in der Folge der genetischen Determination als Ziel vorgeschrieben oder eingeschrieben so daß Mutationen in diesen Bereichen zwar nicht ausgeschlossen, aber doch eingeschränkt sind, also der Zufall in seinen mutierenden Wirkungen kanalisiert wird. Die Biologen verwenden in der Unterscheidung von der herkömmlichen Konzeption der (ein Bewußtsein voraussetzenden) Teleologie hierfür den Terminus ‚Teleonomie'. Finalität ist nicht etwas, das allein dem Menschen, der Kraft des Geistes vorbehalten wäre. Um einen bekannten Vergleich von Karl Marx[149] aufzunehmen: Nicht nur die Häuser des Baumeisters, auch die Wachszellen der Biene haben einen Zweck, wenn dieser der Biene auch nicht bewußt ist. Tatsächlich scheint die kybernetisch orientierte Biologie im Begriff, die einseitigen Betrachtungsweisen sowohl des Idealismus als auch des Materialismus (jedenfalls in seinen bisherigen Ausprägungen) zu überwinden. Die Einführung des Begriffs der Information unterläuft den cartesischen Dualismus von res extensa und res cogitans, von Materie bzw. Körper und Geist (bringt uns in gewisser Hinsicht dem ihm vorausgehenden Dualismus von Idee und materieller Wirklichkeit, von Form und formlosem Stoff wieder etwas näher). Was wir als Geist zu bezeichnen gewohnt sind, wird dabei einem allgemeineren subsumiert, das der Natur nicht mehr gegenübersteht, sondern für sie, wenigstens für den gesamten Bereich des Organischen mit konstitutiv ist.[150] Anstelle der getrennten Sphären, in idealistischer oder materialistischer Lesart, im letzteren Fall mit dem Geist an erhabener Position – der Position Gottes –, von der die materielle Welt (die Welt der ‚Maschinen') überblickbar und beherrschbar erschien, haben wir ein Ineinander, das nicht nur die zahllosen Regelprozesse des Lebens, sondern auch die unter den genannten Dualismen letztlich unintegrierbaren Prozesse innovativ-adaptiver Entwicklung (unprogrammiertes Lernen, Evolution) zu erklären imstande ist, dem aber auf der anderen Seite – dies als Beitrag der Biologie zur Rationalismuskritik – die besondere Ausgerichtetheit unseres Erkenntnisapparats entsprechend unserem spezifischen Organismus-Umwelt-Verhältnis, die Begrenztheit unseres Horizonts, die Geprägtheit der Form unseres Denkens (der sogenannten apriorischen Erkenntnisse) von der gesamten stammesgeschichtlichen Erfahrung entspricht.

Nachdem, wie ich hoffe, das Verhältnis von Rationalität und Subjektivität (Interessenbezogenheit) in der funktionalen Betrachtung etwas geklärt ist, kann ich auf die Frage nach dem Ästhetischen zurückkommen.

Genausowenig wie pauschal dem Rationalismus zugerechnet, sollte die funktionale Betrachtung mit dem Funktionalismus, also mit der Ablehnung jeglichen, über die Ermittlung des instrumentell Erforderlichen hinausgehenden ästhetischen oder semiotischen Entwurfsmoments gleichgesetzt werden. Wenn allerdings gefordert wird, wie es seit dem 18. Jahrhundert immer wieder geschehen ist (freilich ohne daß man damit je durchgreifend ernst zu machen versucht hat, oder, anders ausgedrückt, ohne daß man dies in dem radikalen Sinn verstanden hat, den ich ihm gebe), daß die Form sich nicht, wie in der vorausgehenden Architektur, von der funktionalen Wirklichkeit des Gebäudes bzw. seiner Elemente abheben und zu ihr in Widerspruch geraten soll, dann ist in der Tat die Begründung für ein solches Entwurfsmoment (als ein vom technischen Entwurfsmoment unterschiedenes) nicht ganz einfach. Und wenn man sich erst einmal ernsthaft, so wie der Funktionsbegriff es ermöglicht, mit der instrumentellen Bestimmung des Gebäudes befaßt, anstatt sich über ihre Niedrigkeit (den „trivialen Zweck") zu erheben, dann zeigt sich diese Bestimmung in ihrem Bezug zum Leben als etwas durchaus Interessantes, in sich Differenziertes, Vielschichtiges, Tiefes, wenn man so will, aus dem sich das instrumentell Erforderliche, wenn es nur seiner Bestimmung entsprechend Gestalt annehmen würde (und wenn wir es in seinem Bezug zum Leben betrachten würden), als etwas ergäbe, das kaum langweilig und nichtssagend wäre. Und es zeigt sich, daß die Bemühung um Gebrauchstauglichkeit ohne gleichzeitiges Schielen auf die Form keineswegs, wie behauptet wird, zu etwas Fremdem führt, mit dem keinerlei persönliche Identifikation möglich ist, daß sie vielmehr auf indirekte Weise, nicht über formale Nachahmung wie in der Postmoderne, sondern über das Ernstnehmen der funktionalen Bestimmung zu Ergebnissen führt, die trotz allen gesellschaftlichen Wandels doch mit Altbekanntem verwandt sind – aber eben zugleich immer verschieden von ihm. (Schließlich ist Identifikation mit der baulichen Umwelt nicht der Zweck des Bauens; sie ist nur das rückbindende Moment, das die im Interesse der Gebrauchstauglichkeit sich ergebende Innovation erträglich, ja in dieser Rückgebundenheit reizvoll macht.)

Dennoch gibt es, wie ich meine, keinen Grund, ein ästhetisch-semiotisches Entwurfsmoment kategorisch abzulehnen, auch wenn es kaum mehr sein kann als das Tüpfelchen auf dem i.

Vor allem allerdings – vor einem ästhetisch-semiotischen Entwurfsmoment in positivem Sinn – wäre die Abwehr unreflektiert, aus Gewohnheit sich einschleichender, mit der funktionalen Wirklichkeit im Grunde unvereinbarer formaler Idiome (bis hin zu oder ausgehend von der Idee des architektonischen Raums) erforderlich. Viel hängt hier an einer rationalen Entwurfsmethode. Sie kann aber in diesem Punkt sehr wohl unterstützt werden durch eine kritische Ästhetik: durch eine allgemeine Revision der gesamten, durch die formale Betrachtung geprägten Architekturvorstellung, durch Reflexion über die Gestalt in ihrem Bezug zur funktionalen Wirklichkeit des Gebäudes bzw. seiner Teile. Dies wird der hauptsächliche Gegenstand des Kapitels VIII sein.

In positivem Sinn könnte es dann um „Prägnanz" oder „Reinheit" der Gestalt gehen – ‚Gestalt' verstanden wiederum nicht in rein formalem Sinne, wie etwa in den abstrakten gestaltpsychologischen Experimenten, sondern im eben beschriebenen Sinn, als erkennbare Gestalt eines bestimmten Gegenstandes.[151] Es ginge um Arbeit an der Gestalt, vergleichbar Böttichers Ästhetik (ich erinnere an die Begriffe der „Kernform" und der „Kunstform"), aber freilich bezogen zuerst und vor allem auf den bisher vernachlässigten bzw. mißverstandenen Hauptaspekt der Funktion von Gebäuden, ihre Abschirmungsfunktion. Vermutlich gibt es nämlich bei komplexer und in sich oft auch etwas variabler funktionaler Bestimmung nicht die reine, eindeutige Funktionsform, die auch in sich schon die prägnanteste Gestalt wäre (Beispiel: Sicherheitsnadel), sondern nur verschiedene Kompromisse, bei denen die verschiedenen Funktionsaspekte jeweils in unterschiedlichem Grade zum Zuge kommen.[152] Das ästhetisch-semiotische Entwurfsmoment gibt hier die Möglichkeit, auf solche Kompromisse hinzuarbeiten, bei denen die verschiedenen Teile des Gebäudes zusammen die seiner inneren funktionalen Differenzierung am besten entsprechende Gestalt ergeben – eine Gestalt zum Beispiel, bei der die Tür, das Fenster in der Absetzung gegenüber der Wand sich als das zeigt, was es im Verhältnis zu dieser ist, und umgekehrt. (Das ist, wenn man so will, das oben erwähnte Argument von Muthesius in zweifach abgewandelter Form.) Gemeint sind also nicht in erster Linie ornamentale Lösungen, wie sie Bötticher bezogen auf die Tragkonstruktion im Auge hatte; sie sollen aber nicht ausgeschlossen sein[153], dürften jedoch heute eher eine untergeordnete, eben ‚ornamentale' Rolle spielen. Beispiel: der doppelte, gemauerte Sturz.

Schließlich mag man neben dem Streben nach Prägnanz der Gestalt Zitate oder Symbole einfügen, wenn dies von der Bauaufgabe her gesehen am Platz ist (wenn wirklich ein geistiger Bezug besteht) und wenn dadurch die Bezogenheit auf die funktionale Wirklichkeit nicht zerstört wird.

Durchweg ergäbe sich das ästhetisch-semiotische Entwurfsmoment nicht von oben (für sich), aus irgendwelchen autonomen ästhetisch-semiotischen Ambitionen, gar über eine eigene funktionale Betrachtung, so als habe die Architektur zugleich zwei heterogene Aufgaben zu erfüllen, sondern von unten her, sozusagen als Fortführung des technischen Entwurfsmoments, oder – im Fall des Zitats und Symbols – wenigstens in Übereinstimmung mit ihm –, wie dieses immer bezogen auf die funktionale Wirklichkeit und den Herstellungsprozeß.

Das bedeutete natürlich ein Ende jener merkwürdigen Begründung der Architektur als zugleich gebundener und freier, autonomer Kunst, über der sich insbesondere einige Philosophen des 19. Jahrhunderts den Kopf zerbrachen, die aber auch in unserem Jahrhundert, bei Theodor W. Adorno und

Jürgen Habermas[154] noch keineswegs überwunden ist, und die natürlich nur die Schizophrenie der allgemeinen architektonischen Praxis widerspiegelt. Und es bedeutete (gemäß der schon in Sempers Schriften deutlichen und explizit von Eduard von Hartmann[155] vorgetragenen Auffassung) das Ende der Eingliederung der Architektur in die bildenden Künste. (Für die Werke der bildenden Künste, auch wenn diese sich nicht als autonom verstehen, sondern als Dienst bzw. als eine (ideelle) gesellschaftliche Funktion ausübend, ist immer die Form das Wesentliche, in dem nämlich, was sie darstellt, bezeichnet oder für sich selbst ist. In der Architektur ist es die (außerästhetische) Funktion, während die Form, abgesehen von dem Aspekt der Dimensionierung des instrumentell Erforderlichen, nur dessen Erscheinung (Gestalt) ist.)

V.

In der formalen Betrachtung existiert die Wand nur als Oberfläche, als Begrenzung von Körper und Raum, wobei im Prinzip die eine Seite der Wand von der anderen nichts weiß. Es ist, wie Rudolf Arnheim in seinem Buch *Die Dynamik der architektonischen Form*, einer Studie der Architektur unter wahrnehmungspsychologischem (von der Funktion und der entsprechenden Erfahrung im Nutzungszusammenhang viel zu sehr abstrahierenden) Gesichtspunkt schreibt: „Ein Schritt durch die dünnste aller Türen genügt, um die eine Welt zu verlassen und die andere zu betreten."[156] (Die Spiegelungen des autonomen Ich sind vielfältig.) Zwar können insbesondere die beim Durchschreiten nacheinander erlebten Räume als Ganze aufeinander bezogen sein, aber sie sind es nicht über die gemeinsame Wand. Diese gleicht, insbesondere im 16. und 17. Jahrhundert, als man auf plastische Formen und formale Kontraste Wert legte, oft mehr einer gleichsam zwischen die Raumformen gegossenen und erhärteten Füllmasse als dem, was man naiverweise unter Wand versteht. Diejenigen Stellen aber, an welchen sich diese Trennung der beiden Oberflächen nicht ohne weiteres durchhalten läßt, Fenster und Türen, werden zu veritablen Problemfällen – von Alberti bis zu Le Corbusier und Mies van der Rohe. Nicht grundsätzlich anders ist es, wie wir gesehen haben, auf der Ebene der Befassung mit dem instrumentellen Aspekt, in der auf ihn sich konzentrierenden Entwurfsmethodik. Auch hier fällt die Wand in ihrer Materialität, in ihren physischen Eigenschaften zunächst aus dem Blick; sie bleibt abstrakte Abgrenzung, eventuell unterbrechbar für Verkehrsverbindungen oder Fenster – die damit ebenfalls abstrakt gefaßt sind, eben als Unterbrechungen der Abgrenzung. Erst in der Detaillierung, d. h., nachdem alles schon im großen und ganzen festgelegt ist (und zwar sicherlich nicht in der besten Weise), wird – wenigstens punktuell – dafür gesorgt, daß die Abgrenzungen den wichtigsten Anforderungen (Wärmedämmung, Schallschutz, Brandschutz) genügen.

Funktional betrachtet ist aber gerade die Wand das Entscheidende. Sie – hier genannt als pars pro toto der Abschirmungen nach den Seiten, nach oben und nach unten – ist es, mit deren Errichtung die verschiedenen Areale überhaupt erst als brauchbare Areale gebildet, mit deren Errichtung die für die Durchführung der Tätigkeiten geeigneten Umweltverhältnisse geschaffen bzw. aufrechterhalten werden können. Dazu muß die Wand die aneinandergrenzenden Areale in mancher Hinsicht und bis zu einem gewissen

Grad voneinander trennen, in mancher Hinsicht und bis zu einem gewissen Grad verbinden – oder richtiger: nicht trennen, denn als getrennte Einheiten, die verbunden werden könnten, sind sie gar nicht erst gegeben. Diejenigen Elemente, in denen die Durchlässigkeit der Wand am deutlichsten vor Augen tritt, sind eben jene, die den Architekten Stein des Anstoßes waren: Tür und Fenster. In diesem ihrem Gegensatz zur übrigen Wand liegt ihre große Bedeutung. So sah es bereits Laotse in seinem Architekturbeispiel für das Sich-Ergänzen von Etwas und Nichts.

„Thirty spokes share one hub –
The hole makes it useful.
Shape clay into a vessel –
The hollowness makes it useful.
Cut doors and windows for a room –
The openings make it useful.
Therefore profit comes from what is there;
Usefulness comes from what is not there."[157]

Nicht der Raum also steht hier für das Nichts, wie Frank Lloyd Wright und nach ihm andere in der Projektion ihrer eigenen Architekturauffassung – vielleicht unterstützt durch Übersetzungen, die bereits denselben Irrtum enthielten – herauslasen, sondern die Wandöffnungen.

Die Tür dient dem Eingang und Ausgang; zugleich aber kann mit ihr das Innere ganz allgemein geöffnet und geschlossen werden. Diese letztere Aufgabe übernimmt eventuell auch das Fenster, sicherlich in beschränkterer, aber auch in differenzierterer Weise entsprechend seinem vielschichtigen Aufbau aus Fensterflügel, vielleicht selbst zweischichtig ausgebildet als Ganzjahres- und Winterflügel, dazu eventuell Klapp- oder Rolladen oder Eisengitter, einsetzbarem Fliegengitter, lichtstreuendem, lichtreflektierendem und/oder wärmedämmendem Vorhang.

Zu diesen Öffnungen kommt eventuell die Öffnung für den Rauchabzug. (Wenn man will, kann man – mit Alberti – auch die Wanddurchbrüche für Frisch- und Abwasser dazu rechnen, und mit gleichem Recht die ‚Öffnungen' für Gas, für elektrischen Strom, für Telephonleitungen, für Antennen.)

Der Gegensatz von geschlossenen Wandteilen und Öffnungen ist freilich nur ein relativer. Wie die Öffnungen nur begrenzt Durchlaß bieten, so ist die Wand neben den Öffnungen nur begrenzt Sperre. Auch die ‚geschlossenen' Teile der Wand sind je nach Bauart durchlässig, etwa hinsichtlich Schall, Wärme, Feuchtigkeit, für Sauerstoffjonen, kosmische Strahlung, zum Teil mit nutzbaren Speicher- bzw. Durchlaßverzögerungseffekten. Und diese Durchlässigkeiten sind keineswegs alle nachteilig.[158]

Funktionsaspekte der Wand

Wärmedämmung, graduell

Wärmespeicherung, graduell
(Transformation von Lichtstrahlung in Wärme)

Reflexion der Wärmestrahlung von innen

Durchlass diffusen Tageslichts, kontrolliert

Durchlass direkten Sonnenlichts, kontrolliert

Durchlass der UV-Strahlung

Durchlass kosmischer Mikrowellenstrahlung

Lichtreflexion bzw. -absorption, graduell

visuelle Verbindung, kontrolliert

Durchgangsmöglichkeit, kontrolliert

Schutz gegen Ungeziefer

Lüftung, Einlass der Sommerbrise usw.

Abhalten schlechter Luft

Windschutz

Abhalten von Niederschlägen

Luftfeuchtigkeitsregulierung, Dampfdiffusion

(Schutz der Wand selbst gegen zu große Durchfeuchtung durch Niederschläge oder Spritzwasser)

Schalldämmung, graduell

Schallreflexion bzw. -absorption, graduell

Widerstand gegen mechanische Beanspruchung

Feuerschutz

Nutzung des Doppelcharakters der Wand zu perfekter Klimakontrolle in den Tropen: Während das dicke Strohdach infolge seiner geringen Speicherkapazität und einer inneren Durchlüftung die Sonnenstrahlung optimal abschirmt, ermöglichen die luftdurchlässigen Wände Luftzirkulation zwischen innen und außen, die sich infolge der Temperaturdifferenz zwischen Schattenzone und besonnter Umgebung selbst bei Windstille einstellt, so daß auch ein allmähliches aufheizen des sonnengeschützten Inneren vermieden wird.
Raymond Ayoub: Contröle thermique naturel des locaux dans des tropiques et les regions tempérées et ensoleillées

Letzteres ist gerade in jüngerer Zeit bei der wissenschaftlichen Befassung mit einigen Spezialproblemen des Bauens erneut zutage getreten. Ich denke an die Befassung mit Klimakontrolle in Ländern mit tropischem und subtropischem Klima, wo, abgesehen vom Einsatz moderner Klimaanlagen, nur durch kluge Kombination selektiv abschirmender Elemente, etwa eines dicken Strohdachs (geringe Speicherkapazität, innere Durchlüftung) mit luftdurchlässigen Wänden, oder durch Verwendung massiver Wände mit genau kalkuliertem Wärmedurchgangsverzögerungseffekt etwas zu erreichen war – wie die regionalen Traditionen schon seit eh und je wußten.[159] Ich denke, was das hiesige Bauen betrifft, an das Einfangen und Speichern der Sonnenenergie (das Haus als Wärmefalle). Die Architekturtheorie jedoch hat sich auch von diesen Entwicklungen nicht aus der Ruhe bringen lassen. Wo sie selbst die beiden Aspekte der Wand reflektierte, blieb sie dabei viel zu beschränkt. Sie hat deren allgemeine Relevanz und ihre funktionale Bedingtheit nicht begriffen. Nirgendwo jedenfalls kam es zu einer Revision der alten Architekturauffassung.[160] Nirgendwo, auch nicht im sogenannten ökologischen Bauen, kam es zu einer Revision des ihr entsprechenden Entwurfsprozesses.

Hier also der Versuch einer Bestimmung der allgemeinen Funktion von Gebäuden, gemacht in Anlehnung an die von W. C. Wimsatt zur Absicherung gegen die oben angesprochenen Tücken des Funktionsbegriffs in systemlogischer Reflexion entwickelte allgemeine Formel für Funktionsaussagen, die ich hier, allerdings mit geringfügiger Abwandlung, wiedergebe:

$$F [V (i), S, U, Z] = C,$$

zu lesen: die Funktion des Verhaltens V des Elements i im System S in der Umgebung U bezogen auf das Ziel Z ist, C zu bewirken.[161]

Fassen wir als System (S) einen an einem bestimmten Ort unterzubringenden Komplex von Tätigkeiten[162] samt den betreffenden Personen, soweit sie mit diesen Tätigkeiten befaßt sind, sowie den dazugehörigen Gebäuden und Einrichtungen, als Umgebung (U) die Nachbarschaft, überhaupt die (äußere) – nichtmenschliche[163] sowie in den Mitmenschen bzw. deren Tätigkeiten bestehende – Umwelt in ihren förderlichen und hinderlichen Aspekten (Einwirkungen), als Ziel (Z) die befriedigende Durchführung der unter (S) genannten Tätigkeiten, so ergibt sich als Funktion der Gebäude bzw. ihres (physischen) Verhaltens (V (i)) m. E. folgendes: Abschirmung der Tätigkeiten – ob im Innern oder im Freien – gegeneinander und gegenüber der (äußeren) Umwelt, so, daß sie einerseits vor widrigen Einwirkungen geschützt sind, (eventuell auch, daß die Umwelt vor widrigen Einwirkungen seitens der neu hinzukommenden Tätigkeiten geschützt ist), daß andererseits der notwendige bzw. erwünschte Zusammenhang der Tätigkeiten untereinander (Ablaufbeziehungen und Querbeziehungen) und mit der Umwelt erhalten bleibt, schließlich so, daß für die einzelnen Tätigkeiten genügend Platz vorhanden ist.

Dazu als Beispiel die Tätigkeiten des Essens und der Essenszubereitung. Sie sollen von anderen, eher ruhebedürftigen Tätigkeiten in der Wohnung getrennt, sowie vom Leben in der Nachbarschaft, von fremden Leuten, von ungünstiger Witterung geschützt sein. Aber sie dürfen nicht völlig getrennt sein. Wir brauchen den Zugang; und wir müssen eine ganze Reihe weiterer Formen des Zusammenhangs, des Austauschs oder Informationskontakts mit der Umwelt berücksichtigen, sowohl mit der nichtmenschlichen Umwelt (Sauerstoff/Kohlendioxyd-Austausch, Wasserdampfausgleich, Blick zum Himmel nach dem Wetter, Hören des Regens oder Sturms usw.) als auch mit den Mitmenschen (vielleicht Ruf- oder Blickkontakt zum Kinderzimmer, zum Spielplatz im Freien, zum Fußgängerbereich, Hörkontakt zu Hausklingel und Telephon usw.). (All dies kann – wenn man sich überhaupt entschließt, die allgemeine Funktionsbestimmung zu übernehmen – freilich erst im individuellen Fall nach den je besonderen Bedürfnissen und Wünschen festgelegt werden.)

Diese Funktion der Herstellung bzw. Aufrechterhaltung geeigneter Verhältnisse in Beziehung zu den Nachbararealen bezeichne ich kurz als Abschirmungsfunktion. (Nicht schlecht wäre auch der englische Begriff „environmental control", wenn man ihn von der Idee der Autonomie des Raums gegenüber der Umwelt befreit.) Die Abschirmungsfunktion wird in ihrem Aspekt der klimatischen Temperierung in unserem Klima gegebenenfalls durch Heizung der abgeschirmten Areale unterstützt. Ihr untergeordnet ist die Tragfunktion einzelner Bauglieder, sei es der Abschirmungselemente selbst oder besonderer, nur diese Funktion ausübender Bauglieder, durch welche gewährleistet wird, daß die Abschirmungselemente in ihrer Position gehalten werden.

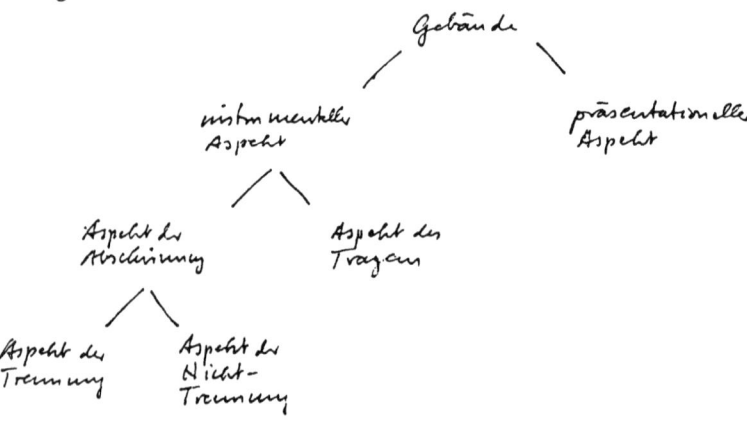

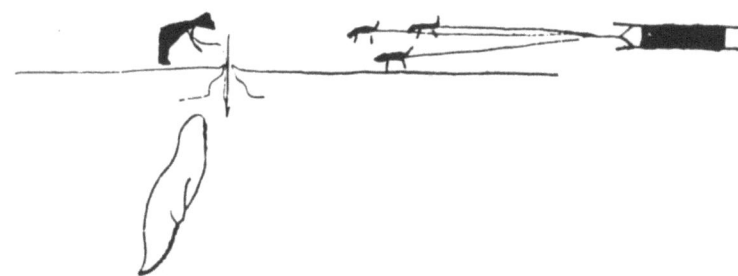

Das Bewußtsein einer raum-zeitlichen Kontinuität der Lebenswelt über die Wahrnehmungsgrenzen hinweg ist in archaischen Gesellschaften ganz selbstverständlich. Hier eine Zeichnung eines Eskimo vom Stamm der Aivilik. Eine Robbenjagd: Es ist nicht dargestellt, was von einem bestimmten Standort aus sichtbar ist; vielmehr ist in sichtbaren Zusammenhang gebracht, was in der Lebenswelt der Aivilik zusammengehört.

Anders als in Europa hat sich dieses Bewußtsein in Japan lange gehalten. Es zeigt sich ganz deutlich in der Malerei, in der Erfindung der fukinuke-yatai-Technik, in der der ‹Dachstuhl weggeblasen› ist, die Wände oft nur als Rahmengestell angedeutet sind, so daß im Bild von schräg oben das gesamte, in den verschiedenen nebeneinanderliegenden Arealen sich abspielende Leben vor dem Betrachter sich ausbreitet. Ein künstlerisch nicht unwichtiges Moment dabei ist die gewählte Art der Projektion, nämlich Parallelprojektion, wie sie schon in China gebräuchlich war. Sie ermöglicht wie die Perspektivprojektion eine lückenlose und, wenngleich verzerrte, so doch durchgängig und einheitlich maßbestimmte Wiedergabe dreidimensionaler Außenweltsegmente im zweidimensionalen Bild, setzt aber den Betrachter nicht über die im Fluchtpunkt senkrecht zur Bildebene stehende Blickachse in eine bestimmte Beziehung zum Dargestellten, sondern hält das Dargestellte sozusagen in Distanz, als dem Betrachter gegenüber ohne spezifischen räumlichen Bezug. Sie bietet die Möglichkeit, im Bild umherzuwandern – gleich wie im natürlichen Sehen das perzeptive Modell der Außenwelt (das ja nicht ein perspektivisches Bild ist, sondern ein über die Bewegung des Betrachters sich sukzessive aufbauendes, dreidimensionales, freilich nur ideell, als Vorstellung präsentes Modell) uns die Freiheit läßt, in ihm in der Vorstellung umherzugehen wie in der Außenwelt selbst. Die Vorstellung eines autonomen Raums – wie des autonomen Ich – scheint hier fremd (man erinnere sich, daß die Wände oft nur aus papierbespannten Rahmen bestanden); genauso allerdings auch die eines Ineinanderübergehens der Räume, wie unsere moderne Architektur in der Reaktion auf den geschlossenen Raum es z.T. anstrebe mittels der Unterbrechung der Trennung durch ihr polares Gegenteil, die (scheinbare) Nicht-Trennung.

Oben ein Beispiel aus der Bildrolle Massuzaki Tenjin Engi, 14. Jahrhundert.

Funktional gesehen trifft also gerade nicht zu, was die an den Begriff des architektonischen Raums gebundene Auffassung unterstellt, nämlich daß wir, wie Arnheim schreibt, mit dem Schritt durch die Tür eine Welt verlassen und eine andere betreten. Dies ist nur Schein in der formalen Betrachtung bzw. der ihr folgenden Formgebung, die in diskontinuierliche Einheiten zerreißt, was in Wirklichkeit doch nur verschiedene Bereiche ein und derselben Umwelt sind.

Wenn wir gemeinhin sagen, daß die Tätigkeiten in bestimmten Räumen stattfinden, so dürfen wir uns durch solche Redeweise nicht irre machen lassen. Worin sie stattfinden, das ist die Umwelt. (Dieser Begriff hätte schon längst Anlaß genug sein können, dem Begriff des architektonischen Raums mit etwas mehr Skepsis gegenüberzutreten.) Es ist eine Umwelt, deren Verhältnisse lokal durch architektonische Abschirmungen modifiziert sind, ohne daß ihre Kontinuität damit unterbrochen wäre. Das Raum-Sein oder Raum-Haben im Sinn des speziellen Raumbegriffs, der sich auf das Nichtvorhandensein grobstofflicher Materie als Bedingung der Bewegung, des Tätigseins des Menschen, eines Tieres, des Wachstums einer Pflanze usw. bezieht, ist nicht das Entscheidende für die abgeschirmten Areale. Der Raum in diesem Sinn ist schon da, bevor der erste Stein gesetzt wird. Etymologisch kommt ‚Raum' von ‚räumen', ‚roden' mit der Bedeutung: ein Areal frei, nutzbar machen.[164] Und das ist nicht, worum es in der Architektur geht. In einem Sonderfall, wenn Fels oder Erdreich ausgehöhlt werden, wird Raum geschaffen – Raum, der mit dem schon vorhandenen Raum neben dem Fels oder über dem Erdboden verbunden wird. (Auch in diesem Fall darf die Abschirmung nicht vergessen werden, die das bleibende Erdreich, der bleibende Fels bildet, und die an der Nahtstelle zum gegebenen Raum in der Regel durch gebaute Abschirmungen ergänzt wird.) Im Normalfall ist der Raum gegeben. In dieser Hinsicht war es durchaus passender, wenn man, bevor der Terminus ‚Raum' im 18. Jahrhundert allmählich in den Architekturtraktaten auftauchte, in der zusammenfassenden Bezugnahme auf die verschiedenen Areale eines Hauses (Halle, Küche, Zimmer usw.) bzw. auf deren Herstellung von „Teilen" bzw. „Teilung" sprach. Nur geht es auch nicht bloß um Teilung des gegebenen Raums; es geht um lokale Modifizierungen der klimatischen Verhältnisse, der Schallverhältnisse usw., mit einem Wort, der Umweltverhältnisse.

Ein Gebäude zeigt sich also in funktionaler Betrachtung nicht als Ensemble von Räumen, sondern als Gefüge von Abschirmungen in einer bestimmten Umgebung bzw. Umwelt. Statt des Raums ist die Wand als entscheidendes architektonisches Element anzusehen und sozusagen zum Gegenstand der Entwurfstätigkeit zu machen, zum ‚Thema' der Gestaltung, wenn man so will, und zwar in ihrem Doppelcharakter als Trennung/Nicht-

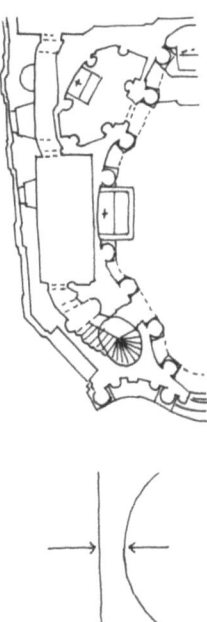

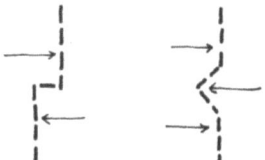

Die Form der Wand bestimmt sich von den idealen, vielfach nicht zusammenpassenden Raumformen her.

Die Form der Wand bestimmt sich von den Platzanforderungen zu einer Seite her oder in der Abstimmung der Platzanforderungen zu beiden Seiten.

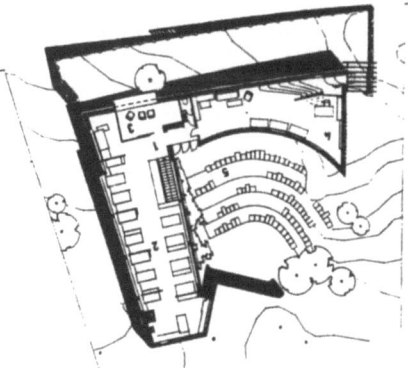

Umwertung der Werte: der Hauptraum in einer Form, die früher nur für einen Nebenraum toleriert worden wäre.
Alvar Aalto: Atelier Munkkiniemi, 1955

Trennung, eben als selektive, graduelle Abschirmung. (Sie ist weder Ausgangspunkt noch Ziel des Entwurfs; sie ist das Medium, mit dem die Architektur dem Leben dient.)

Die Wand erhält ihre Bestimmung nicht als eine doppelte, von den Räumen zu beiden Seiten her, nämlich als deren Begrenzungen – woraus die oben geschilderten Probleme folgten –, sondern als eine einfache. Sie ergibt sich in der Struktur aus dem jeweiligen Abschirmungserfordernis der Tätigkeiten untereinander bzw. zur Umgebung. (Freilich muß die Auslegung der Tätigkeiten, ja überhaupt die Gliederung des gesamten Tätigkeitskomplexes von vornherein im Hinblick auf die Zusammenhangs- und Trennungserfordernisse erfolgen.) Sie ergibt sich in der Form aus dem Platzbedürfnis zu einer Seite oder in der gegenseitigen Abstimmung der Platzbedürfnisse zu beiden Seiten.

Was von der Idee des architektonischen Raums bleibt, das ist lediglich der Aspekt der Dimensionierung der Areale, der Festlegung der Abstände bzw. der Form der Abschirmungen: und er ist als metrische Bestimmung der topologischen Bestimmung (Zusammenhangs- und Nachbarschaftsverhältnisse der Areale bzw. Tätigkeiten) und der materiellen Bestimmung (physische Eigenschaften der Wände) untergeordnet.

Mit dem neuen Ansatz krempelt sich natürlich alles um. Zu den Konsequenzen für das Entwerfen, betreffend den instrumentellen Aspekt (die Entwurfsmethode) wie den präsentationellen Aspekt, werde ich in den Kapiteln VII und VIII kommen. Hier sei nur noch auf einen Punkt hingewiesen, nämlich auf die in dem neuen Ansatz implizierte Aufhebung der Antinomie zwischen der Gebäudeplanung mit ihrem Ausgehen einseitig vom Innern, von den Innenräumen (eventuell unter Einbeziehung von Innenhöfen) und dem Städtebau, der als „Stadtraumgestaltung" die einzelnen Gebäude in ihrem Äußeren zu dirigieren, sie in ihren ‚körperlichen Massen' in raumbildende Beziehungen zu bringen sucht – das Ganze eine Art Kräftemessen zwischen Gegnern, die beide gleichermaßen blind sind für das, worauf es eigentlich ankommt.[165]

VI.

Die oben vorgenommene Bestimmung der allgemeinen Funktion von Gebäuden entspricht nicht dem herkömmlichen erkenntnistheoretischen Ideal der objektiven Erfassung eines objektseitig gegebenen (in unserm Fall ge-geschichtlich-übergeschichtlichen) Gegenstands. Sie resultiert aus einer kritischen Reflexion, ausgehend von einer bestimmten, geschichtlich entwickelten Betrachtungsweise (der instrumentellen) und dem systemlogisch präzisierten Funktionsbegriff. Dabei wird ein Aspekt herausgehoben, der natürlich immer schon eine Rolle spielte, aber als solcher, in der Unterscheidung gegenüber anderen Aspekten des Gebäudes, nicht unbedingt bewußt war.

Wenn diese Funktionsbestimmung auf die Architektur früherer Epochen zurückgespiegelt wird, so ist dies zu bedenken. Bemerkenswerterweise ergibt die hier erfolgte Reflexion, daß, seit die alten Traditionen ihre bestimmende Macht eingebüßt haben und die Architekten auf den Plan traten, die Gebäude an funktionalen Qualitäten nicht etwa gewonnen, sondern – infolge der Präokkupation der Architekten mit der Form – verloren haben. Unbestreitbar ist freilich auch ein Wandel in den funktionalen Anforderungen. Dabei zeigt sich, teils gesellschaftlich, teils in bornierter Architekturtheorie begründet, als allgemeine Tendenz eine Verschiebung im Verhältnis der beiden Aspekte der Wand. Hiervon – und von der heute notwendigen Gegensteuerung – soll in diesem Kapitel als Ergänzung zu der oben vorgenommenen Bestimmung der allgemeinen Funktion von Gebäuden die Rede sein.

Vielleicht war der Aspekt der Trennung im Kampf gegen die völlige Ungeschütztheit von Anfang an der führende, im Vordergrund stehende, während der des Zusammenhangs als ein relativierender hinzukam; in der Neuzeit aber, im Zuge der oben skizzierten Rationalisierung des Lebens, wird der Aspekt der Trennung der beherrschende.

Im Hausbau wird die alte Gebäudestruktur, in der Raum sich an Raum schloß und alle oder die meisten Räume Durchgangsräume waren und weitgehend von allen Mitgliedern der Hausgemeinschaft einschließlich der Gäste genutzt wurden, aufgegeben durch Einführung von Fluren, die eine weitgehende Unabhängigkeit in der Nutzung der Räume gewährleisteten, also unwillkommene Unterbrechungen der jeweiligen Tätigkeiten zu vermeiden halfen und überhaupt eine stärkere Absonderung der Familienmitglieder voneinander und dieser aller vom Bedienungspersonal ermöglichten, welche

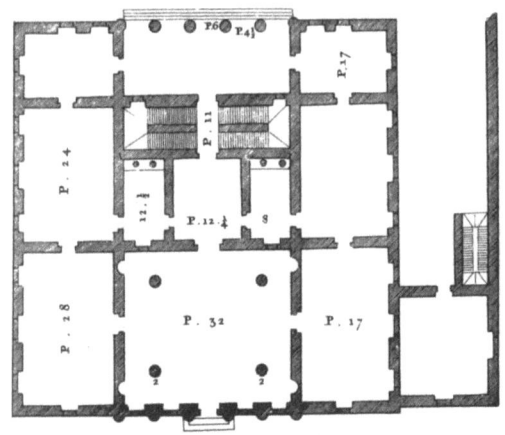

Das Haus als Ensemble allseitig miteinander verbundener Räume.
Andrea Palladio: Palazzo Antonini, Udine 1556 (Selbst die – mit vertikaler Entlüftung ausgestatteten – Toiletten sind Durchgangsräume.)

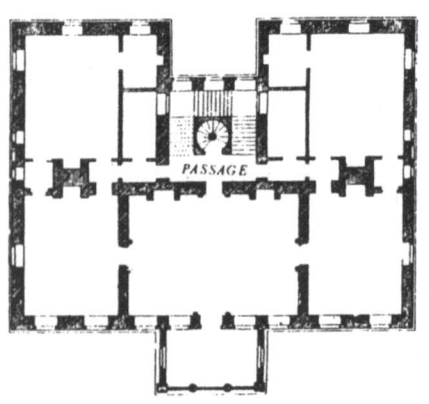

Größere Autonomie der einzelnen Räume durch Einführung des Flurs.
John Webb: Amesbury House, Wiltshire 1661 (Die innere Treppe für die Bediensteten.)

der wachsenden Schamhaftigkeit, der zunehmenden Selbstkontrolle (dem Verlust der Ungezwungenheit und Unmittelbarkeit im gesellschaftlichen Verhalten) entsprach.[166] D. h., die Räume werden nun auch von der Anlage des Gebäudes her als autonome Einheiten betrachtet, die je für sich zugänglich sein sollten.

Diese Entwicklung beginnt im 17. Jahrhundert in England bei den Landsitzen der Gentry und greift im 18. Jahrhundert auf die Bürgerhäuser des Kontinents über. Sie setzt sich im 18. Jahrhundert fort im Versuch einer möglichst radikalen Trennung zwischen Herrschaft und Bediensteten (die im 20. Jahrhundert mit den Bediensteten selbst überflüssig geworden ist). Dies erfordert nicht nur eine Trennung der beiden Bereiche, so daß, wie Robert Kerr schreibt, „what passes on either side of the boundary shall be both invisible and inaudible on the other"[167], es erfordert dazu zum Teil eine Verdopplung des Erschließungssystems, ein Nebenher- oder Umeinanderherumführen zweier voneinander getrennter Erschließungssysteme (Eingang, Flure, Treppen), eines prächtigen und eines ärmlichen, so daß in ein und demselben Haushalt beide Parteien ihren Geschäften nachgehen konnten, ohne sich je über den Weg zu laufen.

Noch einmal Kerr: „On the same principle of privacy, as we advance in scale and style of living, a separate Staircase becomes necessary for the servants' use; then the privacy of Corridors and Passages becomes a problem, and the lines of traffic of the servants and family respectively have to be kept clear of each other by recognised precautions; again, in the Mansions of the nobility and wealthy gentry, where personal attendants must be continually passing to and fro, it becomes desirable once more to dispose the routes of even this traffic so that privacy may be maintained under difficulties. In short, whether in a small house or a large one, let the family have free passage-way without encountering the servants unexpectedly; and let the servants have access to all their duties without coming unexpectedly upon the family or visitors. On both sides this privacy is highly valued."[168]

(Viollet-Le-Duc hat eine feine Begründung dafür: Es sei die Demokratisierung der Gesellschaft, die Aufhebung der Klassentrennung, durch welche früher Herrschaft und Dienerschaft auch ohne alle Wände unüberbrückbar voneinander getrennt gewesen sei, der Umstand „que les droits sont égaux entre ceux qui commandent et ceux qui servent", die nun die bauliche Trennung erfordere.[169])

Betrachten wir die Wohnung insgesamt, so stellen wir eine ähnliche Entwicklung fest. Die Wohnung, die noch im Mittelalter eng mit dem Bereich des kollektiven Lebens auf der Straße zusammenhing, wird dieses Zusammenhangs beraubt und als autonome Einheit betrachtet, angehängt an das Erschließungssystem der Straßen. Einer der Faktoren dabei ist die Zen-

Geflecht aus sich wechselseitig bedingenden privaten und öffentlichen Bereichen. Ausschnitt aus dem großen perspektivischen Plan von Brügge aus dem Jahr 1562

Die Wohnungen als Terminals eines baumartig sich verästelnden Erschließungssystems aus Hauptstraßen, Nebenstraßen, Stichstraßen, Fußwegen, Aufzügen, Hausfluren.
Hans Bernhard Reichow: Leverkusen-Steinbüchel (Ausschnitt)

tralisierung der handwerklichen Arbeit in den Manufakturen, also die Auflösung der häuslichen Werkstätten, die auch Bindeglieder zwischen der Wohnung und dem Bereich des kollektiven Lebens waren. Von allgemeinerer Relevanz ist die zunehmende Benutzung der Straße durch den Verkehr, der vor allem durch den Abbau der Selbstversorgung und das Anwachsen von Warenproduktion und Warentausch enorm zunimmt, so daß eine Nutzung der Straße wie bisher als Erweiterung der Werkstatt, für Arbeiten der Hauswirtschaft, zum Spielen und Feiern unmöglich wird. Beides führt zu einer Vernachlässigung der bisherigen Pflichten der Anwohner bezüglich Reinigung und Unterhaltung der Straße, bis dann durch die Übernahme der Straße durch die Gemeinde die ambivalenten Verhältnisse im Sinn der neuen Ordnung, also der Trennung von privater und öffentlicher Sphäre, geklärt werden.[170] Weitere Schritte, was die Wohnung betrifft, sind der Geschoßwohnungsbau, der die autonomen Einheiten auch stapelt und von der Straße noch durch die innere Erschließung trennt, schließlich die Ersetzung der Blockbebauung durch die ‚offene Bebauung', welche die letzte Spur der ehemaligen Zuordnung von Wohnung und Straße beseitigt, letztere in ein reines Erschließungssystem umwandelt, ein baumartig sich verästelndes, an dem die Wohnungen liegen wie auf Abstellgleisen.[171]

Unterhalb der Ebene des Ästhetischen – aber nicht ohne inneren Zusammenhang mit ihr – zeigt sich die Entwicklung von Architektur und Städtebau als ein Prozeß der Trennung dessen, was einmal im Zusammenhang stand und aus diesem Zusammenhang lebte, als ein Prozeß der Ausgliederung – lange bevor die Moderne mit der Maxime der ‚Trennung der Funktionen' die ‚rationale' Ordnung perfekt zu machen suchte. Dieser Prozeß der Ausgliederung wird ergänzt durch Säuberung des öffentlichen Bereichs. Dazu gehört etwa das Verbot von gesellschaftlichen Spielen und Festen, die zum Teil gerade auch die Grenzen zwischen Innen und Außen überschritten, die oft über Tage sich hinzogen und alles geregelte Leben durcheinanderbrachten.[172] Dazu gehört (wiederum durch Errichtung von Mauern) die Internierung der Irren, die Auslagerung des Strafvollzugs aus dem öffentlichen Bereich, und vor allem, im 17. und 18. Jahrhundert, die Errichtung von „Besserungsanstalten" („houses of correction") oder „Arbeitshäusern", in die man die Herumlungernden, die Arbeitslosen, Bettler, Libertinen, die Armen und dazu nun auch die Irren bringt, kurzum, alle irgendwie verdächtigen Subjekte, die einem geregelten Arbeitsleben sich nicht fügen wollten bzw. die Idee einer vernunftgeleiteten Ordnung in Frage stellen könnten.[173] Wie Robin Evans in seinem Aufsatz *The Rights of Retreat and the Rites of Exclusion – Notes towards the Definition of Wall* schreibt: „They [the walls] are not simple barriers to energy transfer, but barricades that prevent entropy of meaning, that preserve the holistic and unitary

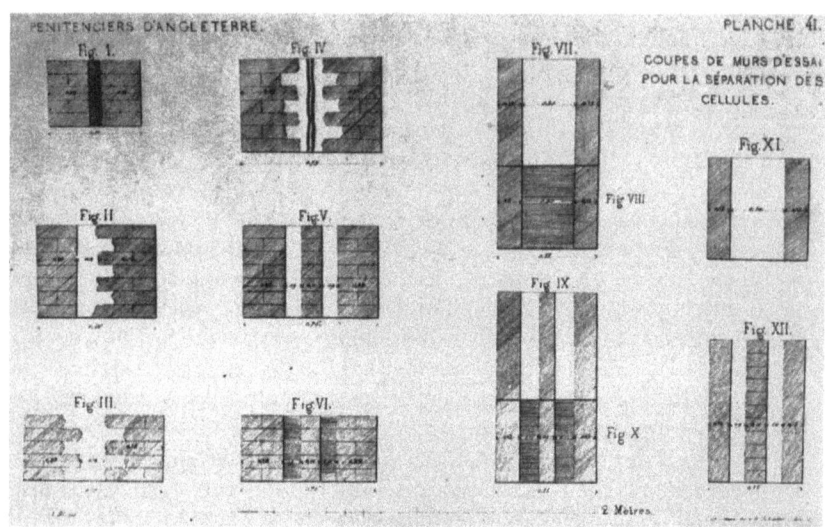

Der Politik der Ausgliederung kommt das Verdienst zu, daß wissenschaftliche Forschung begann, sich nicht mehr nur mit dem untergeordneten Aspekt der primären Funktion von Gebäuden, also der Tragfunktion zu befassen, sondern auch mit dem Hauptaspekt, der Abschirmungsfunktion, freilich einseitig begriffen als die Funktion ausreichender Trennung. 1830 erhielten der Architekt Abel Blouet und der Wissenschaftler und Erfinder Michael Faraday den Auftrag der Entwicklung einer Wandkonstruktion für die Millbank Penitentiary, die sprachliche Kommunikation über die Trennwände der Gefängniszellen hinweg unmöglich machen sollte. Hier der Aufbau ihrer Versuchswände. (Schon bei dieser Untersuchung zeigte sich übrigens, daß es nicht so sehr auf möglichst vollständige Dämmung, sondern auf geeignete Verzerrung des Schallwellengefüges, also auf bestimmte Filterwirkung ankam.)

concept of our dream world, be it a personal or a universal dream, by eliminating that part of the other more disparate world that fails to conform to it. Walls are the armoury that preserves our personal integrity against the inroads of the rest of humanity and nature."[174] Unter dem Doppelgesicht von Fürsorge und Zwang – die Anstalten hatten, obgleich selbst schon Gefängnisse, ihre eigenen Gefängnisse und Verliese –, durch Arbeit und Gebet versucht man diesem Teil der Menschheit die Unvernunft auszutreiben. (Zwar ist solche Internierung mit der Deklaration der Menschenrechte inzwischen offiziell abgeschafft, aber der Prozeß der Ausgliederung mit Hilfe von Mauern setzt sich fort, zum Teil unter medizinischer Indikation, durch ‚soziale' Einrichtungen aller Art: Obdachlosenasyle, Behindertenheime, psychiatrische Anstalten, Alters- und Sterbeheime.)

In gewisser Hinsicht kann man das Faible der Avantgarde des 20. Jahrhunderts für die Öffnung der Räume als – primär ästhetische – Reaktion auf die skizzierte Entwicklung verstehen. In ihrem Umschlag ins entgegengesetzte Extrem, die völlige, im Bezug zum Außen freilich nur scheinbare Nicht-Trennung ist sie nicht minder einseitig und problematisch. Sie ist in der Regel dysfunktional in höchstem Maße. Das gilt für die Öffnung der Innenräume gegeneinander wie für die Öffnung zum Äußeren. Letztere wird immer idealisiert als Öffnung zur menschenleeren Natur vorgestellt. Gerade in dieser Hinsicht aber schlägt sie oft in ihr eigenes Gegenteil um: die verstärkte Abschließung, denn die Verwendung geschoßhoher Glaswände geht in der Regel einher mit der Eliminierung des öffenbaren Fensters und der Installation einer Klimaanlage. Natürlich konnte diese Reaktion der allgemeinen Tendenz zunehmender Abschottung keinen Abbruch tun.

Diese setzt sich fort als zunehmende Trennung auch von der nichtmenschlichen Umwelt. Die Gebäude werden als Hüllen für künstliche Umwelten betrachtet, die sich nach dem Ziel der Maximierung der Arbeitsleistung oder nach irgendwelchen (widernatürlichen) Ideen von Komfort bestimmen. Die wichtigsten Hilfsmittel sind künstliche Beleuchtung und Klimatisierung. „Können schon durch die synthetische Herstellung von Baustoffen isolierende Qualitäten erzeugt werden, die lokale, klimatische Bedingungen so ausgleichen, daß diese Baustoffe in den extremsten Temperaturunterschieden gleich nützlich sind, wird durch die komplexe mechanische Klimakontrollanlage erreicht, daß der Breitengrad, wie überhaupt das örtliche Klima, keinen direkten Einfluß auf die Struktur eines Baus mehr zu haben brauchen. Durch solche mechanischen Anlagen ist der autonome Raum geschaffen, der sein eigenes Klima produziert."[175]

The Architecture of the Well-tempered Environment von Reyner Banham[176] ist die Apotheose dieses (vorläufigen) Siegeszugs des „environmental management" „towards full control" – nicht nur „Man-made Weather", wie die

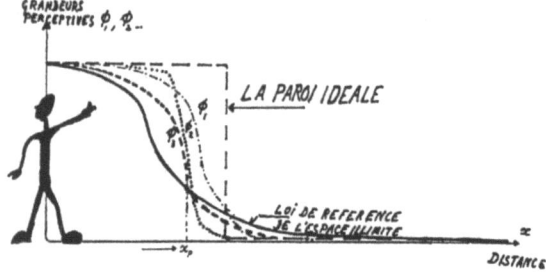

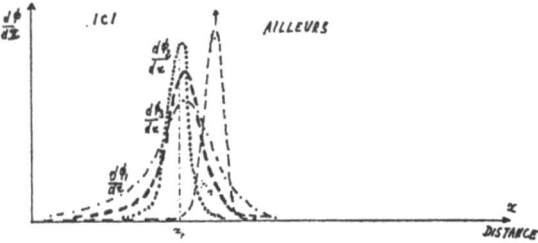

Abraham Moles' und Elisabeth Rohmers Konzeption der Wand

Une paroi est avant tout une discontinuité dans la loi de décroissance des perceptions en fonction de la distance; cette discontinuité se comporte comme une condensation de l'espace. La paroi idéale est une discontinuité totale au sens mathématique, située en un lieu de l'environnement, elle brise la perception d'une grandeur quelconque du Merkwelt et l'annule au-delà de sa distance x_p à l'être; l'extérieur y apparaît comme totalement indépendant sur le plan perceptif par rapport à l'intérieur et réciproquement. Les parois réelles, sans être des discontinuités au sens mathématique du terme, sont des variations brusques en un point d'une quelconque grandeur perceptive : vision, audition, toucher, etc., par rapport à la distance. Ces grandeurs $\phi_1, \phi_2, \ldots, \phi_n$ décroissent subitement à une certaine distance x_p, séparant l'Ici de l'Ailleurs. La paroi est d'autant mieux déterminée que le gradient de variation est plus grand, qu'il y a plus de grandeur perceptive qui varie et que ces variations ont lieu plus rigoureusement au même point xp, en d'autres termes que la somme des gradients $\frac{d\phi_1}{dx} + \frac{d\phi_2}{dx} + \ldots \frac{d\phi_n}{dx}$ est plus grande en un certain lieu xp. En fait, toutes les grandeurs physiques décroissant nécessairement avec la distance dans l'espace ouvert illimité suivant une loi qui asymptotiquement tend vers $\frac{1}{x^m}$ (angle visuel, audition), les notions précédentes se proposent par rapport à cette loi de référence universelle et l'on pourrait écrire :

$$\text{qualité d'une paroi} = \frac{K}{x^m} \sum_{1}^{n} \frac{d\phi_i}{dx_i}$$

ersten Klimaanlagen angepriesen wurden, sondern Man-made Umwelt. Das reicht bis hin zur völligen Abschaffung des Fensters – eine weitere Variante zur Lösung des Problems Nr. 1 der Architekten – in Unterrichtsräumen zum Beispiel, um den Kleinen durch Versperren des Blicks auf die wandernden Wolken das Träumen auszutreiben. (Auch dies übrigens schon in der Aufklärung vorausgedacht: in der Idee des Philosophen Claude Helvetius, bei einem Kind das Interesse an Blumen dadurch zu wecken, daß man es in einen Raum einsperrt, der nichts als einen Blumentopf enthält.[177]) Und es reicht bis hin zu Richard Buckminster Fullers Projekt „Dome over Manhatten"[178].

Das fortschrittlichste Paradigma solcher Architekturbetrachtung ist der Kühlschrank, bei welchem jede Einwirkung von außen als Störgröße betrachtet wird, die es, wenn sie schon nicht ganz ausgeschaltet werden kann, (kybernetisch) auszugleichen gilt, um im Innern die Verhältnisse konstant zu halten.[179]

Die zu dieser Entwicklung unter der Dominanz des Gesichtspunkts der Trennung gehörige Entwurfs‚philosophie' wird nachgeliefert (mit neuem kulturellen Ausblick, versteht sich) von Abraham Moles und Elisabeth Rohmer in ihrer forschen Studie über den Raum und seine „Aneignung" mit Hilfe des Design – mit Hilfe der ihn teilenden Wand.[180]

Die Wand wird auch hier einseitig als Trennung begriffen, idealerweise als totale Trennung, als Grenze, an der die (ohne Wände) mit der Entfernung abnehmende Wahrnehmbarkeit von Phänomenen abrupt auf Null sinkt.[181] Diese Wand soll dem wissenschaftlich ausgerüsteten „constructeur d'environment" („Umweltgestalter") dazu dienen, das Leben der Menschen in der Beziehung zur (äußeren) Natur wie in der Beziehung zur „Gesellschaft" zu regeln. „L'homme ‹maître et possesseur de la nature›, selon la formule cartésienne, rest encore possédé et maîtrisé par la société. La morale industrielle va faire place à une morale de l'automation et de *temps libre*, où" – man höre und staune – „l'individu deviendrait maître et possesseur de la société au lieu de se faire posséder et par elle. C'est la question que doit se poser le modeleur de l'espace urbain en fonction de l'appropriation que l'être en fera."[182] „Le designer apparaît alors comme le Démiurge des rapports entre l'Homme et la Société."[183]

Das Ziel ist nicht etwa die Ermöglichung befriedigender Beziehungen zur natürlichen und mitmenschlichen Umwelt. Nein, es geht um Höheres, um allgemeine soziale Ideen und den ihnen entsprechenden Aufbau der zukünftigen Gesellschaft. Die Autoren geben Beispiele: „die Maximierung der Produktivität, der Güter oder Dienstleistungen" (Ziel angeblich der „Fabrikgesellschaft des 19. Jahrhunderts"), „das größtmögliche Glück der größtmöglichen Zahl", die alte utilitaristische Maxime, Vorbild für alle bürgerliche Propaganda – als ob man zwei (oder mehr) Größen zugleich maximieren könnte –, „soziale Dynamik" und, Lieblingsidee der Autoren, „globale Kreativität"[184].

In der Verfolgung des einen oder anderen dieser Ziele gilt nicht nur die nichtmenschliche Umwelt, sondern auch der Mensch selbst als veränderbar (das ist der Trick, mit dem es gelingt, „Freiheit" und „Beherrschung der Gesellschaft" eins werden zu lassen, alle miteinander zu versöhnen, nämlich einer Norm zu unterwerfen): „L'ensemble des remarques ici présentées implique pour le philosophe du design une tâche négative: la destruction du dogme d'immuabilité de l'homme: l'homme peut être changé dans sa nature propre et ses valeurs".[185] Beide sind nur die Korrelate einer von höherer Warte aus bestimmten, zunehmend künstlichen Welt (in der mit der Natur auch die Entfremdung abgeschafft ist) – im Fall der Verfolgung des Ziels „globaler Kreativität" der urbanen, „labyrinthischen" Welt, die zugleich die „Konzentration" und die „Dispersion", das Zusammensein und (in der allseitigen Ausgliederung) die Isolation zwischen den Wänden ermöglicht. „Nous vivons l'artifice comme la condition ‚naturelle' de notre existence, et la nature, soigneusement protégée et classée, comme l'artifice; desormais c'est l'artifice qui est réel, la nature est une erreur."[186]

Selbstverständlich konnte in der skizzierten Entwicklung unter der Dominanz des Aspekts der Trennung auf den Aspekt der Nicht-Trennung nicht verzichtet werden. Man braucht nun einmal Türen, um zwischen den Räumen zu verkehren, und auch auf das Fenster traut man sich in der Regel nicht zu verzichten. Wo man es eliminiert hatte, sieht man sich zum Teil gezwungen, es zu reinstallieren, etwa in Räumen für sehr feine Arbeit, damit durch Blick in die Ferne die Augenmuskulatur sich entspannen kann und die Leistungsfähigkeit erhalten bleibt. Aber dieser Aspekt der Nicht-Trennung, der Durchlässigkeit spielte eine nur gering geachtete Rolle. Er ist erneut zu thematisieren, nicht allerdings, um in die entgegengesetzte Einseitigkeit zu fallen, um die Trennung durch die (wenn auch nur scheinbare) Nicht-Trennung zu ersetzen, wie die Moderne in ihrer Ästhetik des offenen Raums es getan hat, sondern in der Verbindung mit dem Aspekt der Trennung: als relative Trennung/Nicht-Trennung. Dies gilt ganz besonders für eine Kultur, die nicht vorwiegend durch Ausgrenzungen und Reglementierungen (divide et impera) bestimmt sein soll, sondern durch Selbstorganisation und durch die dafür notwendigen Kontaktflächen der verschiedenen gesellschaftlichen Bereiche, welche Kooperation, gegenseitige Hilfe, Erfahrungsaustausch, direkte Auseinandersetzung usw. ermöglichen. Und es gilt für eine Kultur, die an die Stelle der Zerstörung der inneren und äußeren Natur deren Kultivierung setzt. Gemeint ist hier sowohl der im ökologischen Diskurs bisher im Vordergrund stehende Gesichspunkt der Erhaltung der unser Leben ermöglichenden Umwelt in regionalem und globalem Sinn (hierher gehört das energiesparende Bauen, speziell die Heranziehung der Wand als in sich differenzierter, selektiver Abschirmung zur ‚passiven' Nutzung der Sonnenenergie); gemeint ist aber vor allem die Erhaltung bestimmter, dem Leben zuträglicher lokaler Umweltverhältnisse in den Städten und Häusern. Auf diesen letzten Gesichtspunkt bzw. auf die von ihm aus dem Doppelcharakter der Wand zukommende Bedeutung möchte ich mich hier beschränken.

Wie alle anderen Lebewesen erhält sich auch der Mensch im Austausch mit der Umwelt. Dabei denkt man zunächst einmal an den materiell-energetischen Austausch (Bau- und Betriebsstoffwechsel), über den sich der Organismus in einem „Fließgleichgewicht" hält, d. h. in einem Gleichgewicht, das sich bei (ständig stattfindender) Störung immer wieder selbst herstellt und somit dem Organismus auch die Fähigkeit zu Anpassungs- und Arbeitsleistungen gibt, also überhaupt Leben ermöglicht.[187] Die materiell-energetischen Prozesse werden kontrolliert von informationellen Prozessen, die sich einerseits auf den eigenen Zustand, andererseits auf die Umwelt beziehen. Diese informationellen Prozesse sind zum Teil mit den materiell-energetischen im Sinn kybernetischer Regelung direkt gekoppelt, zum Teil laufen sie über das Bewußtsein mit all seinen Möglichkeiten der reflektierenden und kombinierenden Informationsverarbeitung und dienen so der (willkürlichen) Steuerung des Verhaltens, von dem seinerseits die Regelprozesse noch einmal beeinflußt werden.

In diesem Austausch mit der Umwelt können wir bei allen Lebewesen eine gewisse Autonomie des Organismus feststellen. Er macht sich die Umwelt zunutze gemäß seinem Interesse der Aufrechterhaltung der eigenen Organisation, also im Sinn der „Autopoiesis", der Erhaltung der Identität und der kontinuierlichen Reproduktion[188]; er reagiert demgemäß auf Veränderungen in der Umwelt und wirkt zum Teil verändernd auf sie ein. Aber diese Einwirkung auf die Umwelt ist begrenzt durch die Abhängigkeit des Organismus von eben dieser Umwelt, an die er durch seine stammesgeschichtliche Entwicklung angepaßt ist.

Das gilt auch für den Menschen, für dessen gewissermaßen auf der genannten Autonomie gründende Kultur, die in ganz besonderem Maße und in vielfältiger Weise verändernd in die Umwelt eingreift[189], vor allem seit der Mensch unter der Führung des – die relative Autonomie absolut setzenden – Ich aus der Tradition ausgetreten ist. So spielt, bezugnehmend auf diese Grenze der Autonomie, heute als Gegenbegriff zum Begriff der Kultur der Begriff der (inneren und äußeren) Natur eine wichtige Rolle, verstanden nicht im Sinn eines Ideals oder eines ursprünglichen Zustands, zu dem wir zurückkehren könnten, sondern zur Bezeichnung dessen, was für jede Kultur die Grundlage ist, auf der sie sich in relativer Autonomie entwickelt, und die sie respektieren, die sie ‚pflegen' muß, wenn sie nicht sozusagen den Ast absägen will, auf dem sie sitzt. Nicht also, daß die Umwelt in keiner Weise modifiziert werden dürfte – seit der Mensch vom Jagen und Sammeln zu Ackerbau und Viehzucht überging, überführte er vorgefundene Biozönosen in andere, verschob er gleichsam ökologische Fließgleichgewichte, seitdem baute er feste Häuser und Siedlungen –, aber es darf dabei das Leben tragende Grundgefüge der Natur nicht überhaupt zerstört werden (Versteppung, Erosion, Vergiftung von Boden, Wasser, Luft, Überwärmung usw.), und es darf der Mensch (in den Häusern und Städten) nicht in eine ihm gänzlich fremde, seiner inneren Natur widersprechende Umwelt gestellt werden.

Dies also der Rahmen, in dem die Architektur, in dem das Bauen zu sehen ist. Dabei soll – dies an die Adresse der Vertreter des ökologischen Bauens – weder die Naturgrundlage noch der Aspekt der Kultur übersehen werden: Bauen ist, obwohl in ihm sogar ein weit hinter den Menschen zurückreichendes stammesgeschichtliches Erbe zum Zuge kommt (Territorialität), wesentlich Moment der Kultur, von dieser geprägt und sie mächtig befördernd, beitragend zur Erleichterung und Entfaltung des Lebens, zur Ausdehnung auch unserer ökologischen Nische; und es steht als solches wenigstens tendenziell in einem Spannungsverhältnis zu Natur.

Nichts also von „natürlich bauen"[190]. Das Bauen betrifft vom Zweck, von den instrumentellen Bestimmungen der Gebäude her gesehen dasselbe Organismus-Umwelt-Verhältnis, mit dem die ökologische Reflexion sich befaßt, aber in einer geradezu entgegengesetzten Intention, nämlich nicht der der Erhaltung, sondern der der Modifizierung der Umwelt bzw. der Beziehung zur Umwelt. Wenn es nur darum ginge, mit der Natur in Einklang zu leben, würde ich empfehlen, gar nicht zu bauen. Die Ökologie ist keine neue Heilslehre. Sie liefert kein positives Handlungskonzept, kein Programm. Sie ist eher das Gegenteil. Sie führt zu einem Wissen um Abhängigkeiten unserer Existenz, im Prinzip zu einer negativen Bestimmung unseres Handelns, unserer Freiheit – genauso wie im klassischen Recht die Freiheit negativ bestimmt war als „die dem Menschen gegebene Möglichkeit, all das zu tun, was den Rechten anderer nicht schadet"[191]. Allerdings bestehen diese Abhängigkeiten nicht getrennt je für sich. Die betreffenden Faktoren können nämlich auf einfache, sich bloß verstärkende, oder auf synergetische, also zu völlig neuen Strukturen führende Weise zusammenwirken. So können wir, zumal wir durch unsere wissenschaftlich-technischen Innovationen fast täglich auf neue Weise im Grenzgebiet uns zu schaffen machen, diese Abhängigkeiten nicht in Form von Grenzwerten festlegen, die eindeutig das Reich der Freiheit vom Reich der Notwendigkeit schieden.

Skepsis und Wachsamkeit sind hier besser angebracht als jene naive Begeisterung, in der in der Alternativ-Szene heute allzu leichtfertig von einem ökologischen Bauen die Rede ist. Architektur muß das Kunststück vollbringen, die Umwelt bestimmten Bedürfnissen gemäß anzupassen (um die einigermaßen reibungslose Durchführung bestimmter Tätigkeiten zu gewährleisten), ohne dabei die bestehende evolutionäre Angepaßtheit des Organismus an seine ‚natürliche' Umwelt aufzuheben.

Das betrifft zum einen die Verhältnisse der nichtmenschlichen Umwelt. Zu nennen ist etwa die Notwendigkeit des Sauerstoff-Kohlendioxyd-Austauschs, überhaupt die Gebundenheit an eine bestimmte Beschaffenheit der Luft, an das Licht zum Sehen und zur Hormonregulierung (Überlegenheit der Spektralzusammensetzung des natürlichen Lichts), die Angepaßtheit an Sichtverhältnisse mit einem Wechsel von hell und dunkel, von nah und fern, an bestimmte Arten von Schallereignissen, an ein fluktuierendes Klima, die Rhythmen des Tages, des Jahres usw. (Es gibt hier nicht nur eine physische Gebundenheit – die physikalisch-chemische Einheit zwischen Organismus und Umwelt – sondern, darauf aufbauend, auch eine psychische – die Vertrautheit mit den Gestalten der Natur –, wovon, wenn unser Bewußtsein dies auch noch weitgehend leugnet, unser Unbewußtes in Träumen, Erinnerungen, in dem, was es uns in der Freizeit zu tun treibt, desto mehr Zeugnis ablegt, je mehr wir die unserer inneren Natur entsprechenden Umweltverhältnisse zerstören.[192])

Das oben Ausgeführte betrifft zum andern die Verhältnisse der mitmenschlichen Umwelt. Auch hier gibt es, wie die Humanethologie und die Soziobiologie zeigen – freilich nicht ohne massive, von der herkömmlichen Vorstellung geleiteter Kritik[193] –, ‚natürliche' Umweltverhältnisse, Organisationsformen des Zusammenlebens nämlich, die bestimmten als stammesgeschichtlichem Erbe in unserer inneren Natur verankerten Tendenzen oder Dispositionen des Verhaltens entsprechen. Auch hier ist der Mensch nicht beliebig an angebliche Zwänge des gesellschaftlichen Reproduktionsprozesses oder an irgendwelche antithetisch dazu aufgestellten kulturellen Ideale anpaßbar. Und auch hier ist die Architektur gefordert. Auch hier bietet die Wand in ihrem Doppelcharakter als Trennung/Nicht-Trennung die Möglichkeit, solche Verhältnisse aufrechtzuerhalten bzw. wiederherzustellen. Ich denke zum einen an die Überlagerung von Distanzierungsverhalten, speziell Territorialverhalten, und Kontaktnahmeverhalten, zum anderen an den über alle Trennung hinweg ständig zu erhaltenden Kontakt zwischen Mutter und Kind.

Exkurs 1: **Zum Distanzierungsverhalten (Territorialverhalten) in der Überlagerung mit dem Kontaktnahmeverhalten**

Territorialität[194] – das Besetzen eines Areals durch ein Individuum oder eine Gruppe und das Abweisen von Artgenossen durch Kennzeichnung des Areals als besetztes Areal (Duftmarken, Sich-Zeigen an der Grenze, Sich-Hörenlassen) und gegebenenfalls durch Drohung oder offenen Kampf – wird heute nicht mehr als unabänderlicher Verhaltenszug verstanden, sondern als eine Disposition, die je nach den Umweltgegebenheiten im Verhalten zum Zuge kommt oder nicht. Voraussetzung ist in jedem Fall eine Population in solcher Dichte, daß überhaupt eine Gefahr der Plünderung, der Überausbeutung (über die Schwelle der Regenerationsfähigkeit hinaus) durch Artgenossen besteht. (Dies zu verhindern ist die Funktion der Territorialität.) Eine weitere Voraussetzung ist vermutlich ein (vorhersehbares) Vorkommen der Ressourcen in solcher Dichte, daß die Besetzung und Verteidigung eines Territoriums eine ökonomisch vorteilhafte Weise ihrer Reservierung ist.[195]

Mit diesem Verständnis der Territorialität als Verhaltens-Disposition erklärt sich einerseits das auch bei den Primaten nicht durchgängige Auftreten des Territorial-Verhaltens, wird zugleich das letzte Hindernis beseitigt, das Konzept der Territorialität auch auf den Menschen anzuwenden.

Beim Menschen erscheint Territorialität freilich in vielfältiger Weise kulturell überformt. Sie ist überformt zunächst durch Mythen und magisch-religiöse Vorstellungen. Man denke etwa an die Betrachtung der Stammesterritorien als dem Stamm von einem Ahntier übergebenes Land oder an die Betrachtung der Wohnstätte, vor allem aber der Kultstätte als heiligen Bezirk. Damit einher geht eine Ritualisierung der Formen der Inbesitznahme bzw. Abgrenzung. Zu erwähnen sind hier insbesondere die uns noch in zahlreichen Bräuchen begegnenden vielfältigen Formen der Umwandlung, zum Teil auch des Umreitens, Umtanzens, ja Umpissens von Territorien zur Abwehr von bösen Geistern bzw. zur Errichtung eines schützenden Geisterzauns.[196] Schließlich treten an die Stelle dieser magisch-religiösen Vorstellungen, wenigstens im innerstaatlichen Bereich, rein säkulare Rechtsvorstellungen und -verfahren, die freilich bisher immer die der herrschenden Klasse waren und über die alle anderen ihres ursprünglichen Territorialbesitzes beraubt wurden.

Was aber im vorliegenden Zusammenhang zunächst wichtiger ist, das ist die vertikale wie horizontale Differenzierung der Territorien entsprechend der Differenzierung der sozialen Organisation: ein Ineinander von Stammesterritorien, Sippenterritorien und Familienterritorien und ein Nebeneinander verschiedenartiger, jeweils ganz bestimmten Tätigkeiten – kollektiv oder individuell, sakral oder profan, männlich oder weiblich[197] – vorbehaltener Territorien. Und hier kommen wir zur Wohnstätte.

Merkwürdigerweise wird sie in der gesamten humanethologischen bzw. soziobiologischen Literatur, die sich mit der Territorialität befaßt, nur äußerst selten einbezogen[198], obwohl gerade hier der territoriale Charakter besonders ausgeprägt ist. Letzteres verwundert auch nicht: Sobald das Bedürfnis nach einer individuellen Wohnstatt entsteht, die mehr ist als bloßer, mehr oder weniger geschützter Schlafplatz, die vielmehr auch der Aufbewahrung von Vorrat aller Art, von Produktionsmitteln bzw. Haushaltsgegenständen dient, ist ihre Betrachtung und Verteidigung als Territorium nach dem Modell der ökonomisch vorteilhaften Ressourcen-Reservierung zu erwarten.

Auch die Wohnstätte wird als Territorium eventuell nur markiert, nur zeichenhaft abgegrenzt. So finden wir in Gemeinschaftshäusern von Jäger-Sammlern die einzelnen Quartiere der Familien durch Striche oder Balken auf dem Boden markiert. Aber wie schon bei anderen menschlichen Territorien, so finden wir hier erst recht die Tendenz zu einer gewissen materiellen Verstärkung der Abgrenzung: dort vielfach durch den Zaun[199], hier durch die Wand. Sie dient zur Befriedigung eines höheren Autonomiebedürfnisses, zur Vermeidung gegenseitiger Beeinträchtigung bei gleichzeitiger Bewahrung der räumlichen Nähe zu den anderen Mitgliedern des Kollektivs bzw. zu den kulturellen Einrichtungen und der ihr eigenen Kommunikationsmöglichkeiten. Ohne sie wären größere Agglomerationen, wäre eine Verstädterung des Lebens undenkbar.

Der entscheidende Abschnitt der territorialen Grenze wird nun die Tür bzw. Schwelle. Sie ist die einzige nun offene Stelle, die besonders geschützt werden muß „gegen Eindringen schädlicher Einflüsse von außen oder Hinausdringen des Besitzes"[200], die geschützt wird sowohl durch einen festen Verschluß als auch durch magische Praktiken[201], wovon wohl die Vorstellung, daß man nicht mit dem Fuß an die Schwelle stoßen darf, oder der Brauch, die Braut über die Schwelle ihres neuen Heims zu tragen, vor allem aber viele Figuren und Zeichen an Tür und Türpfosten letzte Reste sind.

Aber nicht nur Verschluß und magische Praktiken spielen beim Schutz des Eingangs eine Rolle, sondern auch soziale Verhaltensformen. Und damit komme ich zu dem, worum es mir hier geht, nämlich zum Ineinandergreifen mit dem Kontaktnahmeverhalten.[202]

Schon bei den Tieren impliziert das Territorialverhalten häufig eine Kontaktnahme – Sich-Zeigen, Sich-Hörenlassen – mit Individuen oder Gruppen über die Grenze des Territoriums hinweg – eine täglich zu wiederholende Kontaktnahme. Beim Menschen ist die Bestimmung der Grenze in stärkerem Maß durch das kollektive Gedächtnis, die Tradition oder durch Zäune und Wände gewährleistet. Aber auch hier, insbesondere bei den untergeordneten Territorien innerhalb des Stammesterritoriums, greift Territorialverhalten ineinander mit Verhalten der Kontaktnahme zwischen den sich gegenseitig abgrenzenden Gruppen oder Individuen, die aber auf höherer Ebene wiederum kollektive Einheiten bilden. Solche Kontaktnahme erfolgt durch Grüßen – als Zeichen der Nichtaggressivität –, durch Erkundigung nach dem anderen, Gespräche, Späße, gegenseitige Einladungen. Dies Ineinandergreifen von Territorialverhalten und Kontaktnahmeverhalten wird beim Haus geradezu zu einer Einheit, zu einem Komplex. Kontaktnahme und Kontrolle des Territoriums (Einhalten der Regeln: Erwiederung des Grußes, Nichtbetreten des Hauses ohne Aufforderung durch den Besitzer, Ablegen der Waffen usw.) sind nicht voneinander zu trennen.[203]

Dem entspricht die gestalterische Ausformung, die der (in der Regel dem kollektiven Bereich zugeordnete) Eingang erfährt, indem man ihn gleichsam räumlich ausdehnt, indem man die Schwelle erweitert zu einem Übergangsbereich, zu einem der Tür vorgelagerten Podest, einem von Steinen eingegrenzten Vorplatz oder einer Vorhalle[204], so daß ein Aufenthalt an der Schwelle, zugleich im eigenen Territorium wie im Gemeinschaftsbereich, im Kontakt mit dem Nachbarn und Fremden möglich ist – Ort nicht nur der Begrüßung und des Empfangs von Gästen; Ort vielfach auch der häuslichen Arbeit bzw. der handwerklichen Produktion. (Hierher gehört natürlich, sozusagen als bürgerliche Variante, auch der – von der Postmoderne wiederentdeckte – Erker, der ein Dabeisein aus der Distanz, aus erhöhter Position gestattet.)

Wenn man diesen Zusammenhang, wie oben skizziert, zerreißt, braucht man sich nicht zu wundern, wenn man sich schließlich in seiner Wohnung wenn nicht mitten in Feindes

Land so doch mitten in einem Land von Fremden wiederfindet und der öffentliche Bereich zusammenbricht. Ebenso sollte klar sein, daß die dann geforderten Plätze, Treffpunkte, oder die gar wiederum ausgegliederten sozialfürsorglichen Einrichtungen, selbst die sogenannten Katalysatoren der Kontaktbildung (Beispiel Schwimmbad), allesamt am Kern der Sache vorbeigehen. Vonnöten ist ein Umdenken bis hinunter zur Frage der Beziehung zwischen privatem und öffentlichem Bereich, zur Wand in ihrem Doppelcharakter als Trennung/Nicht-Trennung, ist die Aufhebung der Trennung zwischen Städtebau und Hausbau.[205]

Exkurs 2: Zur Tendenz des Kontakthaltens von Mutter und Kind über alle Trennung hinweg

Während beim Erwachsenen im Verhältnis zum anderen das Distanzierungsverhalten den Hintergrund abzugeben scheint, vor dem sich das Kontaktnahmeverhalten entwickelt, ist beim Kind im Verhältnis zur Mutter der enge Kontakt die Grundlage, auf der sich allmählich auch Distanzierungstendenzen entwickeln.

Das Kontakthalten zwischen Mutter und Kind wird hier nicht wie in der älteren psychoanalytischen Theorie (unter dem Terminus „Mutter-Kind-Bindung") als Ergebnis der Befriedigung der physiologischen Bedürfnisse des Kindes, des Stillens zunächst, verstanden, sondern als eine stammesgeschichtlich ererbte Verhaltenstendenz von Mutter und Kind, die vor allem beim Kind unübersehbar ist (wenn sie auch in unserer Kultur mißachtet wird) als das ständige Sichvergewissern der Nähe der Mutter bzw. als der Versuch, den Kontakt, sobald er verlorengegangen scheint, wiederherzustellen. Der evolutionäre Vorteil bestand natürlich und besteht zum Teil noch darin, während der relativ langen Phase der postnatalen Reifung des Kindes (Plastizität der Verhaltensmuster) Überlebenssicherheit zu gewährleisten. So handelt es sich auch um eine Verhaltenstendenz, die, so John Bowlby[206], im Unterschied zu den übrigen Tendenzen auf der Seite des Kindes mit relativ festen Verhaltensmustern beginnt, etwa dem Klammern (das offenbar noch Rest einer früheren Entwicklungsstufe ist, auf der das Junge als „Tragling" sich selbst im Fell der Mutter festhalten konnte), dem mutterbezogenen Rückzugsverhalten, dem Schreien, und das erst allmählich übergeht in flexibles, zielorientiertes, rückgekoppeltes Verhalten.

Das wohl charakteristischste Verhaltensmuster ist das „Folgen", nach Bowlby „the tendency not to let mother out of sight or earshot"[207]. Im Hinblick auf dieses Verhaltensmuster hat man das Menschenkind zusammen mit dem Jungen einiger anderer Arten in der Unterscheidung gegenüber dem „Nesthocker", aber auch dem „Nestflüchter" (denn sie haben nie ein Nest gehabt) als „Mutterfolger" bezeichnet.[208] Das „Folgen" setzt ein, sobald das Kind sich frei bewegen kann. Das Verhältnis zwischen Mutter und Kind ist nun in dieser Hinsicht vergleichbar dem Zusammenhalt innerhalb der umherziehenden Horden verschiedener Wirbeltiere einschließlich der Primaten, den H.P. Hediger mit einem Gummiband vergleicht, das auf unsichtbare Weise die Mitglieder der Horde verbindet und dessen Überdehnung oft das erste Anzeichen schwerwiegender Krankheit ist.[209] (Eine Ausnahme macht hier bereits der Schimpanse, der als Erwachsener wie der Mensch Einzelgänger sein, sich tagelang allein herumtreiben kann.) Vergleichbar ist dabei auch die ständige Kontrolle dieses Zusammenhalts durch den Blick oder die sogenannten Stimmfühlungslaute. Irenäus Eibl-Eibesfeldt spricht in Analogie zum Begriff der Stimmfühlungslaute beim Tier von einem „Stimmfühlungsgespräch", das das Kind mit der

Mutter führt, wenn es sie nicht sehen kann, etwa, wenn die Mutter in einem anderen Zimmer ist: „Mutti" – „Jaa" – – „Mutti" – „Jaa" – –. (Als in Beziehung stehend damit sieht er auch die Lalldialoge spielender Kinder wie den Wechselgesang, wie er ihn bei den Waika-Indianern beobachtet hat.)[210] Allmählich wird sich der Kontakt lockern, aber bei aller zunehmenden Selbständigkeit, im Spiel, vor allem im Ausleben seines Triebs zur Erkundung der Umgebung[211], wird das Kind von sich aus noch lange eine gewisse Nähe zur Mutter (bzw. einer Bezugsperson) einzuhalten versuchen.

Die Architektur des archaischen Menschen entsprach diesem Kontaktbedürfnis zwischen Mutter und Kind ganz selbstverständlich, indem im Innern der Hütte oder der Familienbereiche der Langhäuser weitere Unterteilungen nicht vorhanden waren und indem die inneren individuellen Bereiche (Wohnterritorien) und der kollektive Bereich nicht (durch viele Türen, Flure, Treppen usw.) voneinander getrennt, sondern einander zugeordnet waren, ja geradezu ineinander übergingen, so daß das Kind mit der Sicherheit des Schutzes der Mutter bzw. im Bewußtsein der Möglichkeit des schnellen ungehinderten Rückzugs zur schützenden Mutter seiner Neugier, dem Trieb zur Erkundung der näheren Umgebung, dem Bekanntwerden mit Nachbarn und Nachbarkindern folgen und langsam in diese Umgebung hineinwachsen konnte. Bei der inzwischen erfolgten Differenzierung des Lebens wird eine Berücksichtigung dieser Verhaltenstendenzen in der Architektur nicht mehr so einfach sein, aber sie sollte Vorrang haben vor allem, was uns heute als Komfort und übertriebene Abschottung so wichtig ist.[212]

Das Ausgeführte soll von biologisch-ökologischer Seite untermauern, wie verfehlt es ist, die einzelnen Tätigkeiten für sich zu sehen als Einheiten, die man beliebig ausgliedern, einkasteln, in ihren Kästen beliebig verschieben, kombinieren, packen kann, nach irgendwelchen Rationalitätsgesichtspunkten – Gleiches zu Gleichem etwa –, wie notwendig es ist, sie von Anfang an als Tätigkeiten von Individuen zu sehen, für die sie Teil ihres Lebens sind, das sie mit anderen Individuen teilen, eingebunden in das gesellschaftliche Leben und das gesamte Ökosystem. Es ist auf der einen Seite die innere Natur zu respektieren – das betrifft in erster Linie die Bestimmung der Tätigkeiten[213] –; auf der andern Seite sind, bei allen Modifikationen der Umweltverhältnisse in einzelnen Arealen, wie die Tätigkeiten sie erfordern, die dieser inneren Natur entsprechenden Umweltverhältnisse zu erhalten – hier ist die Architektur gefordert, der Einsatz der Wand als selektiver, gradueller Abschirmung.

Hugo Kükelhaus hat in seinen Überlegungen zu einer „organlogischen Technik"[214] einen in diesem Zusammenhang wichtigen Punkt herausgearbeitet, nämlich daß der Kontakt des Organismus mit der Reiz-Umwelt – vielfach ein pulsierender Prozeß, bestehend aus Phasen entgegengesetzter Aktivität wie bei der Atmung – immer das Moment des Wagnisses, des Heraustretens aus dem status quo, wie beim Gehen, des Sich-fallen-Lassens und Sich-wieder-Auffangens enthält. Dieses Prinzip der Entsicherung und der nachfolgenden erneuten Sicherung gilt sogar bis hinein in die Verarbeitung der

Erfahrung im Denken. Es ist ein Sich-Einlassen auf die Umwelt als einer immer auch Überraschungen bergender, auf das andere, das den Organismus in Anspruch nimmt, ihn fordert und fördert. (Im Zusammenhang mit der Raumfahrt vorgenommene Experimente, bei denen man Menschen in einen Zustand völliger Reizlosigkeit versetzte, lassen darauf schließen, daß solche Inanspruchnahme des Organismus für das Überleben genauso wichtig ist wie es Luft und Nahrung sind.) Eines von Kükelhaus' Beispielen ist die Gegenüberstellung des Gehens auf der (monotonen, reizarmen) Straße, das schon bei kurzen Strecken ermüdet und erschöpft, und des Gehens auf einem Waldweg, das erfrischt und anregt. Ein anderes Beispiel ist die Gegenüberstellung der visuellen Wahrnehmung eines Gegenstands einerseits bei gleichmäßiger Ausleuchtung, die ihn, obwohl zur Gänze sichtbar, schwer erkennbar werden läßt, andererseits bei einseitiger Beleuchtung, die den Gegenstand sozusagen aus dem Dunkeln plastisch hervortreten und, obwohl nur teilweise sichtbar, so doch leicht erkennbar werden läßt.

Die Nutzanwendung dieser Einsicht auf die Architektur, um die es Kükelhaus besonders zu tun ist, bleibt bei ihm, da sein Verständnis von Architektur – „Bauen als Raumgestik"[215] – diese in ihrem instrumentellen Aspekt verfehlt, sehr beschränkt. (Allemal ist sie haushoch überlegen der unter den Architekten üblichen Behandlung des Problems der Monotonie, bei der dieses von Anfang an auf die Erscheinung von Gebäuden, auf das Ästhetische reduziert wird.[216]) Im Licht des hier entwickelten Verständnisses von Architektur muß die Bemühung um nicht-monotone Umweltverhältnisse im Innern, um Erhaltung einer Vielfalt von Reizen schon an der Grenze ansetzen, an der Ausbildung der Abschirmungen. Anstatt zu versuchen, die natürlichen Umweltverhältnisse (jedenfalls was die nichtmenschliche Umwelt betrifft) im Innern künstlich nachzuahmen, wie Kükelhaus empfiehlt – bezogen auf die genannten Beispiele: wo möglich durch den unebenen Fußboden bzw. durch das Wandern des künstlichen Lichts, also Verschiebung der Grenzen zwischen Licht und Schatten –, wäre dafür zu sorgen, daß der Zusammenhang mit den veränderlichen Verhältnissen der ‚natürlichen' (nichtmenschlichen und mitmenschlichen) Umwelt gar nicht erst unterbrochen wird, sondern über das Mittel der selektiven, graduellen Abschirmung soweit wie möglich erhalten bleibt. Es wäre also zu versuchen, durch entsprechende Differenzierung der Wand sowohl den Abschirmungsbedürfnissen als auch den Zusammenhangserfordernissen gerecht zu werden.

Bauen ist selbst Reaktion auf Reize, auf unliebsame, bestimmte Tätigkeiten störende Verhältnisse oder Schwankungen in den Umweltgegebenheiten. Es sollte darin nicht in unangebrachtem Perfektionsstreben über das Ziel hinausschießen; und es sollte von der Möglichkeit der Variabilität der Abschirmungen Gebrauch machen, sozusagen im Groben einen Prozeß der

Anpassung einleiten, der in der Nutzung als Feinanpassung sich fortsetzt. Generell ist Skepsis am Platz gegenüber dem Einsatz technischer Kybernetik zur Regelung der inneren Verhältnisse in Abhängigkeit von der „Störeinwirkung" von außen. Durch Installierung technischer Regelkreise zwischen Organismus und Umwelt schalten wir das natürliche Spiel von Reiz und Reaktion im Organismus teilweise aus, ersetzen also biologische Regelung (über innere und äußere Aktivität des Organismus) durch technische Regelung – mit den Folgen der Verödung der Sinne, der Schwächung des Organismus, der erhöhten Krankheitsanfälligkeit.

In diesem Sinn sollte das Haus keine Maschine sein, sondern ein Apparat. Ein Apparat, modifizierbar, anpaßbar vielleicht nicht einmal so sehr in der Position der Abschirmungen wie in der Art der Abschirmungen. Ich erinnere an das Beispiel des Fenster-Apparats mit seinen verschiedenen, nach Belieben einzusetzenden Schichten. Statt Verarmung in dieser Hinsicht sollten wir für eine Bereicherung sorgen. Ich denke etwa an den Fenster-Apparat des niederländischen Bürgerhauses der Renaissance: Zweiteilung des Fensters in ein unteres und ein oberes Feld, die je für sich mit Holzläden geschlossen werden konnten, wodurch sich vier grundverschiedene Möglichkeiten der Belichtung und der visuellen Orientierung (Ausblendung des Lebens auf der Straße oder Teilnahme an ihm) ergaben.[217] Ich denke an die alten ausstellbaren Klappläden und an Lodolis Fenster mit Regenschutzvordach, das es erlaubt, bei Regen die Fensterflügel unbekümmert offen stehen zu lassen bzw. gerade sperrangelweit zu öffnen, um (von innen aus) das Naturschauspiel und die frische Luft zu genießen.

Durch solche Gewährleistung der Möglichkeit selektiven Kontakts mit der äußeren Umwelt, durch die Möglichkeit zugleich des Abgeschirmtseins wie der Teilnahme an dem außen Stattfindenden (durch die teilweise geöffnete Wand) könnte die Architektur dazu beitragen, auch in den technisch (baulich) bestimmten Lebensmomenten der Lust – bislang ein unbekanntes Wort in der Architekturtheorie und erst recht in der Technologie – wieder eine Chance zu geben.

VII.

Entsprechend der allgemeinen Bestimmung der primären Funktion von Gebäuden als Abschirmungsfunktion geht es beim Entwurf nicht um die konzeptionelle Auslegung und Packung von Räumen zu Gebäuden bzw. um das Arrangement von Gebäuden zur Bildung von Stadträumen, sondern um Konzipierung eines Gefüges von selektiven, graduellen Abschirmungen. Damit ist aber nur der eine, rein bauliche Aspekt der Aufgabe bezeichnet, welche insgesamt folgendermaßen beschrieben werden kann: Lokalisierung der betreffenden (im Innern und im Freien stattfindenden) Tätigkeiten auf gegebenem (oder zu suchendem) Grundstück in Beziehung zueinander wie zu den benachbarten Tätigkeiten bzw. den Tätigkeiten auf der Straße, sowie zu Gegebenheiten der nichtmenschlichen Umwelt (Klima, Lauf der Sonne, Hauptwindrichtung, Topographie, vorhandener Pflanzenbewuchs usw.), unter Zuhilfenahme eines Gefüges baulicher Abschirmungen, und zwar so, daß die Tätigkeiten vor widrigen Einwirkungen geschützt, zugleich aber die notwendigen bzw. erwünschten Zusammenhänge erhalten bleiben bzw. hergestellt werden und daß für die einzelnen Tätigkeiten genügend Platz vorhanden ist. (Dabei können eventuell Pflanzen die baulichen Abschirmungen in bestimmten Teilfunktionen, wie Windschutz, Wärmeschutz, Schallschutz, Sonnenschutz unterstützen, darüber hinaus zum Schutz der Wände selbst und sogar zur Regeneration der Luft und selbst zur Nahrungsmittelerzeugung beitragen.)

In dieser Aufgabe des Entwurfs enthalten ist die Gliederung oder Neugliederung (und dabei eventuell genauere Bestimmung) des gesamten Tätigkeitskomplexes. Sie ist natürlich der Ausgangspunkt des Entwurfs in methodischem Sinn. Es handelt sich um ein räumliches Auseinanderlegen des Tätigkeitskomplexes – eine ‚Disposition' im wörtlichen Sinn – unter den genannten Gesichtspunkten der Berücksichtigung der Trennungserfordernisse wie der inneren und äußeren Zusammenhänge. Die sich dabei ergebenden bestimmten Trennungs- und Zusammenhangserfordernisse sind die ausdifferenzierte Form der Gebäudefunktion, der das Gefüge der Abschirmungen entsprechen muß. Man bemerke, daß der Tätigkeitskomplex nicht erst in molekulare Einheiten zerlegt wird, um diese dann wieder zusammenzusetzen, sondern daß die Gliederung, das Auseinanderlegen gleich in architekturspezifischer Weise erfolgt, eben in bezug auf das, was das Gebäude für die Durchführung der Tätigkeiten leisten muß, was seine Funktion ist, und daß das Auseinanderlegen unmittelbar zum architektonischen Entwurf führt. Auseinanderlegen des Tätigkeitskomplexes und Konzipierung des Gebäudes, in seiner Struktur jedenfalls, sind ein und dasselbe bzw. zwei Seiten ein und desselben Prozesses.

Dabei scheint es zunächst verlockend, mit einem Graphen und seinem Dual zu arbeiten, denn die dabei erfolgende Konzentrierung zunächst auf die topologischen (und materiellen) Bestimmungen und die vorläufige Zurückstellung der geometrischen Bestimmungen käme der hier entwickelten Konzeption in ihrer Betonung der Struktur (des Gefüges der Abschirmungen) vor der Form (dieser Abschirmungen und der abgeschirmten Areale) besonders entgegen. Der Graph mit seinem Dual entspricht tatsächlich genau dem Ineinander des gerade beschriebenen Doppel-Prozesses des Auseinanderlegens des Tätigkeitskomplexes einerseits und der Konzipierung der Struktur des Gebäudes andererseits – wenn man nämlich die Elemente folgendermaßen interpretiert: die Knotenpunkte des Graphen nicht als Räume sondern als Tätigkeiten (auch bestimmte Tätigkeiten und andere relevante Gegebenheiten der Umgebung, wie Verkehr, eine Lärmquelle, eine besondere Aussichtszone, eine bestimmte Himmelsrichtung), die Kanten des Graphen nicht nur als Verbindungserfordernisse, sondern als die jeweiligen Trennungs/Nicht-Trennungs-Erfordernisse, spezifiziert nach den verschiedenen Abschirmungsaspekten. Die Konstruktion des Dual ergäbe den topologischen Grundriß bzw. Aufriß mit den Kanten als Abschirmungen spezifischer Durchlässigkeit/Undurchlässigkeit und den Kontenpunkten als Treffpunkten mehrerer solcher Abschirmungen und in der Regel Stellen des Materialwechsels im Gefüge der Abschirmungen.

Ich habe die in der Anwendung des Graphen enthaltenen Probleme schon angedeutet: zum einen die Beschränkung auf eingeschossige Anlagen oder auf geschoßweise gestapelte Anlagen, wobei dann die Geschoßtrennung selbst schon wieder abstrakt bliebe; zum andern den Umstand, daß mit dem Graphen nur unmittelbare Nachbarschaftsbeziehungen berücksichtigt werden können. Die beim Auseinanderlegen des Tätigkeitskomplexes zu berücksichtigenden Anforderungen der Trennung/Nicht-Trennung beziehen sich aber nicht notwendigerweise auf unmittelbare Nachbarschaft. Das gilt schon für die Anforderungen der Nicht-Trennung. Sichtmöglichkeit zum Beispiel kann eventuell durch mehrere Abschirmungen hindurch gewährleistet werden. Erst recht gilt es natürlich für die Anforderungen der Trennung. Schalldämmung etwa ist möglich sowohl durch unmittelbare Abschirmung als auch über räumlichen Abstand, insbesondere im Freien, bzw. über Zwischenschalten anderer Areale. Überhaupt ist die Entwurfsaufgabe eben nicht nur eine Aufgabe der topologischen Zuordnung der Tätigkeiten zueinander, womöglich mit dem Ziel einer lückenlosen Packung der (wohlbemessenen)

Areale (zu einem einzigen Gebäude), sondern auch, und zwar primär, eine Aufgabe der Mikro-Standortwahl: der Entscheidung über räumliche Nähe und Ferne der zu behausenden Tätigkeiten zu äußeren Gegebenheiten bzw. zueinander.

Es scheint durchaus sinnvoll, wie beim herkömmlichen Entwerfen von Anfang an auf dem (metrischen) Plan des Grundstücks zu entwerfen. Aber man könnte außer der groben Zuordnung der Tätigkeiten zu Gegebenheiten des Grundstücks und zueinander metrische Bestimmungen wie bei der Graphenmethode auf eine zweite Phase des Entwurfs verschieben, also quasitopologisch arbeiten unter Verwendung auch der abstrakten Zeichen von Knotenpunkt und Kante. Und man könnte von der Graphenmethode das Denken in dualen Systemen, wie oben ausgeführt, übernehmen. Das Ergebnis der ersten Phase wäre (im Unterschied zu den Seifenblasen-Grundrißskizzen des herkömmlichen – raumbezogenen – Entwerfens) eine Art Gitter, bestehend aus Punkten, die die Tätigkeiten repräsentieren und auf bzw. im Luftraum über dem Grundstück angeordnet sind in der gewünschten Zuordnung zu Gegebenheiten des Grundstücks, in gegenseitiger Distanz entsprechend mindestens dem etwaigen Platzbedarf der Tätigkeiten, und aus Kanten, die die Beziehungen der Tätigkeiten untereinander und zur Umgebung repräsentieren, differenziert nach Trennungen und Zusammenhangsbeziehungen, und versehen mit Indikatoren für die Art der notwendigen Trennungen (Wärmeschutz, Schallschutz, Regenschutz, Sichtschutz usw.) bzw. des Zusammenhangs (Verkehrsbeziehungen, Sichtbeziehungen, Hörbeziehungen usw.). Ob sich dabei Grundrisse und Schnitte, isometrische Projektionen oder dreidimensionale Modelle am besten eignen – oder ob alles im Kopf zu machen ist – wäre auszuprobieren.

Für diese Phase empfiehlt sich ein schrittweises Vorgehen, ein Auseinanderlegen des Tätigkeitskomplexes zunächst in Teilkomplexe von intern eng zusammenhängenden Tätigkeiten, die gegenüber anderen Teilkomplexen sich in den Mikro-Standortbedürfnissen oder den Umweltbedingungen (zum Beispiel laute versus stillebedürftige Tätigkeiten) drastisch unterscheiden, um dann sukzessive zu einem feineren Auseinanderlegen fortzuschreiten, bis alle Tätigkeiten gesondert auftauchen, die besonderer Areale bedürfen. Eventuell kann man dabei als Vorbereitung für die metrische Ausarbeitung noch einen Schritt weiter gehen: bis zur gesonderten Lokalisierung von Tätigkeiten, die zwar von anderen Tätigkeiten in ein und demselben Areal nicht besonders abgeschirmt werden müssen, aber einer besondere Areal-Stelle in Beziehung zu den Nachbararealen (etwa Fensterplatz, Türnähe) bedürfen. Dabei können Tätigkeiten, die an sich wenig miteinander zu tun haben und konzeptionell vielleicht sehr bald voneinander getrennt werden, eventuell aus ökonomischen Gründen zusammengelegt werden im Sinn einer Nutzungsabwechslung in ein und demselben Areal – vorausgesetzt, sie finden nicht gleichzeitig statt (oder stören sich nicht gegenseitig), vorausgesetzt ferner, es besteht kein territorialer, hygienisch oder sonstwie begründeter Anspruch auf ausschließliche Nutzung seitens einer dieser Tätigkeiten, und vorausgesetzt schließlich, die Zuordnungsanforderungen können auf einen Nenner gebracht werden.

In einer zweiten Phase – sie entspricht der Zeichnung des Dual in der Graphenmethode – werden dann die Kanten ersetzt durch die Darstellung der entsprechenden Abschirmungen (soweit solche erforderlich sind), und zwar zunächst in ihrem ungefähren Verlauf und mit Angabe der jeweiligen Charakteristika der Abschirmungen, der Trennung/Nicht-Trennung (also auch der Kombination von ‚geschlossenen' Teilen und ‚Öffnungen') entsprechend der jeweils indizierten Art der Beziehungen der Tätigkeiten untereinander und zur äußeren Umgebung. Schließlich wären materieller Aufbau und genaue Form der Abschirmungen im Zusammenhang mit konstruktiven Überlegungen im einzelnen zu bestimmen.

Ergänzende Bemerkungen

Wenn zum einen der Entwurf nicht, wie bei der Activity Data Method, von einzelnen, für sich betrachteten und untersuchten Tätigkeiten seinen Ausgang nimmt, sondern vom gesamten Tätigkeitskomplex, welcher beim Entwerfen unter Anbindung an Gegebenheiten der Umgebung nur auseinandergelegt wird (unter Zuhilfenahme eines Gefüges von Abschirmungen, welches bereits das Gebäude ist), und wenn es zum andern gelingt, bei diesem Prozeß des Auseinanderlegens das Ganze des Tätigkeitskomplexes im Kopf präsent zu halten, während es im Entwurf in gegliederter Form abgebildet wird, dann haben wir es wieder mit einem Vorgehen zu tun, das man, jedenfalls verglichen mit dem herkömmlichen analytisch-synthetischen Vorgehen, als ‚ganzheitlich' bezeichnen kann – ‚ganzheitlich' in bezug auf jenes Ganze, dem das betreffende Gebäude oder der betreffende Gebäudekomplex dient. (In systemlogischer Reflexion ist jedes Ganze mit Ausnahme des Universums Teil eines größeren Ganzen, Subsystem eines umfassenderen Systems; der Tätigkeitskomplex ist Teil einer größeren Institution, eines größeren Unternehmens bzw. des gesamten gesellschaftlichen Reproduktionsprozesses.) Es wäre ein Entwerfen, vergleichbar dem Spiel mit Friedrich Fröbels „dritter Gabe", dem „entwickelnd erziehenden Spiel- und Beschäftigungsganzen"[218], mit dem, wie man weiß, Frank Lloyd Wright ganzheitliches Gestalten gelernt hat – in formaler Hinsicht.[219] Mit dieser Gabe versuchte Fröbel, ganz im Geist der deutschen Romantik und ihrer Gedanken zur Überwindung der neuzeitlichen, partikularisierenden Wissenschaft, beim Kind den

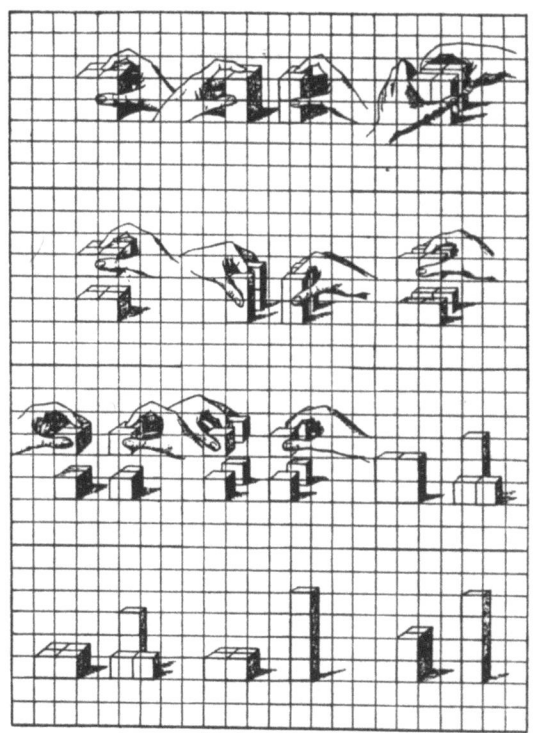

Friedrich Fröbels Lithographie zur «Anleitung zum rechten Gebrauche der dritten Gabe des entwickelnd erziehenden Spiel- und Beschäftigungsganzen: des einmal allseitig geteilten Würfels, ‹die Freude der Kinder›».

«... nehme man das Spielzeug, ehe man es dem Kinde zu eigenem, freiem Gebrauche gibt, aus der papiernen Umhüllung heraus, und ordne es wieder in das dazu gehörige Kästchen ein; öffne nun den Deckel des Kästchens ohngefähr bis zu einem Viertel, kehre es um, stelle es mit dem so ein wenig geöffneten Deckel auf den Tisch vor das Kind hin, ziehe den Deckel unter dem Kästchen hervor, so werden sich die darin befindlichen Würfel auf die Tischfläche senken. Man hebe nun das Kästchen sorglich in ganz senkrechter Richtung von dem Spielzeug ab; so wird dasselbe als ein in sich geschlossener, dennoch leicht teilbarer und wieder herzustellender Würfel vor dem beachtenden Kind erscheinen. Diese erste sorgliche Vorführung dieses Spielzeugs ist, seinem Zwecke gemäß und in Absicht auf das Kind und dessen Inneres, keineswegs Nebensache, sondern im Gegenteil ganz wesentlich, denn das Kind bekommt dadurch den klaren, bestimmten Eindruck eines in sich geschlossenen, und, wie es doch bald wahrnimmt, dennoch in sich teilbar gegliederten Ganzen. Da nun das Kind auf die Erscheinung des neuen Spieles in sich gespannt ist, so wird der erste Eindruck desselben wie ein lebensvoller, so ein bleibender sein ... So *darf* also bei diesem Spiele niemals etwas beziehungslos dastehen, und *braucht* nie etwas ohne Beziehung zu erscheinen; wie im eigentlichen Leben auch nie und nirgends etwas vereinzelt und beziehungslos dasteht.»

Sinn für das Ganze zu erhalten oder zu wecken, indem er das aus Teilen zusammengesetzte Spielzeug als ein Ganzes präsentierte, das beim Spiel, in allen damit herstellbaren neuen Konfigurationen, als solches bewußt bleiben sollte. Im vorliegenden Fall entsprechen den Bauklötzen freilich nicht architektonische Körper, deren Beziehungen untereinander dann die Räume ergeben, sondern Tätigkeiten, deren Beziehungen untereinander wie zur Umgebung im Gefüge der Abschirmungen sich niederschlagen.

Selbstverständlich müssen in dem Prozeß des Auseinanderlegens des Tätigkeitskomplexes die Tätigkeiten sozusagen in der Totalen gesehen werden, in der ganzen Spannbreite bzw. einer Zusammenschau ihrer Besonderungen und Veränderungen, soweit solche absehbar sind.

Ein Entwerfen, das die Tätigkeiten zu festgelegt sieht, das deren Wandlungen mit den Veränderungen des Lebens, mit der Umstrukturierung der Familie z.B. nicht berücksichtigt, und das sozusagen eine bestimmte, momentane Lebensform in der Organisation des Gebäudes festschreibt, ist zu Recht kritisiert worden. Man mag es als funktionalistisch bezeichnen – wobei dieser Begriff einen etwas anderen Sinn bekommt als in der bisherigen Verwendung in diesem Text. Wenn man mit dieser Kritik allerdings, wie Julius Posener [220] in seiner Auseinandersetzung mit Hugo Härings Entwürfen, das funktionale Entwerfen überhaupt zu treffen meint, anstatt nur eine borniete Version (wenn man also zwischen ‚funktionalistisch' und ‚funktional' keinen Unterschied macht), so bedeutet dies, das Kind mit dem Bad auszuschütten. Im erwähnten Fall ist es doch Posener, der im Sinn einer funktionalen Betrachtung argumentiert, während Härings Entwürfe eben nicht oder nur beschränkt funktional sind.

Wenn Posener sich dann im Sinn eines Plädoyers für Flexibilität in der Nutzung Mies van der Rohe anschließt: „Mach doch die Räume jroß, Hugo, hab ich ihm gesagt, kannste alles darin machen!", so bleibt nachzufragen: ‚Wie jroß, Mies?' und vor allem: ‚Wie abjeschirmt jejenüber den verschiedenen Nachbarräumen bzw. der Umgebung?' Mies' Räume sind mitnichten für alles geeignet, zum Beispiel nicht für das Wohnen, wie Mrs. Farnsworth es sich vorstellte, oder für eine Gemäldegalerie. (Vermutlich wollte Mrs. Farnsworth, die, wie Posener selbst zu berichten weiß, gegen ihren Architekten einen Prozeß anstrengte[221], zwischen vier Wänden wohnen und nicht zwischen zwei horizontalen Platten, auf einer (überdeckten) Parkbank sozusagen, wie Mies es von sich gesagt hat.[222])

Neutrale Räume (gleichwie deren aufwandlose Veränderbarkeit) gibt es nicht.[223] Alle forschen Statements in dieser Hinsicht sind nur Ausflucht vor der Notwendigkeit funktionalen Entwerfens, vor der Notwendigkeit, sich mit der je besonderen Aufgabe einzulassen, sich ausführlich mit dem Tätigkeitskomplex zu befassen. Wenn ein Areal verschiedene Nutzungen ermöglichen soll, so ist bezogen auf diese Nutzungen zu entwerfen. Ob man dabei jede einzelne zu erwartende Tätigkeit sich bewußt zu machen versucht oder mit zusammenfassenden Vorstellungen arbeitet, ist unerheblich. Soweit die zukünftigen Tätigkeiten und Abschirmungsbedürfnisse nicht absehbar sind, sollten wir besser unsere Hilflosigkeit eingestehen als uns von irrationalen Losungen umnebeln zu lassen. Alle Entwurfsprinzipien, die einem diesbezüglich einfallen mögen, sind in ihrer Gültigkeit beschränkt, indem dabei doch letztlich von einem begrenzten Spektrum bekannter, sozusagen im Umkreis der zunächst vorgesehenen Nutzungsart angesiedelter Tätigkeiten ausgegangen wird. Das macht solche Entwurfsprinzipien nicht wertlos, etwa das Prinzip der funktionalen – nicht formalen – Vielfalt, die, wie ich meine, so, wie sie sich aus einem funktionalen, von individuellen Bedürfnissen ausgehenden Entwerfen ergäbe, von Vorteil wäre auch im Sinn einer Erweiterung des Angebotsspektrums für Folgenutzungen. Aber es ist notwendig, die genannte Beschränktheit solcher Prinzipien im Auge zu behalten.

Recht verstanden freilich, in ihrer Relativität nämlich sind Flexibilität (Eignung für unterschiedliche Nutzungen, sei es aufgrund von Veränderungen der Tätigkeiten, sei es im Sinn einer Nutzungsabwechslung, wie oben erwähnt) und Veränderbarkeit (Umbaumöglichkeit) genauso selbstverständliche und allgegenwärtige Aspekte funktionalen Entwerfens wie möglichst umfassende Berücksichtigung der Tätigkeiten.[224] Es sind sich ergänzende Weisen der Aufrechterhaltung von Gebrauchstauglichkeit bei sich verändernden Anforderungen, bei Änderungen der Tätigkeiten bzw. sich wandelnden Umweltverhältnissen im Rhythmus des Tages, des Jahres oder entsprechend den persönlichen und gesellschaftlichen a-rhythmischen Entwicklungen. Sie komplementieren im Entwurf, wie man heute zu sagen pflegt, die Dimensionen des Raums (im Sinn des allgemeinen Raumbegriffs) durch die Dimension der Zeit.

Die Methodik kann natürlich den einzelnen Entwurf nur in seinen allgemeinen Zügen erfassen. Dort, wo das je Besondere beginnt, hängt alles von der entsprechenden speziellen Information ab; und diese wird entschieden hinausgehen bzw. von anderer Art sein müssen als die herkömmlicherweise oder selbst nach der Activity Data Method dem Architekten zur Verfügung gestellte.

Notwendig sind nicht so sehr datenhafte Angaben über die einzelnen Tätigkeiten, sondern eine innige Vertrautheit mit ihnen in ihrem Zusammenhang mit dem ganzen Tätigkeitskomplex, eine Vertrautheit mit der bisherigen Gliederung des Tätigkeitskomplexes, den dabei entstandenen Problemen, entsprechenden Bedürfnissen der Veränderung der Zusammenhänge und Trennungen, dazu natürlich Vertrautheit mit der Umgebung.

Es geht dabei eventuell um ein Wissen, das tiefer reicht als dasjenige, das der Auftraggeber oder Nutzer im Kopf präsent hat und dem Architekten mitteilen könnte, eines nämlich, das bis zu kaum bewußten Regungen, gerade auch körperlichen Regungen reicht, in denen sich das Unbewußte oft zuerst kundgibt.[225] Ich rede vom Unbewußten hier nicht als dem Nicht-mehr-Bewußten der Freudschen Psychoanalyse, sondern als dem Noch-nicht-Bewußten, wie es vor allem Ernst Bloch thematisiert hat.

Allein aus solcher Vertrautheit kann auch der notwendige Spürsinn für strategisch kluges Vorgehen beim Auseinanderlegen des Tätigkeitskomplexes erwachsen, auf welches wir bei ganzheitlichem Vorgehen angewiesen sind. Es gibt nicht, wie beim herkömmlichen, vom Raumprogramm ausgehenden Entwerfen, vorweg bestimmte Elemente, deren Kombinationsmöglichkeiten – allerdings auch nur bei kleiner Anzahl der Elemente – man systematisch durchgehen könnte. Man muß an einer Stelle mit der Gliederung des Ganzen beginnen und dann vom Resultat dieses ersten Schritts, von dem mit ihm erreichten Planungsstand aus weitergehen. Aber man wird schon den ersten Schritt wie auch alle weiteren Schritte sorgfältig – mit dem genannten Spürsinn – bestimmen. Es wird dabei darauf ankommen, immer jene Erfordernisse der Trennung und des Zusammenhangs herauszugreifen, mit ihnen den Entwurf zu beginnen bzw. fortzusetzen, die, bezogen auf alles weitere, von übergeordneter Relevanz scheinen.

Die konsequente Verfolgung der Idee des funktionalen Entwerfens, der Rückgang auf die Tätigkeiten als eventuell neu zu gliederndem Komplex, das ganzheitliche Vorgehen (der Umstand, daß es dabei kein durch Analyse, durch Zerlegung des Ganzen gewonnenes Programm gibt; daß die Formulierung der Aufgabe und der Entwurf zusammenfallen) führt zwangsläufig zur Frage nach dem Subjekt des Entwurfs.

Gibt es eine Antwort auf diese Frage, die gewährleistet, daß das genannte Wissen des Bauherrn bzw. Nutzers eingebracht werden kann, ohne daß dafür auf das Können eines Fachmannes verzichtet werden muß? Ich habe ein „Können" im Auge, wie General von Clausewitz, Hegelschüler und Gegner der „Systemmacher" seiner Zeit bezogen auf die Kriegskunst, und zwar gerade im Hinblick auf die Notwendigkeit strategisch klugen Vorgehens es angesprochen hat als eines, das aus der Verbindung von theoretischem Studium mit praktischer Erfahrung erwächst, und das es ermöglicht, auf der Grundlage eines reichen Wissens- und Erfahrungsschatzes die jeweilige Aufgabe, die jeweilige Situation in ihren Besonderheiten zu sehen und aus ihnen Vorteil zu ziehen.[226]

Als die beste Antwort erscheint mir folgende: Gliederung des Entwurfs in einen nutzungsbezogenen Teil, der bis zur Festlegung der Abschirmungserfordernisse reicht, und einen konstruktiven Teil. Ersterer wäre vom Bauherrn (eventuell zusammen mit den Nutzern bzw. mit Repräsentanten der Nutzer) und vom Architekten gemeinsam auszuführen, so wie bisher zum Teil die sogenannten Programmierungen, nur daß nun nicht das Programm, sondern dieser Teil des Entwurfs das Resultat wäre. Letzterer (einschließlich des ästhetisch-semiotischen Entwurfsmoments, das, obwohl vor allem auf die Abschirmungserfordernisse bezogen, im einzelnen doch erst im Zusammenhang mit der Konstruktion und dem Herstellungsprozeß sich entwickeln kann) wäre Sache des Architekten – oder zum Teil vielleicht des Herstellers. (Auch auf dieser Seite läßt die Arbeitsteilung zu wünschen übrig. Es macht, gesamtgesellschaftlich gesehen, keinen Sinn, daß ein Fachmann den andern dequalifiziert, ihn zum entfremdeten Arbeiter macht, um sich dann über mangelhaftes Interesse an qualitätsvoller Arbeit zu beklagen. Hierauf einzugehen wäre ein Unterfangen für sich, auf das ich hier entsprechend der Konzentrierung der Aufmerksamkeit auf den übergeordneten Aspekt der primären Funktion von Gebäuden verzichte.)

Ich spreche hier vom Architekten – wenn man ihn denn überhaupt noch so nennen will – in einem neuen Verständnis. Sein Metier wäre Abschirmungstechnik: Überblick über alle Arten von Wandkonstruktionen in ihren Eigenschaften der selektiven, graduellen Abschirmung und Versiertheit in den Möglichkeiten ihrer Kombination untereinander und mit einer Tragkonstruktion. Seine erste Aufgabe wäre – solange, bis die allgemeinbildende Schule dies übernimmt – die Einweihung des Bauherrn bzw. des Nutzers in die Trivialitäten der Baukunst.[227] (Ich setze hier voraus, daß er sich selbst darüber Klarheit verschafft hat.) Ein solcher Einblick in die Funktionsweise von Gebäuden ist ja nicht nur für den Entwurf erforderlich, sondern auch für die Nutzung und die laufende Anpassung des Gebäudes, speziell bei einem in funktionaler Betrachtung und in ökologischer Reflexion geplanten Gebäude. Aufgabe des Architekten wäre des weiteren weniger die Führung beim Entwurf als eine Stüzung von hinten, etwa darauf zu achten, daß nichts Wichtiges vergessen wird, daß man nicht nur das Heute, sondern auch das Morgen im Auge hat. Vielleicht sollte er ein wenig die Rolle eines Hofnarren spielen, der den Bauherrn aus vorgefaßten Vorstellungen zu bringen versucht. Seine Kunst wäre hier derjenigen einer Hebamme vergleichbar. Aber vergessen wir nicht: Es gibt kaum etwas Schwierigeres als Hilfe bei der Selbstverwirklichung ohne gleichzeitige (unbeabsichtigte) Bevormundung.

Es bedarf nicht der Gabe eines Sehers, um zu erkennen, daß wir hier in den Bereich des Utopischen gelangen – obwohl der Ansatz in seinem Rückbezug auf die je vorhandenen Bedürfnisse sich doch jeglicher utopischer Gedankenflüge versagt. (Keine Ideologiekritik ist in der Lage, unter den Entfremdungen das ‚wahre' Leben, die ‚wahren' Bedürfnisse freizulegen; vor allem aber gibt es keinen Weg der Aufhebung von Entfremdungen über die

Köpfe der Entfremdeten hinweg.) Der Ansatz steht im Widerspruch zu den Ambitionen – ja zum Selbstverständnis – des Architekten wie zu den Erwartungen des Bauherrn. Die Notwendigkeit dessen eigenen Engagements, der Befassung mit seinem eigenen Leben oder der entsprechenden Einbeziehung der Nutzer (selbst übrigens keine einfache Kategorie) wird bei der heutigen Konsummentalität schon als Zumutung empfunden werden. Grundsätzlicher noch ist der Widerspruch im Fall von Bauprojekten für unbekannte Nutzer, etwa im sozialen Wohnungsbau, und erst recht im Fall von Spekulationsprojekten, die zudem in rein kapitalistischem Interesse betrieben werden.

Wenn also funktionales Entwerfen vorläufig nur in sehr begrenztem Maß bzw. in eingeschränktem Sinn möglich sein wird, so nicht etwa, weil die funktionale Betrachtung die Aufgabe zu sehr vereinfachte, wie man sagt, sondern geradezu umgekehrt, weil das Interesse an der Gebrauchstauglichkeit und der Wille zur näheren Befassung mit den eigenen Bedürfnissen – es geht dabei immer auch um die Frage der Beziehungen der Menschen untereinander und zur Umwelt – beschränkt ist, bzw. weil die gesellschaftlichen Verhältnisse für die Verfolgung solchen Interesses wenig Raum lassen.

VIII.

Gestaltwerden des Gebäudes im oben skizzierten Sinn der Einheit von instrumentellem und präsentationellem Aspekt setzt voraus, daß dem technischen Entwurfsmoment nicht eine Formgebung in die Quere kommt, die eben nicht von den funktionalen Bestimmungen ausgeht, sondern von irgendwelchen allgemeinen, abstrakten Ideen (der pythagoreisch-platonischen Zahlenlehre, der Idee der Körper- und Raumgestaltung, überhaupt der Idee der formalen Einheitlichkeit), oder die auch nur, ohne sich dessen bewußt zu sein, belastet ist mit irgendwelchen, aus diesen Ideen sich ergebenden, im Zuge der Entwicklung zur Selbstverständlichkeit gewordenen formalen Idiomen. In bezug auf das letztere scheint mir eine kritische Reflexion angebracht, wenn man so will eine Fortsetzung oder Radikalisierung jener im 18. Jahrhundert begonnenen Revision des Formenrepertoires, wobei aber vor der Tragfunktion der bisher vernachlässigte bzw. infolge der Fixierung auf den architektonischen Raum mißverstandene Hauptaspekt der Gebäudefunktion, also die Abschirmungsfunktion bzw. das im Hinblick auf sie Erforderliche unsere Richtschnur sein muß. (Entsprechende Überlegungen, ausgehend von der Tragfunktion und betreffend vor allem die konstruktiven Teile können dann hinzukommen. Ich will sie mir, soweit sie nicht beiläufig mit einfließen, hier ersparen.) Die Aufgabe dieser Reflexion ist also, dem technischen Entwurfsmoment freie Bahn zu schaffen, so daß es, bezogen auf den instrumentellen Aspekt des Gebäudes zu einem guten Ergebnis führe und bezogen auf den präsentationellen Aspekt, sagen wir einmal, in die richtige Richtung – die dann von einem ästhetisch-semiotischen Entwurfsmoment in einem positiven Sinn, wie in Kap. IV skizziert, aufgenommen werden kann.

Medias in res: Wenn die einzelnen abschirmenden Teile im Rahmen der Gesamtfunktion des Gebäudes unterschiedliche Teilfunktionen haben, warum sollten sie gleiches Aussehen haben? Warum sollten sie ein homogenes Ganzes bilden?

Das gilt zunächst einmal für das Verhältnis von Wänden und Decke bzw. Dach und Fußboden. Schon Gottfried Semper – ich erinnere an seine Hervorhebung der „Raumesabtheilung" als dem Primären gegenüber dem Traggerüst – unterscheidet als nach der Funktion, dem Material und der Herstellungsweise heterogene Elemente: „das schützende Dach", „die Umzäunung" und „die Substruktion", welche zusammen mit dem „Feuersplatz"

„die konstitutiven Teile der architektonischen Konstruktion" bilden[228]. Warum sollte insbesondere das Dach nicht seiner besonderen Funktion gemäß (Schutz gegen das Wetter: Regen, Schnee, die Kälte des klaren Winterhimmels; Schutz ferner nicht nur der Innenräume, sondern auch der abschirmenden Wände und eventuell von Außenbereichen) ausgebildet und gegenüber der Wand als heterogenes Element in Erscheinung treten? (Dies gilt noch mehr, wenn wir die Besonderheit in der Tragfunktion hinzunehmen.)

Trage ich Eulen nach Athen? Ist diese Frage angesichts der Postmoderne und des neuen Traditionalismus nicht überflüssig? Ich meine nicht. Die Moderne ist nicht überwunden, sondern nur beiseite geschoben durch eine historisierende Architektur, die ihre Formen weniger in funktionaler Betrachtung, im Eingehen auf die jeweils besonderen instrumentellen Erfordernisse entwickelt bzw. weiterentwickelt, als von der Architektur früherer Epochen übernimmt. Dach, Fenster usw. und natürlich das klassische Element par excellence, die Säule, tauchen hier auf als Versatzstücke, als Klischee, nicht als je besondere, aus den je unterschiedlichen Anforderungen und der Situation entwickelte Ausprägungen und als Weiterentwicklungen des Bekannten. Man wird daneben, wie es ja schon geschieht, auch die Idiome der Moderne ins zitierbare Repertoire aufnehmen. Und man wird, wenn man sich mit der formalen Betrachtung in ihren bisherigen Ergebnissen nicht gründlich auseinandersetzt, bald zu einer neuen Phase eines antihistoristischen, an die Moderne anknüpfenden Formalismus übergehen. Es geht nicht um die Frage: Flachdach oder Steildach (womöglich in zentrierter Gestalt, das Haus als ‚Mitte der Welt' oder als ‚ruhender Pol im Treiben der Welt' symbolisierend). Es geht um eine der spezifischen Funktion angemessene Gestaltung des Dachs im Unterschied zur Wand. Sicherlich gibt es Fälle, wo ein flaches oder schwach geneigtes Dach am Platz ist. Man sollte aber auch bei ihm den strukturellen Unterschied zur Wand nicht um der kubischen Form willen unterdrücken, sollte ihn eher betonen, das Dach als aufgelegtes oder eingehängtes Element gestalten.

Warum sollte ferner im Inneren die Decke den Wänden gleich gemacht werden, wie es in den vergangenen Jahrhunderten zunehmend geschah – vor allem mit dem Mittel des topfeben gezogenen Putzes, mit dem jeder Ausdruck eines bestimmten Materials und jede Spur des handwerklichen Herstellungsprozesses verwischt wurde? Ergab sich zunächst, etwa durch ein umlaufendes gesimsartiges Stuckornament am Übergang von der Wand zur Decke oder durch den Gegensatz von Tapete und bloßem Kalkanstrich noch eine gewisse Differenzierung, so gleichen heute Wand und Decke, ja oft auch der Fußboden einander wie die Seiten eines Würfels.

Derselbe Gedanke einer der funktionalen Wirklichkeit entsprechenden Differenzierung der Form läßt sich eventuell auf das Verhältnis der Wände untereinander anwenden. Wenn die verschiedenen Wände zwischen einem Areal und den verschiedenen benachbarten Arealen, etwa dem Garten (dem Hof, der Straße), dem Nebenzimmer, dem Flur, einer Abstellkammer, dem Rauchabzug, der Nachbarwohnung, da bezüglich der Trennung/Nicht-Trennung unterschiedliche Anforderungen bestehen, unterschiedlich aufgebaut sind – und sie sind dies infolge der entwickelteren Bautechnik heute nicht wie früher oft nur in der Wandstärke, sondern vielfach auch in den verwendeten Materialien –, warum sollten alle diese verschiedenen Wände als homogene Einheit erscheinen? Wäre es nicht das Nächstliegende, daß die einzelnen Wände entsprechend ihrer unterschiedlichen Funktion und Konstruktion auch unterschiedliches Aussehen haben?

Das gilt im Prinzip auch für die ein Areal nach den verschiedenen Seiten hin abschirmenden Teile der Außenwand. Bei jedem Knick in der Außenwand ändern sich nämlich die Umfeldgegebenheiten und Einwirkungen sprunghaft. Diese Unterschiede mögen in manchen Fällen nicht schwerwiegend genug sein, um unterschiedliche Konstruktionen zu wählen, aber sie können es durchaus sein. Ich denke an klimatische Einwirkungen (,Wetterseite', ,Sonnenseite') – diese sind insbesondere bei ,passiver' Sonnenenergienutzung von Relevanz –, ich denke an besondere akustische Einwirkungen, etwa von einer Straße her.

Wer meint, ich würde mit meiner Kritik die ,umlaufende Ecke', speziell auch das Eckfenster angreifen, der mag von seinem Standpunkt aus schon das Richtige treffen. Sie entspringt heute vielfach dem Wunsch nach Plastizität der Form, also einer abstrakt formalen Idee und nicht funktionalen Überlegungen. Aber das heißt nicht, daß das Eckfenster unter den Gesichtspunkten der Beleuchtung, der Aussicht und der Wärmedämmung zusammengenommen funktional gesehen in bestimmten Fällen nicht sogar optimal sein kann. Generell gesehen wäre in einer der funktionalen Betrachtung folgenden Gestaltung eher der Zusammenstoß verschiedenartiger Wände als die ,umlaufende Ecke' typisch. Und wie unter der formalen Betrachtung die ,umlaufende Ecke', in der Nachfolge Wrights speziell das Eckfenster zu einem Siegel für Qualitäts-Architektur wurde, so bietet sich in der funktionalen Betrachtung die Kunst der Eckverbindung als Spielfeld an, auf dem sich überschüssiger Gestaltungsgeist austoben könnte.

Mit einer Diversifizierung der Wände ist natürlich erst recht zu rechnen, wenn man die statischen Anforderungen und die Anforderungen nach Veränderbarkeit hinzunimmt. Es ergeben sich tragende und nichttragende Wände, feste und demontierbare bzw. leicht zerstörbare Wände. Warum sollte man nicht sehen, worum es sich handelt? (Insbesondere die demontierbaren Wände erscheinen heute, auch wenn man die Fugen sieht, als alles andere, nur nicht als demontierbar. In ihrer Profillosigkeit scheint alles darangesetzt, ihnen diesen Charakter in der Erscheinung zu nehmen.)

Vielleicht kommen zu den Abschirmungsanforderungen vom Inneren her bestimmte, die Oberflächen betreffende Anforderungen hinzu, etwa die Anforderung starker Lichtreflexion oder die einer geringen Wärmeleitfähigkeit. Aber solche Anforderungen würden, genau besehen, wohl kaum alle Wände bzw. Wandabschnitte gleichermaßen betreffen, und es müßte bei ihrer Erfüllung die unterschiedliche Erscheinung der Wände nicht gänzlich ausgelöscht werden. Man könnte ihnen durch Aufbringen einer zusätzlichen Schicht genügen, die entweder den Grund durchscheinen läßt (Schlemmkreide) oder ihn nur zum Teil bedeckt (Wandteppich an einem Arbeitsplatz als Schutz gegen Wärmeabstrahlung).

In der modernen Architektur sind freilich formale Diversifizierungen zwischen verschiedenen Wandabschnitten nicht gänzlich unbekannt; aber sie haben in der Regel andere Gründe als den der Bemühung um eine der funktionalen Wirklichkeit adäquate Gestalt. In der „elementaristischen" Formgebung der Gruppe De Stijl etwa dienten sie dazu, den Raum als „geschlossene Form" zu zerstören, aber nur, um ihn als etwas noch Abstrakteres, nämlich als Teil des unbegrenzten Raums im Sinn des allgemeinen Raumbegriffs erscheinen zu lassen. In den dreißiger Jahren finden wir eine solche Diversifizierung bereits als Reaktion auf die Kühle der „weißen Architektur", als eine Reaktion, die von einer ‚Humanisierung' der Architektur redet, bei ihren Mitteln, insbesondere der Einbeziehung natürlicher Materialien, aber zu sehr an der Oberfläche bleibt. Nur wo, sozusagen in Randbereichen der modernen Architektur, die Verschiedenartigkeit der Wände sich aus dem Versuch ergibt, das Notwendige mit einfachsten Mitteln, etwa im Selbstbau, und ohne großartige ästhetische Ambitionen bzw. ohne viel Rücksicht auf überkommene ästhetische Gewohnheiten zu erreichen, kommt das Ergebnis bisweilen in die Nähe des hier Anvisierten.

Das Argument gegen eine der funktionalen Wirklichkeit widersprechende Homogenisierung der Ganzen wäre des weiteren anzuwenden auf die innere Differenzierung der Wand in ‚geschlossene' Teile und ‚Öffnungen'. Auch diese wäre, wo immer sie von den funktionalen Bestimmungen her gegeben ist, in der Erscheinung nicht zu überspielen oder gegen die funktionalen Anforderungen in eigenwilliger, vorgefaßten formalen Idiomen entsprechender Weise zu verschieben, wie die Moderne es getan hat. In funktionaler Betrachtung sind diese Öffnungen nicht ein notwendiges Übel, das die Reinheit der Form von Körper und Raum zerstört, sondern unverzichtbare Gegenspieler zur undurchbrochenen Wand, die verhindern, daß das Innen vom Außen abgeschnitten ist, ja überhaupt unnutzbar ist, die das Haus wohnlich machen, ihm ‚Leben' verleihen.²²⁹ Sie sind es, die früher oft besonders geschmückt wurden²³⁰, wovon der Ursprung, die Urform offenbar magische Praktiken waren zum Schutz des abgegrenzten Territoriums an den besonders gefährdeten Stellen der Grenze.²³¹

Um hier einmal William Morris zu zitieren, einen der ersten und größten Streiter nicht nur gegen die formale Betrachtung und den Akademismus, sondern auch gegen ihre soziale Grundlage, die Trennung von Hand und Kopf – der im Kampf gegen letztere tatkräftig eintrat für den Sozialismus, und zwar einen vom Marxschen wohl unterschiedenen, die große Industrie und die Fortschrittsgläubigkeit kritisch betrachtenden, im Kampf gegen die formale Betrachtung sich an das Vorbild der Gotik hielt als der höchsten Stufe der vor-akademischen Architektur: „Now a Gothic building has walls it is not ashamed of; and in those walls you may cut windows wherever you please; and if you please may decorate them to show that you are not ashamed of them; your windows, which you must have, become one the great beauties of your home, and you have no longer to make a lesion in logic in order not to sit in pitchy darkness in your own house, as in the sham sham-Roman style: your window, I say, is no longer a concession to human weakness, an ugly necessity (generally ugly enough in all conscience) but a glory of the Art of Building."²³² (Es war Laugier, der Fenster und Tür – wie die Wand insgesamt – nur als „Zugeständnis an die Notdurft" tolerieren wollte, da sie nämlich kein Vorbild hatten in seiner durch Rückprojektion des griechischen Tempels auf einen fiktiven Urzustand der Architektur gewonnenen Urhütte, die das Modell aller zukünftigen Architektur sein sollte.)

Was hier erforderlich ist, um die Differenzierung zwischen geschlossenen Teilen und Öffnungen zu adäquater, womöglich prägnanter Gestalt zu bringen, ist je nach Bauweise sehr unterschiedlich. Eine Möglichkeit ist die Rahmung der Öffnung, wie sie sich bei Mauerwerk schon aus statisch-konstruktiven Gründen ergibt: Das Mauerwerk kann nicht einfach dort abbrechen, wo die Öffnung beginnt. Es muß gegen die Öffnung hin gefaßt werden. Mindestens ein Sturz ist erforderlich. Und so verlangt das gestaltbildende Auge, ihn zu sehen, jedenfalls dann, wenn auch das Mauerwerk sichtbar ist. Anderenfalls erscheint die Öffnung nicht als Öffnung, um die herum sich das Mauerwerk aufbaut, sondern als unerklärliches Loch, von dem die Wand, wie es scheint, nichts weiß. Anders liegen die Verhältnisse bei geschütteten Wänden. Hier besteht gerade die Möglichkeit, die Öffnungen als Einschnitte, als Aussparungen auszubilden, denn auch konstruktiv handelt es sich um solche. Sie können sehr verschiedene Formen annehmen, sind insbesondere in ihren Begrenzungen nicht an die Vertikale und die Horizontale gebunden. (Daß die Fensterbauer ihre Maschinerie im rechten Winkel eingestellt haben, sollte kein Grund sein, nicht etwas anderes zu machen, wenn dies von den instrumentellen Anforderderungen her sich ergibt oder anbietet.) Bei Fachwerkbauten wiederum besteht der Gegensatz in der Verschiedenartigkeit der Füllungen – die folglich gerade nicht, wie bei der modernen Rasterfassade, gleichartig erscheinen sollten.

Fenster und Tür würden sich also als etwas Eingesetztes zeigen, von eigener Art – das Fenster in der Regel nicht als etwas Einfaches, sondern als zusammengesetzter Apparat zur differenzierten Regulierung des Umweltkontakts, wie oben schon angesprochen mit Fensterrahmen, Fensterflügel, eventuell Winterflügel, Klapp- oder Rolladen bzw. Eisengitter, Vorhängen (Regenschutz, Wärmeschutz, Schallschutz, Einbruchschutz, Sonnenschutz).

Gleichwohl würde man bei der Gestaltung von Fenster und Tür auch darauf achten, daß der Charakter der Wand als Abschirmung auch über die Öffnung hinweg nicht ganz verloren geht, wie es bei den sprossenlosen Fenstern und den Ganzglastüren der Fall ist. (Vollends pervers ist die Umkehrung: eine in eine Glaswand gesetzte Tür aus undurchsichtigem Material, wie sie heute bei öffentlichen Gebäuden gebräuchlich ist, wobei die Sicht genau da behindert wird, wo sie nicht behindert sein sollte, so daß es einem passieren kann, daß man beim Durchgehen den Türflügel einer entgegenkommenden Person ins Gesicht schlägt.)

Die Fensterflügel würden sich zeigen als bewegliche Elemente, die geöffnet und geschlossen werden können. Und man würde ihnen ansehen, nach welcher Seite sie sich öffnen lassen. Auch die Beschläge würden nicht, zu ungeheuer komplizierter Mechanik ausartend, in Hohlräumen der außen so unschuldig sich zeigenden Holzprofile versteckt, sondern sich zeigen, wo und wie sie eben erforderlich sind als Angel, Riegel, Haken usw. (Bei der Tür, insbesondere der Haustür, wäre speziell das Schloß eher überbetont als versteckt.)

Verglichen mit den bisher angestellten, im wesentlichen strukturellen Überlegungen dürfte die Frage nach der Form im einzelnen (der Form der Wände bzw. des Zuschnitts der abgeschirmten Areale, der Form, Größe und Anordnung der Öffnungen) heute weniger brisant sein. Die Notwendigkeit der Abgestimmtheit auf die instrumentellen Erfordernisse ist in diesem Aspekt im Prinzip selbstverständlich. Hier stand die Moderne weniger quer zur funktionalen Betrachtung. Allerdings stimmt das nur, soweit dabei die ästhetischen ('raumgestalterischen') Ideale nicht in Frage gestellt zu werden brauchten. Beispiel: der Flur, den man durch platzartige Erweiterungen ästhetisch aufzuwerten sucht, anstatt ihm seinen unverwechselbaren Charakter als Verkehrsverbindung entlang einer Reihe von Zimmern zu belassen bzw. diesen in der Form, der Linienführung, der Beleuchtung hervorzuheben. Desgleichen die Treppe, die man oft dazu benutzt, die Geschosse räumlich miteinander zu verbinden, etwa durch Einfügen von Podesten und

‚raumgreifende' Führung der Treppe, anstatt, etwa durch Einläufigkeit und womöglich beiderseitige Abschirmung, ihren Eigencharakter zu betonen: die Überbrückung der Höhendifferenz zwischen verschiedenen Niveaus – wobei oberhalb des Erdgeschoß-Niveaus in der Regel der Aufstieg erlebnismäßig dominiert als Aufstieg gegen die Schwerkraft auf ein höher gelegenes, ‚lichteres' Niveau, unterhalb aber der Abstieg mit der Schwerkraft in den Keller.

Erst die konsequent funktionale Betrachtung, erst die Überwindung der Konzeption des Raums als formaler Einheit gibt auch hier die Freiheit zu einer der funktionalen Wirklichkeit entsprechenden Formgebung. Erst die Herausnahme der Wand aus der doppelten formalen Gebundenheit an die beiden angrenzenden Räume (bzw. den Raum auf der einen, den Körper auf der andern Seite) ermöglicht es, insbesondere bei der Festlegung der Öffnungen in Form, Größe und Anordnung in der Wand in jeder denkbaren Weise auf die jeweiligen Innen-Außen-Beziehungen einzugehen.

Ein Fenster könnte gestaltet sein als vorwiegend der Beleuchtung dienende Wandöffnung: hochsitzend und, um die Lichtausbeute zu steigern, innen eventuell unmittelbar an eine reflektierende Querwand stoßend. Ein primär dem Ausblick dienendes Fenster würde in seiner Position in der Wand vielleicht vom Standort eines Baumes in Beziehung zum Innenraum, bestimmt sein. Das porte-fenêtre, das Brüstungsfenster, das schräge Treppenfenster oder das Bullauge, das Kreisbogenfenster oder freie Fensterformen, der Lüftungsschlitz oder die Lüftungsklappe – sie alle stehen zur Auswahl. Dasselbe gilt für die verschiedenen Arten, das Fenster zu öffnen und zu schließen: durch Drehen nach außen oder nach innen, durch Schieben horizontal oder vertikal, durch Kippen usw., und es gilt natürlich für die unterschiedlichen Möglichkeiten der Kombination mit zusätzlichen Abschirmungsschichten.

Entsprechendes gilt für die Tür in ihren Formen als (weites) ‚Tor' oder (enge) ‚Pforte', als Flügeltür, Doppelflügeltür, Schiebetür, Pendeltür, Drehtür, Falttür, Vorhang, vertikal geteilte Tür, Falltür.

Resultat einer solchen, aus den instrumentellen Erfordernissen sich ergebenden bzw. sich auf ihnen aufbauenden, ihnen nicht widersprechenden Gestaltung: An die Stelle der einheitlichen Form von Körper und Raum (und der Gespaltenheit der Wand in zwei voneinander unabhängig scheinende Oberflächen) tritt die Gestaltung der Wand in ihrem Doppelcharakter als Trennung/Nicht-Trennung und in der Zusammengehörigkeit ihrer beiden Seiten. Nicht, daß die beiden Seiten gleich sein müßten, aber sie zeigten sich als zusammenpassend und als Ausdruck des wechselseitigen Verhältnisses, in dem die abgeschirmten Areale zueinander stehen. Jede Seite der Wand könnte etwas vom jenseitigen Areal vermitteln in seiner Unterschiedenheit vom diesseitigen. Dabei spielten die die vorwiegend trennenden Teile durchbrechenden Öffnungen, Tür und Fenster, eine besondere Rolle. (Beim Dach ist es die Öffnung für den Rauchabzug, der Schornstein, der in ähnlicher Weise das Innere – den ‚Feuerplatz' – sichtbar mit der Außenwelt verbindet.) Sie besonders machten das Doppelgesicht der Wand aus. Sie sind die verbindenden Elemente – gleichwie die die beiden getrennten Ufer des Flusses verbindende Brücke, als deren Wächter den Römern der Gott Janus galt: der nach beiden Seiten blickende.[233]

Die Areale erschienen nicht als autonome Einheiten im oben beschriebenen Sinn – als Welten für sich –, sondern als geschützte, nach ihren verschiedenen Seiten in je besonderer Weise abgeschirmte Teile der Umwelt. (Auch das Innen erschiene immer nur als relativer Gegensatz zum Außen; es ist im Grunde nur eine Abwandlung des Außen durch bauliche Abschirmungen, wie die jeweiligen Tätigkeiten und ihre Beziehungen untereinander und mit der Umwelt es erfordern.) Sie mögen einen je eigenen ‚Charakter' haben, wie die Architekturtheorie vor allem des 18. Jahrhunderts ihn forderte, einen den jeweiligen Tätigkeiten entsprechenden Stimmungsausdruck; aber es wäre einer, der sichtbar in der Auseinandersetzung mit der Umwelt, eben durch verschiedene Arten baulicher Abschirmung entstanden ist.

Das Ausgeführte gilt für die Areale im Inneren wie für die Areale im Freien. Auch letztere zeigten sich weder als autonome Einheiten noch als Restflächen, als beziehungsloses Niemandsland zwischen den von innen nach außen entwickelten Gebäuden, sondern als Areale spezifischer Abgeschirmtheit gegenüber den Nachbararealen und damit spezifischer Nutzbarkeit: als Gärten in einer bestimmten Zuordnung zur Wohnung, den Nachbarn, der Straße, als Höfe, Plätze, Straßen, Wege, Parks. Städtische Straßen etwa würden als Bereiche des kollektiven Lebens, die aus der Zuordnung zu den Individualbereichen, den Läden, Werkstätten, Cafés, den öffentlichen Einrichtungen und den Wohnungen ‚leben', sich in der Vermitteltheit zu diesen Bereichen zeigen, begrenzt durch eine bunte Vielfalt unterschiedlicher Abschirmungen.

Genauso erschienen natürlich die einzelnen Gebäude nicht mehr als in sich geschlossene formale Einheiten: als Körper. Anstatt auch noch zueinander in Beziehung gesetzt zu sein zu übergeordneten Einheiten, den städtischen Räumen, wären sie fragmentiert, Gefüge heterogener Elemente, deren Syntax auf der formalen Ebene nicht zu finden ist. (Die Elemente wären heterogen auch zur Landschaft, wenngleich sie sich durch Terrassierungen, Erdanschüttungen, Hecken, Pflanzen, durch Wand- und Dachbewuchs mit diesen verbinden, bzw. sich zum Teil in ihnen ‚verstecken' können.) Statt eines Ensembles in sich geschlossener, ausgegrenzter/ausgrenzender Einheiten hätten wir sich fortspinnende, alles durchdringende, von allem durchdrungene Gefüge heterogener, janusgesichtiger Elemente.

Das Insgesamt der Gebäude mag so, gemessen an den idealen Ordnungen der neuzeitlichen Ästhetik, als Chaos erscheinen. (Es wäre – endlich – wieder eine Umwelt, in der man sich zerstreuen könnte wie im Dickicht alter, noch nicht von der Architekten-Architektur erfaßter Städte in der Dritten Welt, unbehelligt von dem heute allerorts die Aufmerksamkeit auf sie ziehenden formalistischen „architetooralooral" (Morris). Bei näherem Hinsehen, im einzelnen nämlich und das architektonische Gebilde nicht für sich, sondern im Zusammenhang mit den Nutzungen in ihren jeweiligen Umweltbezügen betrachtend freilich zeigte sich gerade dieses Chaos als in der Ordnung, als sinnfällige Gestalt, nämlich dem Leben entsprechend, im wörtlichen Sinn von ihm durchdrungen.

Der Betrachtung des präsentationellen Aspekts als nachgeordnetem, als Gestalt des instrumentell Erforderlichen korrespondiert, was man die primäre Zeichenschicht der Architektur nennen kann: der zeichenhafte Rückbezug vom präsentationellen auf den instrumentellen Aspekt, von der Gestalt auf die funktionale Wirklichkeit. Es handelt sich um eine Zeichenschicht, von der auch die Postmoderne trotz des Wertes, den sie auf das Zeichenhafte legt, keine Ahnung hat – und in ihrer Präokkupation mit den rhetorischen ‚Figuren' der akademischen Architektur auch nicht haben kann.
So bietet sich als Ergänzung zu dem Vorausgegangenen eine semiologische Betrachtung an. Ein kühnes, angesichts der gebotenen Kürze vielleicht tollkühnes Unterfangen. Denn wie jeder weiß, der sich etwas ausführlicher mit der Semiologie befaßt hat, ist zwar die Anzahl der Publikationen immens, doch scheinen selbst die Grundlagen immer noch unzureichend geklärt. Ich will gar nicht erst beginnen, mich hier mit den verschiedenen semiologischen Ansätzen, allgemein wie die Architektur betreffend, auseinanderzusetzen; vielmehr werde ich von der im Vorangegangenen entwickelten Position aus einen relativ eigenständigen Versuch unternehmen und, was von den bisherigen Ansätzen brauchbar scheint, en passant einfügen.
Obwohl die Architektur allgemein der bildenden Kunst zugerechnet wird, ist sie schon in der Vormoderne verschiedentlich zur Sprache (nur selten – wie im Fall der Betonung des „Malerischen" – zum Bild) in Analogie gesetzt worden; in der Postmoderne vollends ist die Rede von der Architektur als Sprache zum größten aller Allgemeinplätze geworden. Grundlegend für diese Analogie ist sicherlich die Geltung der Sprache sozusagen als Inbegriff des Zeichenhaften, die sie ja auch zum Vorbild für die Erforschung anderer Zeichensysteme und schließlich zur Entwicklung der Semiologie als der Wissenschaft von den Zeichensystemen im allgemeinen werden ließ.[234]

Beim heutigen Stand der Semiologie ist eine solche Analogie ohne kritische Differenzierung nicht mehr tragbar. Ein wesentlicher Unterschied ist in der hier unternommenen Reflexion unübersehbar, der Umstand nämlich, daß der Zeichencharakter im Fall der Sprache konstituierendes Merkmal, im Fall der Architektur aber nur ein Nebenaspekt ist. Aus dieser Eigenart, Nebenaspekt zu sein, ergibt sich, daß in der Architektur die Zeichen nicht für sich gesehen werden, sondern immer vor dem Hintergrund des offensichtlichen Umstands, daß es sich um Architektur handelt, um Gebäude, die primär einem außersemiotischen Zweck dienen. Deshalb wirkt alle zeichenhafte Formgebung, die das Gebäude – offensichtlich – als etwas anderes darstellt als das, was es seiner ursprünglichen Bestimmung nach ist (auch wenn dies in der Absicht erfolgt, in der Form auf das in dem Gebäude Stattfindende oder dessen gesellschaftlichen Sinn anzuspielen), als fehl am Platz, auf den ersten Blick vielleicht witzig, auf den zweiten kindisch.

Das Paradebeispiel ist natürlich die „architecture parlante", die das funktional Erforderliche in eine ihm völlig fremde Form, gar eine gegenständliche Figur preßt, um im Äußeren, in der Erscheinung (tatsächlich in Bildern) irgendwie auf die Nutzung anzuspielen. Ich erinnere an Ledoux' Haus des Flußinspektors in der Form eines von einem Bach durchflossenen Zylinders – Metapher für die Bändigung des natürlichen Flusses –, an Lequeus Kuhstall in der Form einer Kuh oder, aus unserem Jahrhundert, an das Autobahn-Imbißlokal in der Form einer Ente (die durch Robert Venturi zu einem Inbegriff für die Inanspruchnahme der gesamten Gebäudeform als Mittel des Ausdrucks oder als Zeichen wurde). Wir lächeln heute darüber. Aber die feineren Sprachspiele der Postmoderne sind im Grunde nicht weniger lächerlich. Spricht die Architektur hier nicht von sich selbst? Schon, aber nicht als dem je besonderen Gebäude, das wir vor uns haben, sondern davon, daß sie ‚Architektur' ist. Sie präsentiert sich als ein neues Glied in der Kette der Architektur (jener, der man diesen Terminus zubilligt).[235] Die Antwort der Postmoderne auf die schon genannte, hier verworfene Frage, was Architektur sei (ich paraphrasiere Getrude Stein): Architektur ist Architektur ist Architektur ist Architektur. Der präsentationelle Aspekt ist auch hier vom instrumentellen abgehoben.

Eine Möglichkeit, dem Verlangen nach zeichenhafter Rückbindung an die Architektur der Vergangenheit oder an bestimmte lokale Traditionen nachzukommen, ohne das instrumentell Erforderliche gleichsam zu übergehen, sahen Robert Venturi und seine Partner in der Konzeption des „dekorierten Schuppens"[236]. Indem sie die Zeichen nach dem Vorbild des „Strip" von Las Vegas dem Gebäude vorstellen oder wenigstens deutlich sichtbar als von außen hinzugefügt zu erkennen geben, entgehen sie der Gefahr der Unglaubwürdigkeit und Lächerlichkeit. Die Trennung von Gebäude und

Zeichen ermöglicht weitestgehende Respektierung der funktionalen Bestimmungen und zugleich eine größere Differenzierung der semiotischen Anspielungen. Das funktional Erforderliche wird also bei diesen „dekorierten Schuppen", anders als bei den „Enten", kaum angetastet. Doch steht die „Dekoration" zu ihm auch nicht in Beziehung, jedenfalls dann nicht, wenn es wirklich Dekoration im oben skizzierten Sinn ist (was zum Beispiel bei der vergoldeten Fernsehantenne von Venturis Guild House in Philadelphia nicht der Fall ist). Sie lenkt von ihm ab, indem sie das aus den funktionalen Anforderungen sich Ergebende zum insignifikanten Schuppen degradiert. Auch hier, im Blick auf die zeichenhafte Überhöhung – letztlich immer noch das Monument – sieht man über die primäre Zeichenschicht hinweg.

Das Zeichenhafte im Sinn dieser primären Zeichenschicht ergibt sich bei funktionalem Entwerfen, sofern das Ergebnis nur vor formaler Überformung bewahrt bleibt, sozusagen von selbst. Es handelt sich dabei um eine Art ‚Anzeichen'. Das Anzeichen ergibt sich hier nicht, wie bei den Anzeichen im allgemeinen[237], aus einer kausalen Betrachtung, also dadurch, daß von einem wahrgenommenen Phänomen auf die ‚Ursache' rückgeschlossen wird wie zum Beispiel von Rauch auf Feuer. Es ergibt sich vielmehr aus einer finalen Betrachtung, dadurch also, daß von der wahrgenommenen Erscheinung eines Gegenstands, in unserem Fall eines Gebäudes oder Gebäudeelements (als dem unmittelbaren Resultat einer zweckrationalen Handlung), auf dessen in einem bestimmten Kontext zu erwartendes ‚Verhalten' und die daraus sich ergebende ‚Wirkung' geschlossen wird, wie etwa von der Existenz eines Daches auf Regenschutz und Regengeschütztheit. Der Anzeichencharakter resultiert also aus der verallgemeinerten Erfahrung mit Gebäuden, nämlich der Erfahrung eines gesetzmäßigen Zusammenhangs zwischen der (ablesbaren) Struktur der architektonischen Elemente bzw. bestimmter Kombinationen solcher Elemente und dem, was sie im Nutzungszusammenhang leisten. (Es ist dieselbe Erfahrung, auf der das funktionale Entwerfen selbst beruht.) Mit einem Ausdruck von Roland Barthes können wir hier von „Funktions-Zeichen" sprechen.[238]

Was die architektonischen Elemente bzw. ihre Kombinationen anzeigen, das sind sie selbst in ihrer jeweiligen Gesamtfunktion, von der im Nutzungsprozeß in einem bestimmten Moment nur einzelne Aspekte aktualisiert sind. Horatio Greenough nannte es „promise of function"[239]. In diesem Versprechen lag für ihn die Schönheit.

Eine Tür zum Beispiel, in welcher Stellung man sie auch immer vorfindet, zeigt sich als Ort des Ein- und Ausgangs, als zu öffnen und zu schließen. Über ihren Typ und ihre Größe (paradigmatischer Aspekt) und zusammen mit anderen Anzeichen des Gebäudes – bis hin zu nichtarchitektonischen Zeichen, etwa einem Aushängeschild, einer Inschrift, einem Spruchbild,

Wappen, Namensschild – (syntagmatischer Aspekt)[240] gibt sie zusätzliche Indizien über die Art der vorgesehenen Nutzung, über den Ort, wohin sie führt (Laden, Wohnung ...) und über die Bedingungen ihrer Benutzung. Entsprechend steht es mit den anderen Elementen. Man sieht etwa: Hier ist ein Platz, an dem man etwas unterstellen kann, so daß es vor Regen geschützt wäre, falls es zum Regnen kommen sollte. Im Inneren zeigt mehr oder weniger jeder Platz durch seine Lage zum Fenster (je nach Himmelsrichtung), zur Tür, zum Ofen usw. als ein in dieser oder jener Weise ausgezeichneter sich an.

Bei solchem Sich-Anzeigen der architektonischen Elemente und ihrer Kombinationen klingen zugleich die mit den Funktionen zusammenhängenden allgemeinen somato-psychischen oder sozio-psychischen Erlebenscharakteristika an, wie sie in der Nutzung von Gebäuden im Lauf der Zeit sich bilden, wenn auch im allgemeinen nur wenig ins Bewußtsein dringend. Ich habe dies oben, bei der Behandlung der Treppe, bereits angedeutet. Das bekannteste Beispiel ist vielleicht die Tür als Apparat des kontrollierten oder freien Ein- und Ausgangs, des Übergangs zwischen verschiedenen Lebensbereichen, als Rahmen der Begegnung, des Wiedersehens, des Abschieds, als Tableau der Überraschung, Schild der Abweisung, Feld des Zögerns usw. Es war als erster Gaston Bachelard, der diese Erlebenscharakteristika anhand dichterischer „Bilder" zu erfassen versuchte.[241] Ihm folgten Otto Friedrich Bollnow[242] und Fred Fischer, der mehr von der psychologischen Seite an die Aufgabe heranging.[243] (Leider hat auch hier, vor allem bei den beiden zuerst genannten Autoren, der schon in den Titeln ihrer Bücher auftauchende Terminus „Raum", unter den die untersuchten Elemente und ihre Kombinationen subsumiert wurden, zum Teil auf eine falsche Fährte geführt und verhindert, der Erlebenscharakteristik recht auf die Spur zu kommen.)

Bezogen auf diesen zuletzt genannten Aspekt kann man vielleicht von einem Symbolcharakter der Funktions-Zeichen sprechen – ‚Symbol' verstanden im alten Sinn und, im Unterschied zum Zeichen, als ein in seiner Bedeutung nie zur Gänze Bestimmbares, ein Unauslotbares, ein weniger verstandesmäßig Erfaßbares als intuitiv Wirkendes.[244]

Soweit (abgesehen von der letzten Überlegung) erscheint die Sache ziemlich einfach. Komplizierter wird es, wenn wir versuchen, das System der Funktions-Zeichen in seinem geschichtlichen Charakter, in seiner Offenheit zu erfassen, die ihm angesichts des geschichtlichen Wandels der Architektur in ihrer funktionalen Wirklichkeit eigen sein muß.

Das grundlegende Konzept, auf das hier zu rekurrieren ist (es ist grundlegend wahrscheinlich für alle Arten von ‚lebenden' Zeichensystemen) ist die zuerst in der Linguistik von Ferdinand de Saussure hervorgehobene Dichotomie von Sprache („langue") und Sprechen („parole")[245].

Saussures Dichotomie von Sprache und Sprechen ist geeignet, jenes unselige triadische Schema des Zeichens zu überwinden, das von Anfang an die semiologische Forschung belastete und auf Charles Sanders Peirce zurückgeht, der sich selbst bezeichnet als „a pioneer, or rather a backwoodsman, in the work of clearing and opening up what I call *semiotic*, that is, the doctrine of the essential nature and fundamental varieties of possible semiosis..."²⁴⁶

In Peirces bekannter Definition des Zeichens – „anything which determines something else (its interpretant) to refer to an object to which itself refers (its object)"²⁴⁷ – hat von Anfang an der Begriff des „Interpretanten", in dem die Verknüpfung zwischen dem Bezeichnenden („representamen") und dem Bezeichneten („object") zwischen Signifikant und Signifikat ‚realisiert' wird, Schwierigkeiten bereitet, zumal Peirces Äußerungen dazu selbst recht unklar sind. Peirce zufolge soll es sich nämlich nicht um einen Interpreten handeln, sondern um ein anderes Zeichen, das wiederum als Interpretant eines anderen Zeichens bedarf und so fort. Ich denke, er ist zu ersetzen durch das, was bei de Saussure die Sprache ist, also durch den im Bewußtsein eines Interpreten vorgegebenen Zusammenhang zwischen einem Repertoire von ideellen Signifikanten und einem Repertoire von jenen zugeordneten ideellen Signifikaten: Etwas wird zum Zeichen, indem es in einem Repertoire von ideellen Signifikanten ein Äquivalent findet, das seinerseits zu einem ideellen Objekt, seinem Signifikat zugeordnet ist, das wiederum seinerseits einem realen Objekt, eben dem Signifikat des realen Signifikanten zugeordnet ist.²⁴⁸

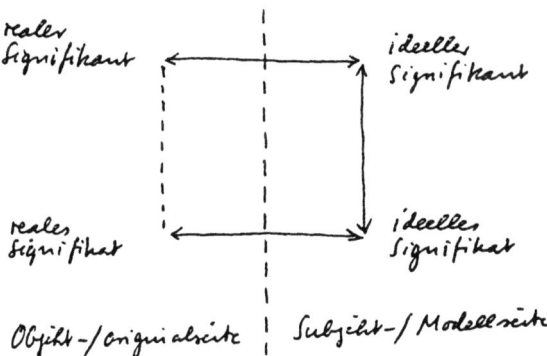

Eine solche Zuordnung mag hie und da nicht ganz einfach sein. Beispiel: die über alles Gewohnte sich hinwegsetzenden Formgebungen der Avantgarde der Moderne, die zunächst Befremden hervorriefen, da sich zu dem

Gesehenen in dem (infolge von Begleitumständen) zunächst aktualisierten Repertoire bekannter signifikanter Formen des Wohnbaus kein Gegenstück finden ließ, während die Suche nach Gegenstücken in einem weiteren Repertoire dann eventuell zu ‚Assoziationen' führte – großindustrielle Rationalität, Kälte des Verstands, südländische Architektur – mit denen man das Gebäude negativ belegen konnte.[249]

Um zu verstehen, was hier vorgeht, ist es hilfreich, das Zum-Zeichen-Werden von etwas als Teil eines übergreifenden Informationsprozesses zu betrachten.

Hier (wie in den Kapiteln IV und VI) ist von Information die Rede nicht im Sinn des Begriffs, wie er in der Technik der Nachrichtenübertragung definiert worden ist, nämlich als Maß für die Unerwartetheit eines Zeichens bzw. einer Nachricht: als die Anzahl der notwendigen binary digits zur sukzessiven Eingrenzung des Zeichens bzw. einer Folge von Zeichen in einem gegebenen, begrenzten Zeichenrepertoire mit bekannter Häufigkeitsverteilung. (Und natürlich haben unsere Überlegungen mit der auf diesem Informationsbegriff aufbauenden Informations-Ästhetik nichts zu tun.[250]) Zugrunde liegt vielmehr der allgemeine Informationsbegriff[251], geläufig ganz allgemein in der Bezugnahme auf Prozesse der Orientierung in der Umwelt, überhaupt des ‚Erkennens' der Umwelt im allgemeinsten Sinn, (zu denen die Prozesse der Kommunikation und erst recht der technischen Nachrichtenübertragung nur als spezielle Sonderfälle gehören).[252]

Nach der nachrichtentechnischen Informationstheorie beruht Information auf Unterscheidung, auf der Feststellung von Unterschieden. Gregory Bateson etwa bestimmt die kleinste Informationseinheit als „Unterschied, der einen Unterschied macht"[253], z.B. ein Neuron dazu bringt, zu ‚feuern'. Information im allgemeinen Sinn (bei nicht genau begrenztem Zeichenrepertoire) bedarf aber noch eines gegensätzlichen Elements, um wirklich Information zu sein, nämlich, wie man an jeder Datenverarbeitungsmaschine erkennen kann, des Elements der Feststellung des Nicht-Vorhandenseins von Unterschieden (die einen Unterschied machen), also von Gleichheit.[254] Zusammengefaßt haben wir als grundlegendes Element also den Vergleich. (Erinnern wir uns an Nikolaus von Kues. Er scheint mit seiner vermutlich vom Warentausch inspirierten Konzeption des Erkenntnisprozesses – „comparativa igitur est omnis inquisitio..." – bereits etwas erfaßt zu haben, das über die bewußte Erkenntnis, speziell über die Mathematik der Gleichungen und Ungleichungen hinaus für alle Informationsprozesse grundlegend ist.) Man bemerke: Der Vergleich – die Feststellung von Unterschieden oder von Gleichheit – ist bei aller scheinbaren Trivialität ein höchst bemerkenswerter Prozeß. Er besteht in einem ideellen In-Beziehung-Setzen der verglichenen Größen, das zwar selbst etwas Energie verbraucht und, genau genommen, auch nicht ohne materiell-energetische Auswirkungen auf die Umwelt des Betrachters ist, das aber selbst von anderer Natur ist als die materiell-energetischen Prozesse. Wie Norbert Wiener sagt: „Information is information, not matter or energy"[255].

Diese beiden Arten von Feststellungen, die Feststellung von Unterschieden (zum Erwarteten) und die Feststellung von ‚Vergleichbarkeit' (zu anderem Bekannten), sind auch im oben skizzierten Architektur-Beispiel im Spiel. Sie sind, wie ich vermute, zusammen konstituierend für Informationsprozesse ganz allgemein. Im Wechsel der beiden Arten von Feststellungen, in der Entdeckung von Vergleichbarkeit im Unerwarteten und von Unterschiedenheit im Bekannten erfolgt sozusagen die kontextuelle Einstimmung und ein sukzessives bzw. immer genaueres Zum-Zeichen-Werden des Bemerkten.

Die beiden Arten von Feststellungen scheinen in verschiedenen Informations- bzw. Zeichenprozessen ein recht unterschiedliches Gewicht haben zu können. Während etwa im alltäglichen Sprachgebrauch die Feststellung von Vergleichbarkeit, die Identifizierung von Buchstaben und Worten, das Verständnis von Sätzen ohne Schwierigkeit zu erreichen ist, ist zum Beispiel in der Kunst nicht nur Verständnis, sondern auch Identifizierung des Dargestellten (falls etwas dargestellt ist) oft nur mit Mühe zu erreichen. Das hängt damit zusammen, daß im Vordergrund nicht eine Mitteilung steht, sondern Provokation, die Konfrontation mit Unerwartetem als Herausforderung zur Auseinandersetzung mit dem eigenen Selbstverständnis. Und in der Architektur? Das hängt davon ab, als was man sie versteht. Ich würde sie mehr der Umgangssprache zuordnen als der Kunst. In ihrem präsentationellen Aspekt sehe ich sie als eine Mitteilung, als eine Weise des Bekanntmachens des Menschen mit sich selbst bzw. der Menschen untereinander.

Bei den Funktionszeichen haben wir also auf der einen Seite, als ‚Sprache', die Kenntnis der immer wiederkehrenden für die Architektur einer Ethnie charakteristischen Elemente und Element-Kombination (das Repertoire der ideellen Signifikanten) mit ihren jeweiligen Funktionen (das Repertoire der ideellen Signifikate) und auf der anderen Seite, als ‚Sprechen', die je besondere Ausprägung der Elemente und Kombinationen in einem bestimmten individuellen Fall (die realen Signifikanten), die, vor dem Hintergrund der bekannten ‚Sprache' als Signifikanten interpretiert, die besonderen Funktionen (die realen Signifikate) anzeigen.

Die Zuordnung des Bemerkten zu einem ideellen Signifikanten, durch die das Bemerkte erst zu einem (realen) Signifikanten wird, erfolgt, sofern das Bemerkte sich von dem Bekannten etwas unterscheidet, sozusagen zunächst auf Probe (und eventuell nach einem entsprechenden Suchprozeß), und sie wird, wenn sie sich bestätigt, wenn das Bemerkte als neue Variante eines bestimmten Bekannten eingestuft wird, die Bedeutungsbreite des ideellen Signifikanten erweitern. Entsprechend können sich die Bedeutungen verschieben, können die ideellen Signifikanten sich differenzieren usw. Auch hier also, mit umgekehrten Gewichten wie in der abstrakt-formalen, die Architektur als freie Kunst (miß)verstehenden Formgebung: Vergleichbarkeit (Erkennen der Elemente) – sie ist grundlegend für das, was Leroi-Gourhan als „ethnische Tonalität" bezeichnet[256] – und Unterschiedenheit (Aufmerksamwerden auf Besonderheiten).[257]

Man sieht, auch das Funktionszeichen, insofern es – trotz seines allmählichen Wandels – aufgrund der Erfahrung lesbar ist, ‚lebt' von der Geschichte, nicht allerdings, indem es auf sie zurückstarrt, sondern indem es von ihr ausgeht, vermittels des Bekannten auch Neues vorstellt.

Gemäß den Ausführungen zum ästhetisch-semiotischen Entwurfsmoment in Kapitel IV muß in der hier anvisierten Architektur der Zeichencharakter nicht unbedingt auf die hier analysierte primäre Zeichenschicht beschränkt sein; es würde aber diese Zeichenschicht in allen sekundären Zeichenschichten respektiert. Zum Beispiel beim Zitat. Wenn in der Konstituierung des Systems der Funktions-Zeichen aus ‚Sprache' und ‚Sprechen' begründet ist, daß die architektonischen Elemente bzw. Element-Kombinationen immer semiotisch auf ihresgleichen (auf das Insgesamt des entsprechenden Bekannten) bezogen sind, so besteht beim Zitat ein Bezug zu einem ganz bestimmten Fall, einem ganz bestimmten Bekannten, das in der Form gleichsam ausdrücklich benannt (zitiert) ist. Das betreffende Element wäre in seiner Erscheinung zugleich Zitat und Funktions-Zeichen.

In ihrem präsentationellen Aspekt könnte sich die Architektur zeigen als das, was sie in ihrem instrumentellen Aspekt, in ihrer funktionalen Bestimmung ist.

So könnte die Architektur in neuem Sinn werden, was sie schon für den archaischen Menschen war, wie wir es heute durch die ethnologischen Studien kennenlernen: Manifestation des In-der-Welt-Seins des Menschen.

Für den archaischen Menschen, bei dem sich das Ich noch nicht herausgebildet hatte bzw. sich erst herauszubilden beginnt, ist eine Betrachtung der Welt charakteristisch, in der zwischen Äußerem und Innerem, zwischen Objekt und Subjekt noch nicht klar unterschieden, die Welt vielmehr sozusagen durch die eigene Psyche (bzw. das kollektive Unbewußte) hindurch gesehen wird als eine Welt, der er nicht mit seinem eigenen Tun gegenübersteht, die ihm nicht gegenübersteht, sondern an der er mit seinem Tun partizipiert, ja die ohne seine Partizipation in ihren zyklischen Verläufen nicht weiterbestehen kann. In dieser Betrachtung erscheinen Haus und Welt aufs engste miteinander verwandt, eine Einheit bildend. Der Bau des Hauses oder der Siedlung ist (wie die Landnahme) eine Erneuerung der Ordnung der Welt. Davon kündet etwa die Vorstellung der Scheidung von Himmel und Erde durch die Mittelstütze des Hauses oder die Vorstellung der Bannung des Chaos durch den in die Erde getriebenen Pfahl, der den Kopf der Schlange festhält und das Fundament des Ecksteins bildet.[258] „Daheim sein" heißt in der Sprache der Pawnee „in der Welt sein"[259].

Unser Selbst- und Weltverständnis ist charakterisiert durch das Ich, durch Gegenüberstellung von Ich und Nicht-Ich sowie durch wissenschaftliche, zwischen Subjekt und Objekt zu differenzieren suchende Betrachtung (Historie statt Mythos). Diese Entwicklung ist wohl nicht rückgängig zu machen; vielleicht aber kann es uns gelingen, auf der Ebene des Ich-Bewußtseins zu einer Respektierung von innerer und äußerer Natur im genannten Sinn zu kommen, uns selbst nicht als autonom mißzuverstehen, sondern, gemäß ökologischer und psychologischer Erkenntnis, als Glieder des gesamten Ökosystems. Manifestation des In-der-Welt-Seins könnte die Architektur dann in einem neuen, differenzierenden Sinn werden. Haus und Welt wären nicht eins. Noch würde die Architektur eine eigene Welt konstituieren: den architektonischen Raum, der den Menschen heraushebt. Die Architektur wäre Vermittler zwischen uns und ihr, verstanden als unsere Umwelt (von der sie zugleich auch ein Teil ist); und als dieser Vermittler würde sie zugleich die Art und Weise anzeigen, wie wir in der Welt sind, in der Beziehung zur nichtmenschlichen Umwelt wie zu den Mitmenschen.

Anmerkungen

1 Zevi, B., Saper vedere l'architettura – Saggio sull'interpretazione spaziale dell'architettura, Turin 1948; engl.: Architecture as Space, New York 1957
2 So die Überschrift eines Nachrufs auf Louis Kahn in Architectural Design (44 (1974), H. 5) mit dem Abdruck einer Rede Kahns, beginnend: „The room is the beginning of architecture. It is the place of mind."
3 Seldmayr, H., Zur Revision der Renaissance (1948), in: Sedlmayr, H., Epochen und Werke, Ges. Schriften zur Kunstgeschichte, Bd. 1, Wien/München 1959, S. 202–234 (Zitat S. 209)
4 Aristoteles versteht diesen Prozeß des Heraufziehens des Stoffs als einen stufenweisen, der, so sein bekanntes Beispiel, vom „ersten Stoff" etwa zu Erde, zu Lehm, zu Ziegelsteinen und schließlich zum Haus führt. Aristoteles spricht auch von den „Ursachen" der Form und des Stoffs, dazu von derjenigen des Bewirkens und schließlich auch derjenigen des Zwecks, welche er aber, sobald er von den Wesen und Artefakten als Ganzen handelt, von der Formursache nicht zu unterscheiden weiß. Einen Überblick über den Dualismus von Form und Stoff bei Aristoteles und in der Folge gibt Th. Ballauff in seinem Artikel „Form und Materie" im Historischen Wörterbuch der Philosophie, Hrsg. J. Ritter.
5 Alberti, L. B., Zehn Bücher über die Baukunst, übers. u. eingel. von M. Theuer, Wien/Leipzig 1912, S. 20. Hier wie bei weiteren zitierten Stellen war Theuers Übersetzung, gerade in entscheidenden Termini, zu verbessern, wobei ich die italienisch-lateinische Ausgabe: Alberti, L. B., L'architettura/De re aedificatoria, Mailand 1966 (hier S. 20/21) herangezogen habe.
6 Alberti, L. B., Zehn Bücher ... bzw. L'architettura/De re aedificatoria ... (siehe Anm. 5), S. 491 ff bzw. 821 ff. Theuers Übersetzung von „finitio" mit „Beziehung" ist viel zu allgemein. Panofsky (Idea [1924], Berlin² 1960, S. 28) übersetzt Albertis Terminus mit „Proportionalität".
7 Ein Zusammenhang besteht nicht nur im Aspekt der Bemessung, sondern auch in den anderen Aspekten; man muß sich nur die hierarchische Struktur des Zahlengebäudes in der Auffassung Platons und die große Bedeutung der Unterscheidung zwischen geraden und ungeraden Zahlen schon bei den Pythagoreern vergegenwärtigen. Zur Zahlenlehre selbst siehe Burnet, J., Die Anfänge der griechischen Philosophie, Leipzig/Berlin 1913 (orig.: Early Greek Philosophy, 1892, ²1908), S. 88 ff.; Stenzel, J., Zahl und Gestalt bei Platon und Aristoteles, 1924, Darmstadt ³1959
8 Zum schamanischen Erbe in den Anfängen der antiken Philosophie vgl. Cornford, F. M., Principium Sapientiae – The Origins of Greek Philosophical Thought, Cambridge 1952
9 Siehe Stobaeus, Eklogai ... Bd. 1, Kap. 2, § 6, abgedr. bei Diels, H., Die Fragmente der Vorsokratiker, Berlin 1951, Bd. 1, S. 451
10 Ausführlich zu diesem Zusammenhang: Sohn-Rethel, A., Geistige und körperliche Arbeit – Zur Theorie der gesellschaftlichen Synthesis, 1970, Frankfurt/M ²1973; Sohn-Rethel, A., Das Geld, die bare Münze des Apriori, in: Mattik, P./A. Sohn-Rethel/H. G. Haasis, Beiträge zur Kritik des Geldes, Frankfurt/M 1976; Müller, R. W., Geld und Geist – Zur Entstehungsgeschichte von Identitätsbewußtsein und Rationalität seit der Antike, Frankfurt/M/New York 1977. Vgl. Thomson, G., The First Philosophers, London 1955, ²1961 (Studies in Ancient Greek Society, Vol. II); dt.: Die ersten Philosophen, Berlin 1961 (Forschungen zur altgriechischen Gesellschaft, Bd. 2)
11 Sohn-Rethel, A., Geistige und körperliche Arbeit (siehe Anm. 10), S. 47

12 Sie ist insbesondere mit der natürlichen, in der Evolution des Wahrnehmungsapparats entwickelten Fähigkeit der gestalthaften Invarianzbildung, etwa bei der Arterkennung – die heute zunehmend als natürliche Grundlage wissenschaftlicher Abstraktion angesehen wird – kaum vergleichbar.

13 „... is there not a true coincidence between cummutative and distributive justice, and arithmetical and geometrical proportion?" Bacon, F., Advancement of Learning (1605), 2. Buch, Kap. 5.3

14 Siehe Thomson, G., Die ersten Philosophen (siehe Anm. 10), S. 209 f.

15 Zum Wandel der Proportionslehre über die Epochen siehe Panofsky, E., Die Entwicklung der Proportionslehre als Abbild der Stilentwicklung, Monatshefte für Kunstwiss. 14/15 (1921), S. 188–219; speziell die Architektur betreffend siehe Wittkower, R., Systems of Proportion, Architects Year Book 5 (1955), S. 9–18. Zur Kritik der herkömmlichen Auffassung von der Bedeutung der Proportionsfiguren in der gotischen Baukunst siehe Hecht, K., Maß und Zahl in der gotischen Baukunst (1969–1971), Hildesheim/New York 1979. Indem die gotische Kathedrale in der Höhe über jede Vergleichbarkeit hinaus gestreckt ist, entzieht sie sich geradezu einer proportionalen Betrachtung. „Die Proportionen des gotischen Doms sind die Unproportionen der christologischen Ordnung zur kosmischen, das ist die Wahrheit an Ort und Stelle im gerechten Steinmetzgrund." (Bloch, E., Prinzip Hoffnung (1938–1959), Gesamtausgabe, Bd. 5, Frankfurt/M 1977, S. 849.) Paradigmatisch für dieses Desinteresse an Vergleichbarkeit ist der Spitzbogen mit seinem variablen Verhältnis von Breite und Höhe. Allgemein hierzu vgl. auch Sedlmayr, H., Das erste mittelalterliche Architektur-System. Kunstwiss. Forschungen 2 (1933), S. 25–62.

16 Vgl. Gadol, J., Leon Battista Alberti – Universal Man of the Early Renaissance, Chicago/London 1969

17 Zu deutsch: „eine vergleichende also ist jede Untersuchung, des Mittels der Proportion sich bedienend". Nikolaus von Kues, De docta ignorantia/Die wissende Unwissenheit (1440), in: Nikolaus von Kues, Philosophisch-theologische Schriften, Bd. 1, Wien 1964, (Zitat S. 194). Vgl. auch die Schrift: Idiota de mente/Der Laie über den Geist (1450), in derselben Ausgabe, Bd. 3, Wien 1967.

Es bietet sich geradezu an, die zitierte Formulierung auf die alltägliche Rechenkunst des Kaufmanns zu beziehen, auf jene Rechenfigur, auf der dessen Kalkulationen und Abschätzungen beruhen: Gegeneinanderhalten von verschiedenen Verhältnissen jeweils von Ware (in qualitativ-quantitativer Bestimmung) und Preis; darunter er der für den Verkauf unmittelbar relevante Sonderfall der Gleichheit der Verhältnisse (Proportionalität im strengen Sinn des Begriffs), bezogen auf verschiedene Quantitäten derselben Ware (Dreisatzrechnung). Die Formulierung kann aber auch auf die fortgeschrittensten Versuche mathematischer Wirklichkeitserfassung bezogen werden, nämlich der Erfassung stetiger Veränderungen des Verhältnisses zwischen veränderlichen Größen, wie sie zuerst Thomas Bradwardine in der ersten Hälfte des 14. Jahrhunderts unternahm (siehe Maier, A., Die Vorläufer Galileis im 14. Jahrhundert, Rom 1949, (Studien zur Naturphilosophie der Spätscholastik), S. 81 ff.), und wie sie dann mit Galilei für die wissenschaftliche Forschung überhaupt von zentraler Bedeutung werden sollten – noch bevor sie im mathematischen Funktionsbegriff in der Definition von Wilhelm Leibniz und Johann Bernoulli ihre bis heute übliche Form erhielten. Denn der Terminus ‚Proportion' wurde nicht nur im Sinn der Gleichheit zweier Verhältnisse oder eines einfachen Verhältnisses gebraucht, sondern auch zur Umschreibung der genannten Verhältnisveränderungen.

18 Es wird mit ihnen der Weg vorbereitet, dieses so und so Bestimmte, wo immer möglich, als besondere Stufe der Entwicklung unter einem allgemeinen generativen Prinzip zu er-

fassen. Hierzu siehe Cassirer, E., Substanzbegriff und Funktionsbegriff, Berlin 1910, insbes. S. 88 ff., 195 ff. Speziell zur Entwicklung der Konzeption des homogenen Raums siehe Jammer, M., Das Problem des Raumes, Darmstadt 1960, Kap. III.
19 Vgl. Panofsky, E., Die Perspektive als „symbolische Form", Leipzig/Berlin 1927 (Vorträge der Bibliothek Warburg, Bd. 4 (1924–1925)); Frey, D., Gotik und Renaissance, Augsburg 1929, Kap. 1. Panofsky hebt zu Recht die geometrische Struktur der Perspektivkonstruktion von der Struktur der Widerspiegelung des Raums in der natürlichen Wahrnehmung (Anisotropie, Inhomogenität) ab. Wenn er des näheren dabei auf das gekrümmte Netzhautbild mit seinen Randverzerrungen und den Kurvierungen objektseitig geraden Linien gegen den Bildrand hin Bezug nimmt (und damit die Kurvierungen an den antiken Tempeln zu erklären versucht), so ist dies jedoch völlig abwegig. Die im Bewußtsein entstehende Widerspiegelung der Außenwelt ist von der besonderen Form der Netzhaut unabhängig. Sie ist überhaupt kein zweidimensionales ‚Bild', sondern zeigt uns die Außenwelt in voller Dreidimensionalität aber eben doch in mancher Hinsicht verschieden von ihrer geometrischen Erfassung. Die Netzhaut ist nur die Fläche, auf der in einer durch die Bewegung der Augen und des Blicks sich ständig verschiebenden Reizkonfiguration die Information gesammelt wird, aus der im zentralen Wahrnehmungsorgan erst das innere Modell der Außenwelt entsteht.
20 „Die klassische antike Kunst war eine reine Körperkunst gewesen, die nur das nicht bloß Sicht-, sondern auch Greifbare als künstlerische Wirklichkeit anerkannte..." Panofsky, E., Die Perspektive ... (siehe Anm. 19) S. 268
21 Dabei berücksichtigte man auch die sogenannten optischen Täuschungen, indem man in der objektseitigen Wirklichkeit geringfügige Abweichungen vom Gleichmaß oder überhaupt von der euklidischen Bestimmtheit der Elemente zuließ – die Vergrößerung des Durchmessers der Ecksäulen des Peripteros, die Neigung der Säulen nach innen, die Aufwölbung des Gebälks und des Stufenunterbaus –, damit sie subjektseitig in solchem Gleichmaß, in solcher Bestimmtheit erscheinen sollten. (Die materielle Wirklichkeit galt gegenüber dem Reich der Ideen ohnehin als unvollkommen.)
22 Die Geschichtsschreibung tat sich äußerst schwer damit, zu akzeptieren, daß ausgerechnet die ehrwürdige Architektur der Griechen uns bei den Versuchen der Legitimierung unserer raumbezogenen Architektur-Auffassung als einer übergeschichtlichen im Stich lassen sollte. Doch alle Versuche, in den Beziehungen zwischen den Gebäuden eine formale Ordnung zu erkennen, einschließlich derjenigen von K. Doxiadis, blieben unbefriedigend. Das Resümee von Peter Smithson: „... there is no Greek space." (Space and Greek Architecture, The Listener 16 (1958), S. 599–601) Wurde nicht in der griechischen Philosophie der Raum zwischen den Dingen bisweilen auch nur als „Leere" betrachtet?
23 Siehe Rubin, E., Visuell wahrgenommene Figuren, Kopenhagen 1921; Metzger, W., Gesetze des Sehens, Frankfurt/M 1953, ³1975, Kap. 1 bis 5; Metzger, W., Figuralwahrnehmung, in: Handbuch der Psychologie, Hrsg. K. Gottschaldt, Göttingen, Bd. 1.1 (1966). Zur Anwendung auf architektonische Körper und Räume vgl. Rasmussen, S. E., Experiencing Architecture, Cambridge, Mass. 1959, Kap. 2
24 Alberti, L. B., Zehn Bücher ... bzw. L'architettura/De re aedificatoria ... (siehe Anm. 5), S. 502 bzw. 833. Alberti verwendet den Terminus nur gelegentlich im Sinne des einfachen Zahlenverhältnisses. Möglicherweise ist er ihm zu unpräzis, um klar zu bezeichnen, worum es ihm geht.
25 Hierzu vorzüglich Kauffmann, H., Über „rinascere", „Rinascità" und einige Stilmerkmale der Quattrocentobaukunst, in: Concordia Decennalis, Festschrift der Universität Köln zum 10jährigen Bestehen des Deutsch-Italienischen Kulturinstituts Petrarcahaus, Köln 1941, S. 128

26 Siehe Turnovsky, J., Die Poetik eines Mauervorsprungs, Braunschweig 1986 (Bauwelt Fundamente Bd. 77)
27 Bei dem von Benedetto da Maiano entworfenen und von Simnone del Pollaiuolo weitergeführten Palazzo Strozzi finden wir gar einen viergeschossigen Bau, sich im Äußeren in der üblichen vertikalen Dreigliederung zeigend. Das oberste Geschoß wird durch eine Art Obergaden über dem Hof belichtet, tritt also auch in der Hoffront nicht in Erscheinung.
28 Siehe die beiden in Anm. 23 genannten Arbeiten von W. Metzger.
29 Die Architektur-Betrachtung auf der Grundlage dieser Konzeption des architektonischen Raums führte zu so skurrilen historischen Gegenüberstellungen wie der des Prinzips der „Raumaddition" und des Prinzips der „Raumdivision" (Frankl, P., Die Entwicklungsphasen der neueren Baukunst, Leipzig/Berlin 1914). Von „Raumdurchdringung" und „Raumverklammerung" ist die Rede, von „Raumverschachtelung", „Raumverschlingung", „Raumverschneidung", „Raumverschränkung" (Brinckmann, A.E., Baukunst des 17. und 18. Jahrhunderts in den romanischen Ländern, Berlin 1915; Brinckmann, A.E., Plastik und Raum, München 1922) und ähnlichem mehr.
30 Zur Analyse des Raumes der Pazzi-Kapelle im besonderen vgl. Pächt, O., Methodisches zur kunsthistorischen Praxis, in: Pächt, O., Ausgewählte Schriften, München 1977. Nicht übersehen werden sollte aber die feine Differenzierung zwischen der Altarnische und dem Hauptraum, der im Verhältnis zu jener wie ein Außenraum sich darstellt, ein quergelagerter Platz – man beachte außer der Querlagerung den Unterschied in den Pilastern, die Absenkung, die Sockelbank, überhaupt den reicheren Schmuck im Hauptraum.
31 Siehe Lacan, J., Das Seminar II (1954–1955): Das Ich in der Theorie Freuds und in der Technik der Psychoanalyse, Olten/Freiburg 1980
32 Siehe Müller, R.W., Geld und Geist (siehe Anm. 10)
33 Zur Entwicklung des Ich-Bewußtseins vgl. ferner Cassirer, E., Individuum und Kosmos in der Philosophie der Renaissance, Leipzig/Berlin 1925 (Studien der Bibliothek Warburg 10); Zilsel, E., Die Entstehung des Geniebegriffs – Ein Beitrag zur Ideengeschichte der Antike und des Frühkapitalismus, Tübingen 1926; Mauss, M., Eine Kategorie des menschlichen Geistes: Der Begriff der Person und des „Ich" (1938), in: Mauss, M., Soziologie und Anthropologie, München/Wien 1975, Bd. 2; Horkheimer, M., Eclipse of Reason, New York 1947, dt.: Zur Kritik der instrumentellen Vernunft, Frankfurt/M 1967, Kap. 4: Aufstieg und Niedergang des Individuums; zur Lippe, R., Naturbeherrschung am Menschen, 2 Bde., Frankfurt/M 1974; Theweleit, K., Männerphantasien, 2 Bde., Frankfurt/M 1977
34 Pico della Mirandola, G., De Dignitate Hominis (1486), lat. und dt., eingel. von E. Garin, Berlin/Zürich 1968, (Respublica Literaria, Bd. 1), S. 29
35 Nikolaus von Kues, zitiert nach Blumenberg, H., Einleitung zu: Nikolaus von Kues, Die Kunst der Vermutung – Auswahl aus den Schriften, Bremen 1957, S. 40
36 Lacan, J., Das Spiegelstadium als Bildner der Ichfunktion (1949), in: Lacan, J., Schriften, 2 Bde. ausgew. u. hrsg. von N. Haas, Bd. 1, Olten 1973. Vgl. dazu Fornari, F., Psychoanalyse des ersten Lebensjahres, Frankfurt/M 1970
37 Vgl. Boehm, G., Bildnis und Individuum, München 1985, S. 21 f.
38 Hierzu sowie überhaupt zu der in der Kunst seit langem hergestellten Beziehung zwischen dem Spiegelbild und dem Seelischen vgl. Hartlaub, G.F., Zauber des Spiegels, München 1951
39 Zitiert nach Bentmann, R./M. Müller, Die Villa als Herrschaftsarchitektur, Frankfurt/M 1970, ²1979, S. 51
40 Vgl. Bentmann, R./M. Müller, Die Villa als Herrschaftsarchitektur, Frankfurt/M 1970, Kap. 9, 13. Alberti vergleicht umgekehrt das Bild mit dem Blick durchs Fenster. (Drei

Bücher über die Malerei/Della Pictura libri tre (1435), in: Alberti, L. B., Kleinere kunsthistorische Schriften, Wien 1877 (Quellenschriften für Kunstgeschichte und Kunsttechnik des Mittelalters und der Renaissance, Bd. 11), S. 78 f.)
41 Kauffmann, H., Über „rinascere"... (siehe Anm. 25), S. 134
42 Zur Herausbildung der ästhetischen Betrachtung vgl. vor allem Bandmann, G., Mittelalterliche Architektur als Bedeutungsträger, Berlin 1951, sowie Grassi, E., Die Theorie des Schönen in der Antike, Köln 1962
43 Vgl. Panofsky, E., Idea (siehe Anm. 6)
44 Vgl. Zilsel, E., Die sozialen Ursprünge der neuzeitlichen Wissenschaft (1944), hrsg. u. übers. von W. Krohn, Frankfurt/M 1976; Rossi, P., Filosofi e le Macchine, Milano 1962, engl.: Philosophy, Technology and the Arts in the Early Modern Era, New York/London 1970
45 Seit Mitte des 17. Jahrhunderts heißt ‚formal': ‚lediglich eine Sache der Form', unterstellend, daß das Wesentliche nicht, wie in aristotelischer Sicht, in der Form zu suchen ist. Siehe Whyte, L. L., Chronological Survey on Form, in: Aspects of Form – A Symposium on Form in Nature and Art, London 1951, ²1968
46 Nietzsche, F., Werke in drei Bänden, hrsg. von K. Schlechta, Bd. 3, München ²1960, S. 832.
47 Befaßt hat sich von bürgerlicher Warte mit diesem Aspekt des Kapitalismus vor allem Max Weber. Weber begreift diese Entwicklung zur „methodischen Lebensführung" (einschließlich des Kapitalismus) als letzte Stufe eines weit zurückreichenden, mit der Entmythologisierung beginnenden Prozesses der „Rationalisierung" – ein Begriff, der hier allzu Heterogenes unter einen Hut zwingt. Im Versuch der historischen Erklärung des Kapitalismus bzw. der Besonderheit der okzidentalen Entwicklung hat er – darin besteht sein Verdienst – auf die besondere Rolle der jüdisch-christlichen Religion, insbesondere des Protestantismus und erst recht der verschiedenen Richtungen des asketischen Protestantismus (mit deren Befürwortung der rastlosen Berufsarbeit und der Absage an allen Genuß als zugleich Ausdruck und Mittel zur Erreichung der Selbstgewißheit der Teilhabe an der Gnade Gottes) hingewiesen. Nicht daß Weber der materialistischen Geschichtsschreibung eine ‚spiritualistische' entgegensetzen wollte, aber in der Konzentration auf diese Seite der Wechselwirkung kommt zum einen die Eigencharakteristik und Eigendynamik des Kapitalismus zu kurz, wird zum andern auch verdeckt, inwieweit in die protestantische Berufsethik selbst schon frühkapitalistische Elemente eingeflossen sind. Zum Thema vgl. auch Elias, N., Über den Prozeß der Zivilisation, 2 Bde. 1936, Bern/München ²1969. Hier wird, ähnlich wie bei Weber, vom Mittelalter an eine Kontinuität der Entwicklung unterstellt, die es so sicherlich nicht gegeben hat. Vielmehr zeigt sich zu Beginn der Neuzeit eine abweichende, zum Teil gegenläufige Tendenz der Befreiung der Sinne, bevor deren Beherrschung erst richtig einsetzt. Vgl. Duerr, H. P., Traumzeit, Frankfurt/M 1978, S. 66 ff.; zur Lippe, R., Naturbeherrschung ... (siehe Anm. 33). Zur Kritik der skizzierten Entwicklung, speziell der Rolle der Aufklärung von ihren Anfängen in der griechischen Antike an siehe Adorno, T. W./M. Horkheimer, Dialektik der Aufklärung, Amsterdam 1944, sowie Horkheimer, M., Eclipse of Reason, New York 1947; dt.: Zur Kritik der instrumentellen Vernunft, Frankfurt/M 1967. (Die angesichts des Umschlags der Aufklärung in neue Abhängigkeiten (in neue Mythen) bei Horkheimer erfolgende Beschwörung – anders kann man es nicht sagen – der Wahrheit, eines objektiven Grunds, fast im Sinn der alten Ideenlehre, zu dem die „philosophische Vernunft" vorstoßen müßte, um die „wissenschaftlich-technische Vernunft" der Unwahrhaftigkeit zu überführen, freilich setzt letztlich genau das fort, was diesem Umschlag Vorschub leistete bzw. seine Abwehr behinderte: die Ausklammerung des Subjekts.) Speziell zur Durchsetzung der kapitalistischen Arbeitsdisziplin siehe Thompson, E. P., Time, Work-discipline and Industrial Capitalism, Past and Present

38 (1967), S. 56–97, dt. (gekürzt): Zeit, Arbeitsdisziplin und Industriekapitalismus, in: Gesellschaft in der industriellen Revolution, hrsg. von R. Braun, W. Fischer, H. Großkreutz, H. Volkmann, Köln 1973
48 Adorno, T. W./M. Horkheimer, Dialektik der Aufklärung (siehe Anm. 47) S. 25
49 Sein Herold war Francis Bacon; seine Fibel wurde 1793 geschrieben: Condorcet, Esquisse d'un tableau des progrès de l'esprit humain, Paris 1795; dt.: Entwurf einer historischen Darstellung der Fortschritte des menschlichen Geistes, Köln 1963
50 Siehe Mayr, O., A Mechanical Symbol for an Authoritarian World, in: The Clockwork-Universe – German Clocks and Automata 1550–1650, hrsg. von K. Maurice u. O. Mayr, New York 1980
51 Siehe Swoboda, H., Der künstliche Mensch, München 1967
52 Sachs, H., The Delay of the Machine Age, Psychoanalytic Quarterly 2 (1933), S. 404–424
53 Deleuze, G./F. Guattari, L'Anti-OEdipe, Paris ²1972, dt.: Anti-Ödipus, Frankfurt/M 1974
54 Vgl. Vartanian, A., La Mettrie's L'homme machine – A Study in the Origins of an Idea, Princeton, N. J. 1960; Laska, B. A., Julien Offray de La Mettrie, in: La Mettrie, J. O. de, Der Mensch als Maschine, Nürnberg 1985
55 Die Geschichte des allgemeinen Funktionsbegriffs, seiner Anwendung in der Biologie und dann in der Technik ist noch sehr im dunkeln. Etwas Klarheit, was die Biologie betrifft, bringt Theumer, E., Philosophische Probleme der Wechselbeziehung von Struktur und Funktion in der Biologie, Jena 1969. Vgl. dazu Matthes, E., Zur Entwicklung eines Funktionsbegriffes in den biologischen Wissenschaften, in: Funktion – Funktionalismus, Material für eine wissenschaftliche Tagung des Arbeitskreises „Philosophie – Naturwissenschaften" der Wilhelm-Piek-Universität Rostock, zusammengest. u. bearb. von H. Vogel, Rostock 1977 (Rostocker Philos. Manuskripte, H. 17)
56 Bacon, F., The Essayes or Counsels, Civill and Morall, London 1625, S. 257 ff.; Berkeley, G., Alciphron, or the Minute Philosopher (1732), 3. Dialog; Hume, D., A Treatise of Human Nature (1739–1740), Buch 2, Teil 2, Kap. 5; Smith, A., The Theory of Moral Sentiments (1759), Teil 4,. Kap. 1; Hogarth, W., The Analysis of Beauty, London 1753, S. 14
57 Algarotti, zitiert bei Memmo, A., Elementi d'architettura Lodoliana, ossia l'arte del fabbricare con solidità scientifica e con eleganza non capricciosa, 2 Bde., Rom 1786, Zara ²1833
58 Joseph Rykwerts Ausführungen in seinem sonst sehr aufschlußreichen Artikel „Lodoli on Function and Representation" (The Architectural Review 160 (1976, 2. Halbj.), S. 21–26; dt.: Lodoli über Funktion und Darstellung, in: Rykwert, J., Ornament ist kein Verbrechen, Köln 1983) sind in diesem Punkt irreführend. Lodolis Funktionsbegriff scheint danach recht diffus, angesiedelt irgendwo zwischen einem verkürzten allgemeinen Funktionsbegriff (Funktion als „Tätigkeit", „Verrichtung") und dem mathematischen Funktionsbegriff, der zu Lodolis Zeit in der Statik eine wichtige Rolle zu spielen begonnen habe; und er scheint sich lediglich auf den Bereich der Tragfunktion zu beziehen, nicht auch auf den der übergeordneten Abschirmungsfunktion. Legt man den unverkürzten allgemeinen Funktionsbegriff zugrunde, so gibt es für die Beschränkung auf die Tragfunktion keinerlei Grund – der allgemeine Charakter von Lodolis Statement sowie die von Rykwert selbst zitierten Passagen aus Memmos „Elementi..." sprechen dagegen –, und die Heranziehung des mathematischen Funktionsbegriffs, von dem in Rykwerts Resümee („function was the mechanical working of the forces within the structure") ohnehin nichts mehr übrig bleibt, wird überflüssig.
59 Der Vorstoß in diese Richtung scheint im 20. Jahrhundert von einem Zweig des Konstruktivismus ausgegangen zu sein, in dem Kunst als Gestaltung bzw. Organisation des Lebens

betrachtet wurde, und der aufs engste mit dem Namen Tatlin verbunden ist. Einer der führenden Theoretiker war Karel Teige, der von Meyer später als Gastdozent ans Bauhaus geholt wurde. Vgl. hierzu Hilpert, T., Die funktionelle Stadt, Braunschweig 1978 (Bauwelt Fundamente 48), Kap.3. Meyer hat seine Auffassung später revidiert. Vgl. seinen Vortrag von 1938 an der Akademie von San Carlos in Mexiko, worin vom Architekten als Analytiker, Erfinder und Künstler die Rede ist sowie davon, daß der „Bau-Inhalt" „formal meisterhaft ausgedrückt" sein müsse, wobei Meyer insbesondere an die „sozialen Funktionen" gedacht hat. (Siehe den Auszug bei Schnaidt, C., Hannes Meyer – Bauten, Projekte und Schriften/Buildings, Projects and Writings, Stuttgart 1965, S. [52] ff.)

60 Es ist charakteristisch für den Stand der heutigen Architekturgeschichtsschreibung, daß es über dieses zweite wichtige Moment der neuzeitlichen Architektur-Ästhetik, seine Entwicklung vom 18. Jahrhundert über das 19. bis ins 20. Jahrhundert, dessen Architektur angeblich so sehr von ihm bestimmt ist, nicht eine einzige brauchbare Untersuchung gibt. Das Buch „Origines of functionalist Theory" von De Zurko (New York 1957) hält leider nicht, was es verspricht. De Zurko versammelt darin alles, was er über den instrumentellen Aspekt in den Architektur-Traktaten seit Vitruv finden konnte, wobei ihm das Entscheidende entgeht, eben der im 18. Jahrhundert eingetretene Wandel im Verhältnis zwischen instrumentellem und präsentationellem Aspekt. Dieser Mangel kann mit der hier gegebenen Skizze nur teilweise behoben werden. Eingermaßen ausführlich auf die genannten Autoren, auf die genannten Wegbereiter unter den Philosophen einzugehen, würde den Gesamtzusammenhang, auf den es hier vor allem ankommt, sprengen.

61 Siehe Laugier, M.-A., Essay sur l'architecture, ^{1}1753, ^{2}1755; dt. nach der zweiten Auflage: Versuch in der Baukunst, Frankfurt/Leipzig 1758. Freilich geht die Bezugnahme auf die Urhütte architekturgeschichtlich weiter zurück, aber vor Laugier war die Verbindung zwischen solchem Rückgang auf die Urhütte und der Erarbeitung von Prinzipien für zukünftige Architektur allenfalls angedeutet. Vgl. Gaus, J., Die Urhütte – Über ein Modell in der Baukunst und ein Motiv in der bildenden Kunst, Wallraf-Richartz-Jahrbuch 33 (1971), S. 7–70, sowie Ryckwert, J., On Adams House in Paradise, New York 1972

62 Siehe Rousseau, J.J., Über Kunst und Wissenschaft/ Über den Ursprung der Ungleichheit unter den Menschen, übers. u. eingel. von K. Weigand, Hamburg 1955 (Philos. Bibl. Bd. 243)

63 Vgl. Beenken, H., Schöpferische Bauideen der deutschen Romantik, Mainz 1952

64 Bötticher, K., Die Tektonik der Hellenen, Potsdam 1844–1852. Der Hauptaspekt der Gebäudefunktion erscheint bei Bötticher nur sehr am Rande, in wenigen Bemerkungen, und entsprechend der allgemeinen Auffassung verfehlt: als die (Haupt-)Aufgabe der Wand, „Räumlichkeit bestimmt [zu] umschließen", und als die Neben-Aufgabe der Säule, als „Räumlichkeit öffnend [zu] erscheinen" (S. 5).

65 Ebd. S. 3 f. und 6

66 Semper, G., Der Stil in den technischen und tektonischen Künsten, München 1860, Bd.l, S.1

67 Gegen Laugier's Diskreditierung der Wand hatte sich schon Goethe gewandt (Von Deutscher Baukunst. D.M. Ervini a Steinbach (1772), Goethes Werke, Hamburger Ausgabe 1953, Bd. 12, S. 9 f.):
„Du sagst: Die Säule ist der erste, wesentliche Bestandteil des Gebäudes, und der schönste. Welche erhabene Eleganz der Form, welche reine mannigfaltige Größe, wenn sie in Reihen da stehn! Nur hütet euch, sie ungehörig zu brauchen; ihre Natur ist, frei zu stehn. Wehe den Elenden, die ihren schlanken Wuchs an plumpe Mauern geschmiedet haben!

Und doch, dünkt mich, lieber Abt, hätte die öftere Wiederholung dieser Unschicklichkeit des Säuleneinmauerns, daß die Neuern sogar antiker Tempel Interkolumnia mit Mauerwerk ausstopften, dir einiges Nachdenken erregen können. Wäre dein Ohr nicht für Wahrheit taub, diese Steine würden sie dir gepredigt haben.
Säule ist mit nichten ein Bestandteil unserer Wohnungen; sie widerspricht vielmehr dem Wesen all unsrer Gebäude. Unsre Häuser entstehen nicht aus vier Säulen in vier Ecken; sie entstehen aus vier Mauern auf vier Seiten, die statt aller Säulen sind, alle Säulen ausschließen, und wo ihr sie anflickt, sind sie belastender Überfluß. Eben das gilt von unsern Palästen und Kirchen, wenige Fälle ausgenommen, auf die ich nicht zu achten brauche."
68 Semper, G., Der Stil... (siehe Anm. 66), Bd, 1, § 60 (^{2}1878, § 62)
69 Vgl.dazu auch Semper, G., Über architektonische Symbole,in: Semper, G., Kleine Schriften, hrsg. von H. u. M. Semper, Berlin/Stuttgart 1884
70 Zitiert nach Quitzsch, H., Die ästhetischen Anschauungen Gottfried Sempers, Berlin 1962, S. 80
71 Berlage, H. P., Grundlagen und Entwicklung der Architektur – Vier Vorträge, gehalten im Kunstgewerbemuseum zu Zürich, Berlin 1908, S. 115
72 Ebd., S. 115
73 Ebd., S. 116
74 Loos, A., Das Prinzip der Bekleidung, zuerst erschienen in „neue freie presse" 1898, dann in: Loos, A., Ins leere gesprochen, Paris/Zürich 1921, jetzt in: Loos, A., Sämtliche Schriften, Bd.l, Wien/München 1962
75 Siehe Worbs, D., Der Raumplan im Wohnungsbau von Adolf Loos, in: Adolf Loos 1870–1933, Raumplan – Wohnungsbau, Ausst. d. Akad. d. Künste, Berlin 1983/1984
76 Wright, F. L., An Organic Architecture (The London Lectures, 1939), in: Wright, F. L., The Future of Architecture, New York 1953, S. 226
77 Ebd.
78 Ratzel, F., Anthropogeographie, 2 Bde, ^{1}1882–1891, ^{2}1899–1912
79 Schmarsow, A., Das Wesen der architektonischen Schöpfung, Leipzig 1894, S. 15
80 Schmarsow, A., Raumgestaltung als Wesen der architektonischen Schöpfung, Zeitschr. f. Ästhetik u. allg. Kunstwissenschaft 9 (1914), S. 66–95
81 Trahndorff,C. F. E., Ästhetik, 2 Bde., Berlin 1827, S. 326
82 Schindler, R. M., A Manifesto, 1912, in: Form and Function, hrsg. von T. u. C. Benton mit Dennis Sharp, London 1975
83 „Die Plastik und die Malerei finden sich auf rein synthetischen und abstrakten Wegen und man spricht überall von dem Aufbau der Bilder. Es liegt dieser Bezeichnung eine Architekturidee des Bildes zugrunde, eine Idee, die aber nicht bloß vergleichsweise zu nehmen ist, sondern einem Architekturgedanken im einfachen Sinne des Wortes entspricht. Es geht eine geheime Architektur durch alle diese Werke und hält sie zusammen ... Und die Architektur will diesem Bestreben entgegengehen ... Es liegt eine Notwendigkeit in der neuen Kunst, daß sich dieser Zusammenschluß von Architektur, Malerei und Plastik vollziehen soll." Taut, B., Eine Notwendigkeit, Der Sturm 4 (1913/1914), Nr. 196/197, S. 174 f. Siehe ebenfalls Behne, A., Wiederkehr der Kunst, Leipzig 1919
84 Zit. nach MacCormac, R. C., The Anatomy of Wright's Aesthetic, The Architectural Review 143 (1968, 1. Halbj.) S. 143–146 (dort nicht nachgewiesen)
85 Le Corbusier/P.Jeanneret, Fünf Punkte zu einer neuen Architektur, Paris 1926; abgedruckt in: Programme und Manifeste zur Architektur des 20. Jahrhunderts, zusammengest. u. komment. von U. Conrads, Frankfurt/M/Wien 1964 (Bauwelt-Fundamente 1), S. 94

86 Le Corbusier, Vers une architecture, ²1925; dt.: Kommende Baukunst, Berlin/Leipzig 1926, S. 25
87 Vgl. Frank, J., Das Haus als Weg und Platz, Der Baumeister 29 (1932), S. 316-323
88 Bloch, E., Erbschaft dieser Zeit (1935), Gesamtausgabe, Bd. 4, 1962, S. 228
89 Zu deutsch: „. .daß jede(s) einzelne von ihnen einem ganz bestimmten Gebrauch entsprechend und vor allem in höchstem Maß der Gesundheit zuträglich sei". Alberti, L.B., L'architettura/De re aedificatoria ... (siehe Anm. 5), Schluß von Kap. 2, Buch 1. Die Übersetzung von Theuer (S. 22) ist wiederum ungenau und farblos.
90 Siehe Pevsner, N., Zur Geschichte des Architektenberufs, in: Kritische Berichte zur kunstgesch. Lit. 3 u. 4 (1930/1931, 1931/1932) S. 97-122
91 Zu Leben und Werk von Durand vgl. insbesondere Szambien, W., Jean-Nicolas-Louis Durand 1760-1834 - De l'imitation à la norme, Paris 1984
92 Zu deutsch „..., die, erstaunlich festzustellen, noch nie in irgendeinem Werk oder in irgendeiner Vorlesung behandelt worden ist ..." Durand, J.-N.-L., Precis des Leçons d'Architecture donné a l'Ecole Royal Polytechnique, Paris (¹1802-09) ²1817-21 „Avis au lecteur"
93 Ebd., Bd. 1, Teil 2, Abschn. 3, dazu Abb. 21
94 Ebd., Bd. 2, S. 20
95 Meyer, H., bauen, 1928, in: Schnaidt, C., Hannes Meyer - Bauten, Projekte und Schriften/ Buildings, Projects and Writings, Stuttgart 1965
96 Was Le Corbusier betrifft, vgl. insbes. Hilpert, T., Die funktionelle Stadt (siehe Anm. 59), Teil I, Kap. 4
97 Siehe Hannes Meyers Aufsatz „bauen, 1928" (siehe Anm. 95), sowie die Erklärung des CIAM von La Sarraz von 1928, in: Programme und Manifeste zur Architektur des 20. Jahrhunderts, hrsg. von U. Conrads, Frankfurt/M/Wien 1964 (Bauwelt Fundamente 1)
98 Ehrenburg, I., über das dessauer bauhaus, Frankfurter Zeitung 28.5.1927, zitiert nach Hilpert, T., Die funktionelle Stadt (siehe Anm. 59)
99 Vgl. Le Corbusier: „Architektur - das bedeutete Verkehr"; „Alles ist Verkehr in der Architektur und im Städtebau" (Précisions sur un état de l'architecture et de l'urbanisme; Paris 1929; dt.: Feststellungen zu Architektur und Städtebau, Berlin/Frankfurt/M/Wien ¹1964, ²1987, (Bauwelt Fundamente 12), S. 56 bzw. 124).
100 Zit. nach Schnaidt, C., Hannes Meyer - Bauten, Projekte und Schriften (siehe Anm. 95), S. [42]
101 Ebd., S. [26].
102 Einen Überblick über die damalige Entwicklung gibt Broadbent, G., Design in Architecture, London/New York/Sydney/Toronto 1973, Kap. 13
103 Alexander, C., Notes on the Synthesis of Form, Cambridge/Mass. 1964
104 Alexander, C./B. Poyner, The Atoms of Environmental Structures, Ministry of Public Building and Works, London 1966
105 Daley, J., A Philosophical Critique of Behaviorism in Architectural Design, in: Design Methods in Architecture, hrsg. von G. Broadbent u. A. Ward, London 1969 (Architectural Association Papers 4)
106 Studer, R., The Dynamics of Behaviour-contingent Physical Systems, in: Design Methods ... (siehe Anm. 105)
107 Foley, D.L., An Approach to Metropolitan Spatial Structure; Webber, M.M., The Urban Place and the Nonplace Urban Realm, beide in: Explorations into Urban Structure, hrsg. von M.M. Webber, D.J. Dyckmann, D.L. Foley u.a., Philadelphia 1964

108 Activity Data Method, hrsg. vom Ministry of Public Building and Works, Her Majesty's Stationary Office, London (o.J.). Vgl. dazu das vorbereitende Papier: Planning a Major Building Programme, hrsg. vom Ministry of Public Building and Works, Her Majesty's Stationary Office, London 1966
109 Jessop, N./J. Luckman/J. Stringer, Analysis of Interconnected Decision Areas: an Algorithm for Project Development, Nature 202 (1965, 2. Halbj.), S. 118; Luckman, J., An Approach to the Management of Design, in: Design Methods ... (siehe Anm. 105)
110 Activity Data Method (siehe Anm. 108), S. 2
111 Vgl. Broadbents Vorschlag zu einer sich an die Activity Data Method anlehnenden Entwurfsmethode, in: Design in Architecture (siehe Anm. 102), Kap. 19

Nachdem die Tätigkeiten innerhalb einer „environmental matrix", im Luftraum über dem Grundstück lokalisiert sind, werden sie nicht etwa durch Wände voneinander wie von der Umgebung abgeschirmt, sondern in Schachteln eingepackt, mit Raumhüllen umgeben.

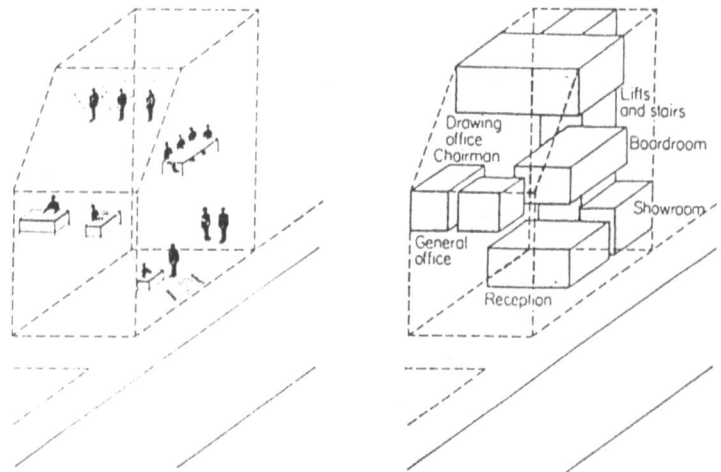

Abbildungen 19.7 und 19.8 aus Broadbents Veröffentlichung. Dieses Vorgehen entspricht der Konfusion in der Bestimmung des Gebäudes sowohl als „Umweltfilter" als auch als „Behälter" (S. IX, XIII).
112 Vgl. Broadbent, G., Design in Architecture ... (siehe Anm. 102). Broadbent unterscheidet zwischen fogenden Arten von Verbindungen (S. 262): „environmental (visual, aural)", „functional (communications)", „functional (shared services)". Vgl. auch Anm. 111
113 Siehe Fröshaug, A., Visuelle Methodik, Ulm (o. Jg.), H. 4 (1959), S. 57–68; Lewin, P.H., Use of Graphs to Decide the Optimum Layout of Buildings, The Architects Journal 140 (1964, 2. Halbj.) S. 809–815; Cousin, J., Architecture et topology, Habitat 12 (1969), H. 2, S. 13–18, engl.: Topological Organization of Architectural Space, Architectural Design 15 (1970), S. 491–493; March, L./P. Steadman, The Geometry of Environment – An Introduction to Spatial Organization in Design, London 1971, Kap. 10 und 11; Friedmann, J., Pour une architecture scientifique, Paris 1971; Friedmann, J., Meine Fibel, Düsseldorf 1974; Broadbent, G., Design in Architecture (siehe Anm. 102). Einige Extras dazu bot Horst Rittel in seiner Vorlesung in Stuttgart im WS 1974/75.

114 Zu den ersten mathematischen Versuchen in dieser Richtung, die eng zusammenhängen mit der sogenannten Standortlehre – inzwischen vermutlich ein weit ausgesponnener Forschungsbereich des computergestützten Entwerfens – siehe March, L./P. Steadman, The Geometry of Environment (siehe Anm. 113), Kap. 12 bis 14
115 Siehe Adorno, T.W., Funktionalismus heute, Neue Rundschau 77 (1966), S. 585–600; Berndt, H./A. Lorenzer/K. Horn, Architektur als Ideologie, Frankfurt/M 1968
116 „Sehr bald gerieth ich in den Fehler der rein radicalen Abstraction, wo ich die ganze Conception für ein bestimmtes Werk der Baukunst aus seinem nächsten trivialen Zweck allein und aus der Konstruction entwickelte. In diesem Fall entstand etwas Trockenes, Starres, das der Freiheit ermangelte und zwei wesentliche Elemente, das Historische und Poetische ganz ausschloss."
(Aus Schinkels Nachlaß, Hrsg. A. von Wolzogen, Berlin 1862–1864, Bd. 2, S. 208–213, Bd. 3, S. 374)
117 Siehe etwa Muthesius, H., Kunst- und Modeströmungen, Wasmuths Monatshefte für Baukunst 11 (1927), S. 496–498. Vgl. insbesondere auch Julius Poseners „Kritik der Kritik des Funktionalismus" (Arch+ (o.Jg.) H. 27 (1975), S. 11–18). Für Posener ist der Versuch funktionalen Entwerfens gleichbedeutend mit Verkürzung der Aufgabe in ihrer Komplexität – ich komme darauf in Kap. VII noch zu sprechen – und der Sprung zur Präokkupation mit der Form sozusagen der einzige Ausweg, gleichsam die einzige Chance einer ganzheitlichen Betrachtung.
118 Vgl. Haug, W.F., Kritik der Warenästhetik, Frankfurt/M 1972, Kap. 2.6
119 Benjamin, W., Das Passagen-Werk (Exposé des Projekts von 1935), Gesammelte Schriften Bd. V.1, Hrsg. R. Tiedemann, Frankfurt/M 1982
120 Aalto, A., The Humanizing of Architecture, The Technology Review, Nov. 1940, S. 14–16, abgedruckt in: Alvar Aalto, Synopsis, Basel/Stuttgart 1970 (Geschichte und Theorie der Architektur, Eidgenöss. Techn. Hochschule, Zürich, Bd. 12)
121 Über der Ähnlichkeit zu Cuviers System, auf die Anthony Vidler aufmerksam macht (The Idea of Type: the Transformation of the Academic Ideal, 1750–1830, Oppositions (New York) 1977, H. 8, S. 95–115) sollte man den großen Unterschied nicht übersehen; Cuviers System ist keines der bloßen Zusammensetzung (Komposition) wie Durands. Cuvier sieht alle Organe in gegenseitiger „Korrelation": Jede Veränderung eines Organs führt zu gesetzmäßigen Veränderungen aller übrigen Organe.
122 Heinrich Stoffl etwa, Mathematiker von Hause aus, hat unter dem Einfluß der herkömmlichen Architekturauffassung, der Gebundenheit des architektonischen Denkens an den Begriff des architektonischen Raums die Funktion des Gebäudes als „Hüllfunktion" bzw. als die der „Konditionierung" der umhüllten Räume bestimmt. (Grundlagen und Anwendung einer Modelltheorie für Architekten und Planer, Diss. Stuttgart 1976). Die Wand blieb abstrakte Trennung, der Aspekt der Verbindung reduziert auf notwendige Anbindung des zuerst konzeptionell Abgetrennten: auf Verkehr sowie Ver- und Entsorgung zur Gewährleistung des Betriebsablaufs. Was meinen eigenen Versuch betrifft, siehe Feldtkeller, C., Nutzungsplanung und Nutzungsstudium, Arch+ (o. Jg.) H. 17 (1973), S. 11–33
123 Sullivan, L., Kindergarden Chats (rev. 1918), in: Sullivan, L., Kindergarden Chats and other Writings, New York 1947, S. 46, 43
124 Möglicherweise haben wir es hier mit einer simplizistischen Übertragung des im allgemeinen Funktionsbegriff zentralen Terminus „Verrichtung" (von lat. fungere: verrichten) zu tun.
125 So ausdrücklich bei Le Corbusier (Oeuvre complète, Vol. 5: 1946–1952, Zürich 1953, S. 186), der das Haus, die Wohnung in dieser Hinsicht mit einer Flasche vergleicht. Sein Terminus: „le contenant".

126 Siehe Behrendt, W.C., Der Kampf um den Stil im Kunstgewerbe und in der Architektur, Stuttgart/Berlin 1920, S. 78
 Eine andere, unwahrscheinlichere Version derselben Story scheint funktionalem Entwerfen schon näher: Behrens habe sich den Tonklumpen in sein Atelier gestellt „zu dem Zweck, durch dauerndes Sitzen in ihm wie in einem Sessel die zweckdienlichste Sitzform überhaupt zu finden". (Brattskoven, O., Peter Behrens, Das Kunstblatt 12 (1928), S. 109-110.)
127 Åkerblom, B., Standing and Sitting Posture – with Special Reference to the Construction of Chairs, Stockholm 1948, S. 153-169
128 Siehe Grimm, J./W. Grimm, Deutsches Wörterbuch 1854-1914, Stichwort ‚Function', sowie Histor. Wörterbuch der Philosophie, Hrsg. J. Ritter, Darmstadt 1971 ff.; dann die einschlägigen Beiträge aus: Funktion – Funktionalismus, Material für eine wissenschaftliche Tagung des Arbeitskreises „Philosophie – Naturwissenschaften" der Wilhelm-Pieck-Universität Rostock, zusammengest. u. bearb. von H. Vogel, Rostock 1977 (Rostocker Philosphische Manuskripte, H. 17), und aus: Funktion – Funktionalismus, Material der wissenschaftlichen Tagung des Arbeitskreises „Philosophie – Naturwissenschaften" der Wilhelm-Pieck-Universität, Rostock 1978 (Rostocker philosophische Manuskripte, H. 19)
129 Zur finalen Betrachtung in ihrem Gegensatz zur kausalen Betrachtung sowie in ihrer inneren Gegensätzlichkeit von „Erklärung" und „praktischem Schluß" siehe Von Wright, G. H., Explanation and Understanding, New York 1971; dt.: Erklären und Verstehen, Frankfurt/M 1974, Kap. 3
130 Siehe Wimsatt, W.C., Teleology and the Logical Structure of Function Statements, Studies in History and Philosophy of Science 3 (1972), H. 1, S. 1-80
131 Zum Begriff der Ursache vgl. König, J., Bemerkungen über den Begriff der Ursache, in: Das Problem der Gesetzlichkeit I (Geisteswissenschaften), Hrsg. J. Jungius-Gesellschaft der Wiss. e.V. Hamburg, Hamburg 1949
132 So hatte Louis Mumford in der Absicht, damit der Architektur in ihrem vermeintlich durch den Funktionalismus verursachten Elend zu Hilfe zu kommen, auch bezogen auf die künstlerische Form von einer Funktion gesprochen (Mumford, L., Function and Expression in Architecture, Architectural Record 110 (1951), H. 5, S. 106, 112; Mumford, L., Art and Technics, New York 1952; dt.: Kunst und Technik, Stuttgart 1959). Tatsächlich fängt Mumford schon an, sich Gedanken darüber zu machen, worin die Funktion hier bestehen könnte. Was ihm einfällt, läßt mich erschaudern, nämlich, daß der Betrachter bzw. Nutzer sich „frommer [fühlt], wenn er eine Kirche betritt, wißbegieriger, wenn er in eine Universität, geschäftsmäßiger, wenn er in ein Büro hineingeht, daß er sich mehr als Bürger fühlt, mehr bereit ist zur Mitarbeit und Verantwortung, stolzer der Gemeinschaft bewußt, der er dient, wenn er in seiner Stadt umhergeht und an ihrem vielfältigen Leben teilnimmt" (Kunst der Technik, S. 95). In ähnlichem Sinn unterscheidet Umberto Eco zwischen „erster Funktion" und „zweiten Funktionen" (La struttura assente, Mailand 1968; dt.: Einführung in die Semiotik, München 1972). Vgl. auch Anm. 238. Dasselbe meint offensichtlich auch eine Projektgruppe der Universität Aachen unter der Leitung von Nikolaus Kuhnert (Lehrbauspiele – Überlegungen zu einer alternativen Berufspraxis und die Planungsstrategie der Lehrbauspiele, Arch+ (o. Jg.), H. 30 (1976), S. 2-22), wenn sie für eine „Erweiterung des Funktionsbegriffs" plädiert. (So kann man freilich nur formulieren bei vollkommener Unklarheit des Funktionsbegriffs.)
133 Dieses Primat ist in letzter Zeit unter Hinweis auf die überragende Rolle des Zeichenhaften im Bauen des archaischen Menschen verschiedentlich in Frage gestellt oder bestritten worden. Was die Auffassung des Hauses beim archaischen Menschen betrifft, so sind die Begrif-

fe des Zeichens oder Symbols sicherlich fehl am Platz. Ich verweise auf Anm. 258. Überhaupt kann von einer Trennung in verschiedene Aspekte, zumal einen trivialen (materiellen) und einen höheren (geistigen) wohl nicht die Rede sein. Doch welches auch immer die Sicht des archaischen Menschen war – sie ist nicht die unsere.
134 Muthesius, H., Das Formproblem im Ingenieurbau, Jena 1913 (Jahrb. d. Dt. Werkbunds 2 (1913): Die Kunst in Industrie und Handel); Colquhuoun, A., Typology and Design Method, in: Meaning in Architecture, hrsg. von C. Jencks/G. Baird, London 1969
135 Siehe Rittel, H./M. M. Webber, Dilemma in a General Theory of Planning, Policy Sciences 4 (1973), S. 155 – 169, sowie Rittel, H., On the Planning Crisis: Systems Analysis of the ‚First and Second Generations', Bedriftsökonomen 1972, S. 390 – 396
136 Beer, S., Decision and Control, London/New York/Sydney 1966, Kap. 4.2
Noch weiter zurückgehend wäre hinzuweisen auf Reitmann, W. R., Heuristics Decision Procedures, Open Constraints and the Structure of Illdefined Problems, in: Human Judgements and Optimality, Hrsg. W. Shelley/L. Bryan, New York 1954, S. 282 f.
137 Wittgenstein, Philosophische Untersuchungen, Schriften, Frankfurt/M 1960, Bd. 1, S. 345 bzw., Philosophische Untersuchungen/Philosophical Investigations, Oxford 1958
138 Alexander, C./B. Poyner, The Atoms ... (siehe Anm. 104), S. 16
139 Siehe Kuhn, T.S., The Structure of Scientific Revolutions, Chicago 1962; dt.: Die Struktur wissenschaftlicher Revolutionen, Frankfurt/M 1967; Lakatos, I., Proofs und Refutations (1963 – 1964), Cambridge 1976; dt.: Beweise und Widerlegungen, Braunschweig 1979; sowie die Aufsätze von Kuhn, Lakatos und Feyerabend in: Criticism and the Growth of Knowledge, Hrsg. I. Lakatos/A. Musgrave, Cambridge 1970; dt.: Kritik und Erkenntnisfortschritt, Braunschweig 1974; Stachowiak, H., Allgemeine Modelltheorie, Wien/New York 1973. Besonders amüsant zu lesen: Duerr, H.P., Ni Dieu – ni maître, Anarchische Bemerkungen zur Bewußtseins- und Erkenntnistheorie, Frankfurt/M 1974, § 1. Spott auf den Skeptiker, der die Unerreichbarkeit von Wahrheit oder Vollkommenheit, eines absoluten Grundes der Erkenntnis zugesteht, aber mit Geringerem sich nicht zufrieden geben will und so zur Idee einer sukzessiven Annäherung an Wahrheit usw. Zuflucht nimmt, obwohl er zur Feststellung solcher Annäherung, genau besehen, kein Kriterium hat.
140 Vgl. Lorenz, K., Die Rückseite des Spiegels – Versuch einer Naturgeschichte menschlichen Erkennens, München/Zürich 1973; dazu, mehr von der Warte der Erkenntnistheorie (etwa des Entwicklungsstandes bei Popper) geschrieben: Vollmer, G., Evolutionäre Erkenntnistheorie, Stuttgart 1975
141 Siehe Stachowiak, H., Allgemeine Modelltheorie (siehe Anm. 139), Kap. 2. Vergleiche dazu die ältere, dafür um so faszinierendere Studie von Kenneth E. Boulding, The Image – Knowledge in Life and Society (Ann Arbor, Michigan 1956).
142 Der Begriff der Dialektik bezieht sich hier, wie allgemein üblich, auf die Bewegung der gesellschaftlichen Praxis wie auf die Bewegung des Denkens, der Theorie, verstanden als widerspiegelnder Aspekt dieser Praxis. Die Dialektik wird aber, anders als im Marxismus (und auch schon bei Marx), nicht in einem objektivistischen und wie relativiert auch immer, letztlich deterministischen Sinn verstanden (mit den unvermeidbaren Folgen des Dogmatismus und Totalitarismus) als eine Gesetzlichkeit dieser Bewegung, als eine Art dynamischer Logik, der die gesellschaftliche Entwicklung folge, sondern als im Denken, wenn dieses sich nur bemühe, diese Entwicklung in ihrer geschichtlichen Totalität zu erfassen, zu erkennen gäbe. Nichts spricht nämlich dafür, daß diese Entwicklung frei wäre von irrationalen Momenten, vom Zufall, und vor allem, daß sie frei wäre von subjektiven Wertsetzungen – welche ihrerseits freilich nicht voraussetzungslos sind, aber auch nicht restlos determiniert. (Alle Bestimmung von Widersprüchen beruht auf ihnen.) Das sub-

jektive Moment ist tatsächlich das Ausschlaggebende besagter Bewegung, und gerade dieses Moment erscheint im Begriff der Dialektik faßbar. Ihre Grundfigur – Negation, Negation der Negation, ohne zum Ausgangspunkt zurückzukehren – hat nicht logischen Charakter, sondern eher psycho-logischen. Der Begriff scheint überhaupt erst mit dem Abgesang der Idee objektiver Erkenntnis seinen angemessenen Platz zu erhalten: im Bereich des Übergangs von einem Modell, oder, in größeren Zeiträumen gedacht, von einem Paradigma zum anderen, von einer in der Praxis verfolgten Richtung zur anderen. „Große Methode" hat Bertolt Brecht sie genannt (Me-ti/Buch der Wendungen, Gesammelte Werke, Bd. 12).
143 Barthes, R., Literatur und Bedeutung, in: Barthes, R., Literatur oder Geschichte, Frankfurt/M 1969, S. 125
144 Siehe Habermas, J., Erkenntnis und Interesse, Frankfurt/M 1968; Habermas, J., Theorie des kommunikativen Handelns, Frankfurt/M, 1981
145 Vgl. Feyerabend, P., Erkenntnis für freie Menschen, Frankfurt/M 1979
146 Bacon, F., Das neue Organon (1664), hrsg. von M. Buhr, Berlin (DDR) 1962
147 Zur Problematik des Funktionsbegriffs in den Sozialwissenschaften vgl. etwa Luhmann, N., Funktion und Kausalität, Kölner Zeitschr. für Soziologie und Sozialpsychologie 14 (1962), S. 617–644
148 Siehe Riedl, R., Die Ordnung des Lebendigen – Systembedingungen der Evolution, Hamburg/Berlin 1975
149 Das Kapital, Berlin 1866, Bd. 1, S. 193
150 Vgl. Bateson, G., Form, Substance, and Difference (1970), in: Bateson, G., Steps to an Ecology of Mind, New York 1972, dt.: Form, Substanz und Differenz, in: Ökologie des Geistes, Frankfurt/M 1981, sowie Bateson, G., Mind and Nature, New York 1979, dt.: Geist und Natur, Frankfurt/M 1982. Vgl. dazu, gerade auch was die Beziehung dieser konzeptionellen Umwälzung der Weltbetrachtung für unsere Auffassung von Wissenschaft und Technik betrifft, Berman, M., The Reenchantment of the World, Itaka/London 1981; dt.: Wiederverzauberung der Welt, München 1983. Gotthard Günther (Das Bewußtsein der Maschinen (¹1957), Baden-Baden/Krefeld 1963) will die Information als eine dritte Sphäre zwischen der Sphäre der Materie-Energie und der Sphäre des Geistes verstanden wissen. Der Grund dafür scheint mangelhaftes Auseinanderhalten der Dichtotomie von Geist und Materie und derjenigen von Subjekt und Objekt. Wenn, so Günther, die Mechanisierung von Bewußtseinsfunktionen immer ein Subjekt voraussetzt, das jenseits der Möglichkeit der Mechanisierung bleibt, wenn somit die Bewußtseinsfunktionen nicht in den Funktionen der Maschine aufgehen, so heißt das nicht, daß beide durchweg kategorial verschieden sind; es heißt, daß im menschlichen Bewußtsein, anders als bei der Maschine, Informationsverarbeitung eben gekoppelt ist mit Subjektivität, also in Beziehung gesetzt wird – auch wenn diese Beziehung verdrängt werden kann – zur eigenen Existenz, zu den Belangen der organismischen „Autopoiesis", von der in Kap. VI noch die Rede sein wird. Sie erscheint nicht als eine der bloßen (interessefreien) Sprachlogik bzw. des bloßen mathematischen Kalküls, sondern einhergehend mit bzw. ausgehend von Empfindungen und Wertungen.
151 Vgl. Grimm, J./W. Grimm, Deutsches Wörterbuch, 1854–1914, Stichwort ‚Gestalt'
152 Vgl. Leroi-Gourhan, A., Le geste et la parole, 2 Bde., Paris 1964 f.; dt.: Hand und Wort – Die Evolution von Technik, Sprache und Kunst, Frankfurt/M 1980, Kap. 12
153 Ein Plädoyer für das Ornament liegt mir fern, genauso aber seine Verdammung. Mir scheint, daß Adolf Loos' Auffassung von der zivilisatorischen Überwindung des Ornaments nur für einen bestimmten Begriff der Zivilisation gültig ist, nämlich jene durch Auf-

klärung und Fortschritt, Siegeszug des Verstandes und Rationalisierung des Lebens bestimmte Geschichtsteleologie, die heute allenthalben in Frage gestellt wird.
154 Siehe Adorno, T. W., Funktionalismus heute, Neue Rundschau 77 (1966), S. 585–600; Habermas, J., Moderne und postmoderne Architektur, in: Die andere Tradition – Architektur in München von 1800 bis heute (Ausst. Nr. 3 in der Reihe „Erkundungen"), München 1981
155 Siehe seinen Aufsatz: Gehört die Baukunst zu den freien Künsten?, Gegenwart, 1887, S. 391 ff.
156 Arnheim, R., Die Dynamik der architektonischen Form (1977), Köln 1980. Erst im letzten Kapitel spricht Arnheim auch die Beziehung der Form zur Funktion an. Dort findet man auf einer sehr allgemeinen Ebene überraschenderweise eine Vorstellung von dieser Beziehung, die der hier entwickelten durchaus entspricht, mangels einer genaueren Analyse der Funktion von Gebäuden jedoch nicht konkretisiert wird bzw., soweit sie es wird, nämlich am Beispiel vor allem von Gefäßen – auch das Gebäude ist seiner Auffassung nach ein Behälter – allzusehr im Bereich des Formalen bleibt.
157 Lao Tsu, Tao te Ching, übersetzt von Gia Fu Feng und anderen, Manuskript 1981, Kap. 11. Vgl. Tao Tö King, Le Livre de la voie et la vertu, traduit par J.-J.-L. Duyvendak, Paris 1953
158 Vgl. dazu das entsprechende Diagramm in Fitch, J.M., Experiential Basis... (siehe Anm. 160)
159 Ich nenne hier nur zwei relativ frühe Studien, die für meine eigene Entwicklung wichtig waren: Moholy-Nagy, S., Native Genius in Anonymous Architecture, New York 1957; Ayoub, R., Contrôle thermique naturel des locaux dans les tropiques et les regions tempérées et ensoleillées, Technique et Architecture 20 (1960), S. 70–137
160 Christian Norberg-Schulz (Intentions in Architecture, Oslo 1963; dt.: Logik der Baukunst, Berlin/Frankfurt/M/Wien 1965 (Bauwelt Fundamente 15)) führt unter dem Stichwort „physische Kontrolle" die Begriffe „Filter", „Verbindung", „Sperre" und „Schalter" ein zur Charakterisierung verschiedener Arten von Trennungen und Nicht-Trennungen, allerdings ohne Bezugnahme auf das, was er den „funktionellen Rahmen" nennt, nämlich die Lokalisierung der Tätigkeiten in ihrem Verhältnis zueinander und die Erfüllung ihres Raumbedarfs. Auch bei der Behandlung der Form wird auf diese Sicht der Wand keinerlei Bezug genommen. Vielmehr herrschen hier die alten Kategorien „Masse", „Raum" und „Fläche"; und selbst das Fenster taucht nurmehr als „Öffnung" auf, die in ihrer Wirkung auf Masse und Raum diskutiert wird. Entsprechend wird auch architektonische Semiotik nicht unter Bezugnahme auf die funktionalen Bestimmungen diskutiert, sondern wiederum gesondert behandelt unter Bezugnahme auf Beispiele aus vergangenen Epochen mit überholten Gesellschaftsstrukturen. Das ganze ist ein Konglomerat aus heterogenen Konzeptionen, die aus verschiedenen Epochen stammen bzw. auf grundverschiedene Betrachtungsweisen zurückgehen und einfach übereinandergeschichtet sind, ungeachtet ihres Zusammenstimmens oder ihrer Widersprüchlichkeit.
Reyner Banham (The Architecture of the Well-tempered Environment, London 1969) unterscheidet zwischen der „structural mode" und der „power-operated mode" des „environmental control".
Innerhalb ersterer unterscheidet er noch einmal zwischen der „conservative mode" (wärmespeichernde Wände, Wärmefallen) und der „selective mode". Er führt aus, wie die „power-operated mode", die, seit das Feuer auf der Herdstelle brannte, zur Unterstützung der „structural mode" in unserm Klima immer schon eine Rolle spielte, seit Ende des letzten Jahrhunderts zunehmend in den Vordergrund trat. „Mechanical services" aller Art führten

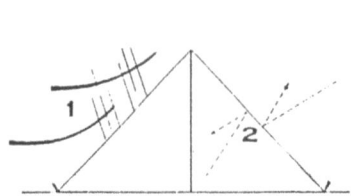 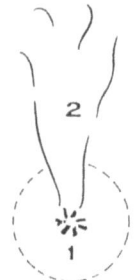

Environmental behaviour of a tent.
1. Tent membrane deflects wind and excludes rain
2. Reflects most radiation, retaining internal heat, excluding solar heat, maintaining privacy

Environmental conditions around a camp fire.
1. Zone of radiant heat and light
2. Downwind trail of warmed air and smoke

zu einer Revolution in „environmental control", uns zwar ohne daß in der Erscheinung der Gebäude zunächst viel davon zu merken war, bis aus der neuen Technik schließlich ein neuer Stil entwickelt wurde: „the architecture of manifest environmental services" – von Banham als Befreiung von der herkömmlichen monumentalen Formensprache begrüßt.

Obwohl Banhams Buch eine Apotheose ist des (vorläufigen) Siegeszugs der „power-operated mode" des „environmental management" „towards full control", wirft es beiläufig auch einiges Licht auf die m.e. grundlegende „structural mode" oder, wie ich sagen würde, die abschirmungstechnische Art der klimatischen Temperierung.

James Marston Fitch (Experiential Basis for Aesthetic Decisions, Annals of the New York Academie of Sciences 128 (1965), S. 706–714, abgedruckt in: Environmental Psychology – Man and his physical Setting, Hrsg. H. M. Proshansky/W. H. Ittelson/L. G. Rivlin, New York 1970) sieht die Wand als „selectively permeable membrane", über die „man can modulate the play of environmental forces upon himself and his processes, to guarantee their uninterrupted development". Aber er wendet diese Sicht nur auf die „Ästhetik" an, die er damit über das rein Visuelle hinaus erweitern will und in dieser Erweiterung als adäquate Entscheidungsinstanz für den Entwurf von Umwelten für die („natürlichen") Tätigkeiten der Erholung ansieht, in denen es um die Ausbalancierung der organismischen Gleichgewichte ginge, im Gegensatz zu dem Entwurf von Umwelten für die („unnatürliche") zu Streß führende „Arbeit", der unter „funktionaler" Betrachtung erfolgen müsse wobei der Begriff der Funktion sich hier offenbar nicht auf die Architektur bezieht, sondern auf die Tätigkeiten, zu deren maximaler Leistung die Gebäude, wie auch immer, das ihre beitragen sollen, ohne Rücksicht auf die oben genannten organismischen Bedürfnisse.

David Canter (Need for a Theory of Function in Architecture, The Architects Journal 151 (1970, 1. Halbj.), S. 299–302) faßt Gebäude als „filter of stimuli" auf bzw. als „attempts to hinder particular stimuli from getting to users and to facilitate the reception of other stimuli" sowie als Versuch „to help or hinder users in reacting to stimuli". Er befaßt sich dabei mit dem Wohlergehen der Nutzer, mit der Einhaltung des psychischen Gleichgewichts bei Veränderung von äußeren Reizen, denen sie durch Veränderung der Gebäude begegnen können sollen. Dieser Gesichtspunkt bleibt ohne Bezug zur primären Funktion von Gebäuden. Es wird nicht der Rahmen geklärt, in dem oder bezogen auf den solche Änderungen stattfinden sollen. Die Gebäude dienen schließlich nicht der Anpassung *an sich* oder dem Sich-Wohlfühlen als solchem, sondern der Durchführung bestimmter Tätigkeiten, *bei denen* die Nutzer sich wohlfühlen sollen.

161 Wimsatt, W. C., Teleology... (siehe Anm. 130). Wimsatts Formel enthält noch ein weiteres Element in der Klammer: die Theorie (T), das er aber selbst als ein metatheoretisches Element bezeichnet und das in unserm Fall entbehrlich ist, erst im Fall der Entwicklung einer Gegentheorie notwendig wird.

162 Wenn ich diesen Begriff im folgenden als Allgemeinbegriff für das in den Gebäuden stattfindende beibehalte, so keineswegs mit voller Befriedigung, sondern in Ermangelung eines geeigneteren, weiteren Begriffs, unter den sich auch das Lagern von Gegenständen zwanglos subsumieren ließe. Wenn hier die Tätigkeiten, wie ihrerseits weitgehend bestimmt durch die Entwicklung des gesellschaftlichen Reproduktionsprozesses, als der der Planung baulicher Anlagen vorausgehende, sie bestimmende Faktor betrachtet werden, so sei der Einfluß in der entgegengesetzten Richtung nicht unterschlagen, der Umstand nämlich daß die Tätigkeiten in ihrer Entwicklung im Zusammenhang des gesellschaftlich Reproduktionsprozesses auch abhängig sind von den Möglichkeiten der Herstellung bzw. Aufrechterhaltung geeigneter Umweltverhältnisse, die die Architektur bzw. Bautechnik, angetrieben durch welche Entwicklungskräfte immer, jedenfalls weitgehend unabhängig von einzelnen Bauaufgaben, bietet.

163 Diesen Ausdruck übernehme ich von Harald Searles bahnbrechender Arbeit „The Nonhuman Environment – in Normal Development and in Schizophrenia" (New York 1960), einer Studie über die Bedeutung dieses von der vorausgehenden Tiefenpsychologie vernachlässigten Bereichs der Umwelt in der Persönlichkeitsentwicklung des Menschen. Der Ausdruck bezeichnet „die Totalität der Umwelt des Menschen mit Ausnahme der anderen menschlichen Wesen in ihr" (S. 2).

164 Siehe Grimm, J./W. Grimm, Deutsches Wörterbuch, 1854–1914, Stichwort ‚Raum'

165 Was insbesondere den städtebaulichen Raum betrifft, so finden wir in der Zeitschrift Arch+ seit einiger Zeit den Versuch, der Idee der Raumgestaltung einen neuen Sinn zu geben durch die Bestimmung des Raums irgendwie sub modo seiner Nutzung bzw. des sozialen Verhaltens (Schlagwort „Sozialcharakter des Raums"). Vgl. den Rückblick auf die diesbezügliche Entwicklung im Editorial von Heft 73 (1984), dazu insbesondere das Editorial und einige Artikel des Heftes 50 (1980): Wiederentdeckung des Raums: Stadträume – Sozialräume, sowie Fester, M./S. Kraft/E. Metzner, Raum für soziales Leben, Karlsruhe 1983, Auszüge davon in Arch+ (o. Jg.) H. 68 (1983). Dabei kommen die Autoren insbesondere der zuletzt genannten Arbeit auch auf die Begrenzung des Raums zu sprechen und heben deren besondere Relevanz für den Raumcharakter hervor. Aber die Bestimmung dieser Grenze bleibt zu diffus. Hie und da wird das diesseits und jenseits der Grenze Stattfindende zueinander in Beziehung gesetzt – Aufzeigen positiver und negativer Beeinflussung –, aber es wird dieser Gesichtspunkt nicht seiner Relevanz entsprechend verallgemeinert und zum zentralen Gesichtspunkt erhoben: Bestimmtheit der Nutzungsmöglichkeiten vor allem durch den baulich vermittelten Zusammenhang mit allen in den angrenzenden Arealen stattfindenden Tätigkeiten. Das nämlich hieße: Aufgeben der Konzeption des architektonischen Raums, hieße das Wagnis eines Gestaltswitchs, eines Paradigmawechsels.

166 Siehe Evans, R., Figures, Doors and Passages, Architectural Design 48 (1978), S. 267–278; Vgl. Habermas, J., Strukturwandel der Öffentlichkeit, Neuwied 1962, S. 55 ff.

167 Kerr, R., The Gentleman's House, London 1864, ³1871, S. 67
168 Ebd., S. 68
169 Viollet-Le-Duc, E.-E., Entretiens sur l'Architecture, Paris 1863/1872, Bd. 2, S. 271 ff.
170 Vgl. Kokkelink, G./R. Menke, Die Straße und ihre sozialgeschichtliche Entwicklung, Bauwelt 69 (1977) (Stadtbauwelt 53), S. 354–358
171 Hans Paul Bahrdt, der die Polarisierung des Lebens in eine öffentliche und eine private Sphäre als entscheidendes Konstituens der Stadt auffaßt und in ihrer Herausbildung darstellt (Die moderne Großstadt – Soziologische Überlegungen zum Städtebau, Hamburg ¹1961), bleibt in dieser Hinsicht völlig unkritisch. Wie in der Wirklichkeit schlägt auch in seiner Theorie die Trennung der beiden Sphären unversehens um in Beziehungslosigkeit – einschließlich der Begleiterscheinungen der spießbürgerlichen Privatheit und der entsozialisierten Öffentlichkeit, die als der Preis erscheinen, der für die Abgrenzung der Privatsphäre zu zahlen ist. Nicht das Zueinander der beiden Sphären soll nach ihm entscheidend und Ausgang der Planung sein, sondern der Privatbereich für sich. Wie es bei Le Corbusier hieß: „Der Grundriß entwickelt sich von innen nach außen", so heißt es bei dem Soziologen Bahrdt: „Die Planung beginnt mit dem Privatraum" (²1962, S. 140). Gleichzeitig mit der genannten Abhandlung von Bahrdt erschien die damals aufsehenerregende Arbeit von Jane Jacobs, Death and Life of Great American Cities (New York 1961; dt.: Tod und Leben großer amerikanischer Städte, Berlin/Frankfurt/Wien 1963), in der die tödlichen Folgen solcher für alle Zusammenhänge blinder Planung und Planungstheorie geschildert werden. Vgl. auch Alexander, C., A City is not a Tree, Design 206 (1966), Heft 2
172 Vgl. Malcolmson, R.W., Popular Recreations in English Society 1700–1850, London 1973
173 Vgl. Foucault, M., Histoire de la Folie, Paris 1961; dt.: Wahnsinn und Gesellschaft, Frankfurt/M 1973; Foucault, M., Surveiller et punir – Naissance de la prison, Paris 1975, dt.: Überwachen und Strafen – Die Geburt des Gefängnisses, Frankfurt/M 1976
174 Evans, R., The Rights of Retreat and the Rites of Exclusion – Notes toward the Definition of Wall, Architectural Design 41 (1971), S. 335–339, Zitat S. 337
175 Wachsmann, K., Wendepunkt im Bauen, Wiesbaden 1959, S. 110
176 Siehe Anm. 160
177 Siehe Evans, R., The Rights of Retreat ... (siehe Anm. 174)
178 World Design Science Decade 1965–1975, Document 2: the Design Initiative. World Resources Inventory, Southern Illinois University, Carbondale, Ill. 1963; ebenso: Fuller, B., Why not Roofs over our Cities, Think, Jan/Febr. 1968, S. 8–11
179 So noch bei Onsell, M., Ausdruck und Wirklichkeit, Braunschweig 1981 (Bauwelt Fundamente 57), S. 103 ff. Von dieser Auffassung ausgehend, erklärt Onsell die Form für zunehmend irrelevant, da sich das kybernetische Prinzip in ihr nicht spiegeln könne.
180 Moles, A.A./E. Rohmer, Psychologie de l'espace, Paris 1972
181 Ebd., S. 31 ff. Alle Funktionen der Wand, die die Autoren angeben, sind Funktionen der Trennung. Der dazu polar entgegengesetzte Aspekt der Verbindung (Beleuchtung, Ausblick, Durchgang usw.) ist ausgeblendet, erscheint nur indirekt bei der Behandlung der Tür, die als mobile Wand wiederum unter dem Aspekt der Trennung, nämlich einer zeitlich begrenzten Trennung betrachtet wird (S. 38).
182 Ebd., S. 41. „Der Mensch, ‚Herr und Besitzer der Natur', so die cartesische Formel, bleibt noch im Besitz und beherrscht von der Gesellschaft. Die industrielle Moral wird einer Moral der Automatisierung und der freien Zeit Platz machen, in der das Individuum Herr und Besitzer der Gesellschaft wird, anstatt sich von ihr in Besitz nehmen zu lassen. Dies ist die Frage, die der Modellierer des städtischen Raums im Zusammenhang mit dessen Aneignung durch die Menschen sich stellen muß." „Der Designer erscheint also als der Demiurg der Beziehungen zwischen dem Menschen und der Gesellschaft."

183 Ebd., S. 101
184 Ebd., S. 90 ff.
185 Ebd., S. 101. „Das hier vorgebrachte Bündel von Bemerkungen impliziert für den Philosophen des Design ein Negatives: die Zerstörung des Dogmas der Unveränderlichkeit des Menschen: Der Mensch kann in seiner Natur und seinen Werten verändert werden."
186 Ebd., S. 81. „Wir sehen das Artefakt als die ‚natürliche' Bedingung unserer Existenz und die Natur, sorgfältig geschützt und klassifiziert, als Artefakt; also ist das Artefakt wahrhaft, die Natur aber ein Irrtum."
187 Bertalanffy, L. von, Theoretische Biologie, Bern ²1951, Bd. 2, sowie Bertalanffy, L. von, Biophysik des Fließgleichgewichts, Braunschweig 1953
188 Siehe Maturana, H./F. Varela, Autopoiesis – The Organization of the Living (1973), in: Maturana, H./F. Varela, Autopoiesis and Cognition – The Realization of the Living, Dordrecht/Boston/London 1980
189 Bezogen auf den Menschen ist die von Jakob und Uexküll (Uexküll, J. von/G. Kriszat, Streifzüge durch die Umwelten von Tieren und Menschen, Berlin 1934) entwickelte Konzeption einer mit der Art ein für allemal festgelegten Umwelt, der jene „eingepaßt" ist, sicherlich nicht aufrechtzuhalten. Und natürlich ist der Umweltbegriff, so wie Uexküll ihn eingeführt hat – beschränkt auf die Ebene von Reiz und Reaktion – viel zu eng. Zur Erweiterung des Umweltbegriffs siehe Weber, H., Zur Fassung und Gliederung eines allgemeinen biologischen Umweltbegriffs, Die Naturwissenschaften 27 (1939), S. 633–644. Vgl. Peters, H.M., Über die Beziehung der Tiere zu ihrem Lebensraum, Studium Generale 10 (1957), S. 523–531
190 So das Thema eines von Frei Otto organisierten Symposiums sowie der Titel der Veröffentlichung der dort gehaltenen Vorträge: Natürlich Bauen, Stuttgart 1981 (Mitt. des Inst. f. leichte Flächentragwerke (IL), Universität Stuttgart, Nr. 27)
191 Erklärung der Menschen- und Bürgerrechte, Artikel 6, in: Die Verfassung der französischen Republik, 24. Juni 1793, in: Die Französische Revolution, Hrsg. W. Grab, München 1973 (Nymphenburger Texte zur Wissenschaft)
192 Vgl. Searles, H.F., The nonhuman Environment... (siehe Anm. 163). In dieser Studie ist allerdings das oben angesprochene Thema unserer Bindung an die äußere Natur nur Teil eines weiter gefaßten Themas: der Beziehung zur nichtmenschlichen Umwelt überhaupt, mit der sich das Kind, so Searles, wie mit der Mutter zunächst als Einheit erlebt, und die erst nach einem sehr langen (bis zum 12. Lebensjahr) dauernden Prozeß der Differenzierung als Umwelt im eigentlichen Sinne erlebt wird.
193 Insbesondere die Aggressionsdebatte wurde unter der für komplexe Verhaltensweisen falschen Prämisse eines Entweder – Oder von ‚angeboren' und ‚erworben' zum Teil alles andere als sachlich geführt. Zusammenfassend von seiten der Humanethologie, leider sich in mehreren Schriften weitgehend nur wiederholend: Eibl-Eibesfeldt, I., Der vorprogrammierte Mensch, Wien/München/Zürich 1973; Krieg und Frieden aus der Sicht der Verhaltensforschung, München 1975; Die Biologie menschlichen Verhaltens – Grundriß der Humanethologie, München/Zürich 1984. Soweit die Kritik an der Humanethologie in dem generellen Vorwurf des biologischen Determinismus, der Annahme einer restlosen Determiniertheit des kulturellen Lebens besteht, geht sie völlig an der Sicht der Humanethologie vorbei, denn diese befaßt sich nur mit den genetisch fixierten Prädispositionen menschlichen Verhaltens und bestreitet nicht die (allerdings nur) relative Autonomie der Kultur. Es ist gerade die Humanethologie, die zugleich mit der Hypothese eines Aggressionstriebs die Hypothese entgegenwirkender Triebe der Aggressionshemmung und der Bindung vorträgt, die wir nutzen können, und die auf die bei Tieren und Menschen

gegebenen vielfältigen Möglichkeiten der Sozialisierung der Aggression (Schlichtung, Ritualisierung der Konfliktaustragung) hinweist.
194 Einen Überblick, gerade auch mit Bezug zur Territorialität beim Menschen, gibt Wilson, E. O., Sociobiology, the New Synthesis, Cambridge/Mass. 1975, S. 564 ff. Zur Territorialität beim Menschen siehe ferner Eibl-Eibesfeldt, I., Grundriß der vergleichenden Verhaltensforschung, München 1980; sowie: Krieg und Frieden..., und: Die Biologie... (siehe Anm. 193).
195 Siehe Dyson-Hudson, R./E. A. Smith, Human Territoriality, American Anthropologist 80 (1978), S. 21–41
196 Vgl. Knuchel, E. F., Die Umwandlung in Kult, Magie und Rechtsbrauch, Basel 1919. Die teilweise obligate Rechtsläufigkeit der Umwandlung wie das Mitführen von Fackeln verweisen auf Elemente eines Sonnenkultes, die in diese Riten eingegangen sind.
197 Vgl. Illich, I., Gender, New York 1982; dt.: Genus – Zu einer historischen Kritik der Gleichheit, Reinbek bei Hamburg 1983
198 Eine Ausnahme bildet Eibl-Eibesfeldt, I., Grundriß... (siehe Anm. 194), S. 458. Vgl. ferner Fischer, F., Der Wohnraum, Zürich 1965; Hotz, P., Plans of Mice and Men (1964), Landscape, Winter 1966–67, S. 12–14; Lipman, A., Chairs as Territory, New Society 9 (1967, 1. Halbj.), S. 564–566; Pawley, M., The Time House, in: Jencks, C./G. Baird: Meaning in Architecture, London 1969; Spivak, M., Archetypal Place, The Architectural Forum 140 (1973, 2. Halbj.), H. 3, S. 44–49; Bettelheim, B., A Home for the Heart, New York 1974, dt.: Der Weg aus dem Labyrinth, Stuttgart 1975; Reid, R., Rooms, Architectural Design 48 (1978), S. 80–85
199 Wie die Sprachforschung zeigt, wird der Zaun aufgefaßt als das Umzäunte in seiner neuen Qualität konstituierend. So haben wir etwa Forst von germ. forst, kennzeichnend den Querbalken des Zauns, dann den Zaun selbst und besonders den Eingang an einem Zaun. Ähnliche Herleitungen, immer ausgehend von dem Wort für die betreffende Umzäunung, ergeben sich für Garten, Hag, Hain, Pferch, Park, Land, engl. town und Tempel. Siehe Trier, J., First – Über die Stellung des Zauns im Denken der Vorzeit, Nachr. v. d. Gesellsch. d. Wiss. zu Göttingen, phil.-hist. Klasse, Fachgruppe IV, N. F., Bd. III, Nr. 4, 1940
200 Andrae, W., Das Gotteshaus und die Urformen des Bauens im alten Orient, Berlin 1930, S. 37
201 Andrae (ebd.), wiederum in bezug auf babylonische Architektur: „„Hüter der Schwelle" würden wir passend jene irdischen oder dämonischen Türhüter nennen können, die so oft als starke wildbärtige Männer oder als Stiermänner an den Türpfosten oder Türflügeln dargestellt sind, oder deren Bilder unter den Schwellen oder an den Leibungsecken in Kapseln niedergelegt werden und von da dann auch in die Gründungsschichten der Mauern wandern wie ein Schutzmittel für den ganzen Bau." Zahlreiche Beispiele verstreut, etwa in: Gardi, R., Auch im Lehmhaus läßt sich's leben – Über traditionelles Bauen und Wohnen in Westafrika, Bern 1973; Shelter, Sign & Symbol, hrsg. von P. Oliver, London 1975; Fillipetti, H./J. Trotereau, Zauber, Riten und Symbole, Freiburg 1979; Gombrich, E. H., The Sense of Order, New York 1979, Kap X
202 Allgemein zur stammesgeschichtlich erebten Ambivalenz von Abkehr und Zuwendung im menschlichen Verhalten siehe Eibl-Eibesfeldt, I., Der vorprogrammierte Mensch (siehe Anm. 193), Kap. 6, sowie: Die Biologie menschlichen Verhaltens (siehe Anm. 193), S. 216 ff.
203 Vgl. etwa die Beschreibung der Regeln des Empfangs von Gästen vor einem Haus der Atoni in Indonesien bei Cunningham, C. E., Order in the Atoni House, in: Right & Left – Essays on Dual Symbolic Classification, hrsg. von R. Needham, Chicago/London 1973

204 Am bekanntesten in der Architekturgeschichte die Vorhalle des bronzezeitlichen Megaron, die dann in den Antentempel und, in abgewandelter Form, in alle weiteren Tempelformen übernommen wird.
205 Dabei verdient m. E. gerade in bezug auf die hier skizzierte Überlagerung von Verhaltenstendenzen die verpönte, inzwischen fast vergessene „back-to-back"-Bebauung mit der Öffnung der Wohnung über den Garten zur Erschließung erneutes Interesse. Vgl. Feldtkeller, C., „back-to-back"-Häuser, Baumeister 67 (1970), S. 1077 – 1084
206 Bowlby, J., The Nature of the Child's tie to his Mother, The Int. J. of Psychoanalysis 39 (1958), S. 350 – 373; Bowlby, J., Attachment and Loss, Vol. 1: Attachment, London 1969. Vgl. Ainsworth, M.D.S., Object Relations, Dependency and Attachment: A Theor. Review of the Infant-Mother Relationship, Child Development 40 (1969), S. 959 – 1025
207 Bowlby, J., The Nature ... (siehe Anm. 206), S. 351
208 Siehe Schneider, H., Entwicklung und Sozialisation der Primaten, München 1975, S. 27
209 Hediger, H.P., The Evolution of Territorial Behavior, in: Social Life in Early Man, Hrsg. S.L. Washburn, New York 1961
210 Eibl-Eibesfeldt, I., Der vorprogrammierte Mensch (siehe Anm. 193), S. 241
211 Vgl. Eibl-Eibesfeldt, I., Die Biologie des menschlichen Verhaltens (siehe Anm. 193), S. 716 ff., und, was den behandelten Zusammenhang, den Mutter-Kind-Kontakt betrifft, S. 212 ff., 237 ff.
212 Auch hier ist an die „back-to-back"-Bebauung (vgl. Anm. 205) zu erinnern. Was das Innere der Wohnung betrifft, vgl. auch die Überlegungen von Elisabeth Dessai zur familiengerechten Wohnung. Nach ihr sollen gegeben sein: „1. Rufkontakt zwischen den Schlafzimmern; 2. Schallisolierung zwischen Spielraum und Elternschlafzimmer; 3. Seh- und Sprechkontakt zwischen Küche und Spielraum; 4. getrennte Zugänge a) Spielbereich, b) repräsentativer Erwachsenenraum; 5. Spielen bei den arbeitenden (lesenden ...) Eltern: Geborgenheit, intellektuelle Förderung; dennoch kein Verzicht auf einen permanent gepflegten Taburaum (Gäste)." (Aus einem Journal, dessen Namen ich mir nicht gemerkt habe. Ähnlich bei Dessai, E./R. Alt-Rosendahl, Wohnen und Spielen mit Kindern – Alternativen zur familienfeindlichen Architektur, Frankfurt/Berlin/Wien 1978). Ich beziehe mich auf die Bedingungen 1, 3 und die erste Hälfte der Bedingung 5. (Was den „Taburaum" betrifft, so wäre doch wenigstens die Frage aufzuwerfen, ob es nicht bessere Mittel gibt, das Repräsentationsbedürfnis zu befriedigen.)
213 Hierzu vgl. zur Lippe, R., Am eigenen Leibe – Zur Ökonomie des Lebens, Frankfurt/M 1978
214 Siehe: Organismus und Technik (1971), Frankfurt/M 1979; Unmenschliche Architektur – Von der Tierfabrik zur Lernanstalt, Köln 1973; Eine mitzuteilende Methode, Scheidewege 4 (1974), S. 218 – 250
215 Organismus und Technik (siehe Anm. 214), S. 87
216 Die in den sechziger Jahren erhobene Anklage der Monotonie (siehe insbes. Parr, A.E., Über die Konsequenzen der Monotonie, Bauwelt 57 (1966), S. 571 – 578) blieb leider zu allgemein, als daß sie nicht in diesem Sinn verstanden oder mißverstanden werden konnte. Und die in solchem Verständnis unternommenen künstlerischen Anstrengungen, um insbesondere den Großbaukomplexen, wie sie sich aus der Struktur unseres gesellschaftlichen Reproduktionsprozesses ergeben, die Brutalität ihrer Erscheinung zu nehmen, führen uns nur noch tiefer ins architektonische Elend. Statt der ‚Klötze', der ‚langen Schlitten' nun abgetreppte, gestaffelte, farblich rhythmisierte, raumbildende Komplexe; statt einzelner ‚Objekte' nun Architekturlandschaften. In dem Totalwerden der Architektur wird selbst die Form, nämlich die geometrische, organfremde Form – die gerade

Linie, die glatte Fläche, der rechte Winkel, die kreisförmige Krümmung, die modularen Ordnungen -, die in ihrer Gegensätzlichkeit zu den natürlichen Formen einmal von besonderem Reiz war, zu einem Streß-Faktor.
217 Siehe Rasmussen, S.E., Experiencing Architecture (1959), Cambridge/Mass. 1962, Kap. 8
218 Siehe Fröbels Theorie des Spiels III, eingeleitet von E. Hoffmann, Weinheim 1962 (Kleine pädagogische Texte 21), S. 79, 86
219 Vgl. MacCormac, R.C., The Anatomy of Wright's Aesthetic, The Architectural Review 143 (1968, 1. Halbj.), S. 143 – 146; Moholy-Nagy, S., Frank Lloyd Wright 1889 – 1959 – Die Metamorphose der modernen Architektur, Bauwelt 50 (1959), S. 659 – 669; sowie Wright, F.L., An Autobiography (New York 1932), London 1945, S. 15 f.
220 Posener, J., Vorlesungen zur Geschichte der neueren Architektur (1), Arch+ (o.Jg.), H. 48 (1979), S. 29
221 Siehe Posener, J., Eine Architektur für das Glück, Arch+ (o.Jg.), H. 33 (1977), S. 39 – 45
222 „Ich möchte lieber auf einer Bank im Hyde Park wohnen als in einem cubical house mit vielen kleinen Räumen." Interview mit Graeme Shankland (1958), in: Carter, P., Mies van der Rohe at Work, London 1974, S. 180 ff.
223 Diese Einsicht führte einstmals zur Idee der „Konditionsplanung". Siehe Feuerstein, G., Von der Funktionsplanung zur Konditionsplanung, Transparent (Wien), H. 4 (1970); Spieker, H./H. Scholl, Konditionsplanung, Bauwelt 64 (1973), S. 1345 – 1352. Freilich wird die von den Autoren vorgenommene Gegenüberstellung zum funktionalen Entwurfsansatz hinfällig, wenn man wirklich funktionales Entwerfen meint und nicht, wie die Autoren und wie Posener, ein Entwerfen nach dem Paradigma des sich der Körperform anschmiegenden Sessels. Hinfällig wird dann allerdings auch die Idee des architektonischen Raums als dem Ausgangspunkt des Entwerfens.
224 Die Veränderbarkeit eines Elements ist relativ in Abhängigkeit von dem dafür erforderlichen Aufwand. Dieser bestimmt sich durch die Wahl des Materials, durch die Konstruktionsweise und durch die Stellung des Elements im Komplex der strukturellen Abhängigkeiten der verschiedenartigen Elemente. Ausgehend von dieser Überlegung habe ich einstmals, in meiner Diplomarbeit, ein Gebäude entworfen mit einer bewußt festgelegten Hierarchie von Veränderbarkeiten, die möglichst gut auf die geschätzten Häufigkeiten der betreffenden Veränderungsbedürfnisse abgestimmt sein sollte. In dieser Hierarchie – tragende Wände, Schächte und vertikale Installationen, installierte Geräte, Wohnungstrennwände, Zimmertrennwände, Anstrich und Tapete, Schiebewände und Vorhänge sowie Möbel – wurde sozusagen die traditionelle Differenzierung zwischen Haus (immeuble) und Möbel im Bereich des ersteren fortgesetzt. Eine auszugsweise, leider ziemlich mißglückte Veröffentlichung brachte Werk 52 (1965), H. 3, S. 92 – 93
225 Einschlägig sind hier Michael Polanyis „tacit knowing" und Wilhelm Reichs Gleichsetzung von Unbewußtem und Körper. Zu beidem siehe Berman, M., Reenchantment ... (siehe Anm. 150), Kap. 6
226 Clausewitz, C. von, Vom Kriege (1832), Berlin/Leipzig 1915, S. 84 ff.
227 Ohne ein Verständnis dessen, worum es beim Bauen geht, würden die Nicht-Architekten infolge geringerer Erfahrung noch mehr im dunkeln tappen als die Architekten. So ist die teilweise negative Beurteilung von Versuchen der Nutzer-Beteiligung am Entwurf, auf die Broadbent sich stützt (Neuere Entwicklungen in der Entwurfsforschung, Bauwelt 68 (1977), S. 1624 – 1631), wenig verwunderlich. Der von Broadbent gemachte Gegenvorschlag, daß der Experte, (obwohl er, wie Broadbent selbst einräumt, bezüglich dessen, was in dem Gebäude stattfinden soll, „ignorant" ist) mit seinem vor allem konstruktiv-technischen Wissen „Entwurfshypothesen" entwickeln solle, die dann von den Betroffenen ak-

zeptiert oder abgelehnt werden könnten, ist naiv in bezug auf die Komplexität der Aufgabe bzw. den Charakter der Aufgabe als einer nicht unabhängig vom Entwurf selbst in einem Programm festlegbaren. Er ist naiv in bezug auf die Bemühungen, die notwendig sind, um die eigenen architekturspezifischen Bedürfnisse zu erkennen. Da diese Bedürfnisse keineswegs festliegen, ist außerdem die von Broadbent gezogene Parallele zu Poppers Konzeption des wissenschaftlichen Fortschritts durch Hypothesenbildung und Falsifikation (ganz abgesehen von deren eigener Überholtheit) völlig abwegig.

228 Semper, G., Entwurf eines Systems der vergleichenden Stillehre (1853), in: Semper, G., Kleine Schriften, hrsg. von M. u. H. Semper, Berlin/Stuttgart 1884

229 Ist es dies, was van Eyck meinte, als er in seiner Kritik der Versuche der Aufhebung des architektonischen Raums im allgemeinen Raum, wohl auch der Versuche der Aufhebung der Dichotomie zwischen Innen und Außen, dazu anregte, die Tür als Ort des Willkommens, das Fenster als Ort der Betrachtung zu gestalten?:

„Space has no room, time not a moment for man. He is excluded ...
For space in the image of man is place, and time in the image of man is occasion ...
Is man able to penetrate the material he organizes into hard shape between one man and another, between what is here and what is there, between this and a following moment? Is he able to find the right place for the right occation?
No – So start with this: make a welcome of each door, a countenance of each window.
Make of each a place, a bunch of places of each house and each city, for a house is a tiny city, a city a huge house ...
Whoever attempts to solve the riddle of space in the abstract, will construct the outline of emtiness and call it space."
(Team 10 Primer, Architectural Design 32 (1962) S. 559–602)

230 Wolfgang Braunfels (Mittelalterliche Stadtbaukunst in der Toskana, Berlin 1953, 1979, S. 175) berichtet von der Toskana, daß in den sonst noch selbstgebauten Häusern im Mittelalter die Fensterrahmungen diejenigen Teile waren, die man wenn möglich und vor allem anderen in Auftrag gab, nämlich an Steinmetzen die an Kirchenbauten geschult waren. Ich vermute, daß sich hier technische und gestalterische Ansprüche verbinden.

231 Vgl. die in Anm. 201 erwähnte Literatur

232 Morris, W., Gothic Architecture (1889), abgedruckt in: Morris, M., William Morris – Artist, Writer, Socialist, 1936, New York ²1966, Bd. 2, S. 266–286

233 Dies bezog sich zunächst auf die Brücken über die das alte Rom auf dem Palatin umgebenden Wasserläufe. Später, nachdem die natürlichen Grenzen der Stadt im Zuge ihrer Ausdehnung durch Stadtmauern ersetzt worden waren, wurde Janus auch mit den Stadttoren in Verbindung gebracht – obwohl im Gegensatz zu den Flußübergängen die Tore das Nicht-Gemachte und Nicht-Geweihte waren, jene Stellen („portae"), wo bei der Festlegung und Weihung der Mauer der Pflug über die Erde ‚getragen' wurde. Siehe Holland, L. A., Janus and the Bridge, Rom 1961 (Papers and Monographs of the American Academie in Rome, Bd. 21). Wenn Hermann Sörgel (Einführung in die Architekturästhetik, Prolegomena zu einer Theorie der Baukunst, München 1918, ³1921 unter dem Titel: Theorie der Baukunst, Bd. 1: Architektur-Ästhetik) bezogen auf den Raum thematisierende Architektur, bei der die Formgebung der einen Seite der Wand mit der der anderen Seite nichts zu tun haben will, und bei der die die beiden Seiten verbindenden Öffnungen nur unliebsame Störenfriede in der Formgebung der beiden angrenzenden Räume sind, vom Janusgesicht der Wand spricht, so weiß er nicht, wovon er spricht.

234 Vgl. Barthes, R., Elements de semiologie (1964); dt.: Elemente der Semiologie, Frankfurt/M 1979

235 Diese allgemeine Ambition ist bisweilen überlagert von Ideen, die der „architecture parlante" nicht nachstehen. Man denke nur an O. M. Ungers Metaphern des Schiffes (bei einem Institut maritimer Forschung), des Tores (bei einem Hochhaus am Eingang der Stadt bzw. ihres Messegeländes) oder des Hauses im Haus (bei einem Architekturmuseum).
236 Venturi, R./D. S. Brown/S. Izenour, Learning from Las Vegas (1972), Cambridge, Mass. 1977; dt.: Lernen von Las Vegas. Braunschweig 1979 (Bauwelt Fundamente, Bd. 53)
237 Vgl. Resnikow, L. O., Erkenntnistheoretische Fragen der Semiotik, Berlin 1968
238 Barthes, R., Elemente ... (siehe Anm. 234), Kap. II.1.4. Man bemerke, daß Barthes die Funktions-Zeichen – er bezieht sich allgemein auf Gebrauchsgegenstände – nicht als durch die eigene Erfahrung im Gebrauch bzw. Nutzungszusammenhang, sondern als konventionell (durch den allgemeinen Gebrauch) bestimmt auffaßt. Für ihn handelt es sich nicht um Anzeichen, sondern um Zeichen, nicht in einem allgemeinen, sondern im engeren Sinn eben einer konventionell bestimmten Zuordnung (Denotation oder Konnotation) von Signifikant und Signifikat. Dies ist die Auffassung, die wir später bei Umberto Eco wiederfinden (La struttura assente (siehe Anm. 132). Sie ist, jedenfalls bei Eco an einen Begriff der Funktion von Gebäuden bzw. Gebrauchsgegenständen gebunden, der, ähnlich wie bei den Architekten, in Richtung auf die Nutzung bzw. den Gebrauch verschoben ist: die Funktion wird als Möglichkeit eines bestimmten Gebrauchs verstanden, wenn nicht als der Gebrauch selbst. (Geradezu absurd wird der Funktionsbegriff bei Eco mit der Unterscheidung zwischen „erster Funktion", die denotiert werde, und „zweiten Funktionen", die konnotiert werden, und die, aus dem Kontext zu schließen (denn Ecos ausdrückliche Bestimmungen machen noch weniger Sinn), bestimmte, den Gebrauch spezifizierende Ideen oder Bedeutsamkeiten des Gebrauchs in einem weiteren Kontext sind, z. B. die majestätische Würde, die der Thron (im Gegensatz zum Stuhl) vermitteln soll.) Möglicherweise ist diese Auffassung des Funktions-Zeichens, oder richtiger, des Gebrauchs-Zeichens, zutreffend für traditionsbestimmte Kulturen; sie ist es aber wohl kaum bei genuin funktionaler Betrachtung, spielt bei dieser allenfalls eine untergeordnete Rolle.
239 Greenough, H., Form and Function, Berkeley/Los Angeles 1947
240 Zu einer allgemeinen Charakteristik des paradigmatischen und des syntagmatischen Aspekts von Zeichen siehe Barthes, R., Die Imagination des Zeichens, in: Barthes, R., Literatur und Geschichte, Frankfurt/M 1969
241 Bachelard, G., La poétique de l'espace, Paris 1958; dt.: Poetik des Raumes, München 1960
242 Bollnow, C. F., Mensch und Raum, Stuttgart 1963
243 Fischer, F., Der Wohnraum, Zürich 1965. Vgl. auch Heymann, K., Seelische Frühformen, Basel 1943 (Psychol. Praxis, H. 1), sowie Fischer, F., Der animale Weg, Zürich 1972
244 Selbstverständlich muß man hier, anders als Fred Fischer es getan hat, von symbolischen Bedeutungen absehen, die ein Architektur-Element als Vorstellung, als Bild außerhalb des Nutzungszusammenhangs erhalten mag, etwa die enge Pforte als Symbol der Initiation, die Wand als Symbol der unnahbaren Mutter usw.
245 De Saussure, F., Cours de linguistique générale, Lausanne 1961; dt.: Grundfragen der allgemeinen Sprachwissenschaft, Berlin 1931, ²1967
246 Peirce, C. S., Collected Papers, hrsg. von V. Hartshorne u. P. Weiss, Cambridge/Mass. 1931–1935, Bd. 5, S. 488
247 Ebd., Bd. 2, S. 302.
248 Susanne Langer (Philosophy in a New Key, Cambridge/Mass. 1942, Kap. 3) kam in ihren zeichentheoretischen Überlegungen ebenfalls zu einem viergliedrigen Schema. Es ergab sich aber durch bloße Erweiterung des alten Peirceschen dreigliedrigen Schemas, in Langers Terminologie bestehend aus „symbol", „subject" und „object", durch ein viertes Glied:

„conception" (verstanden als Konzeption des Objekts), und nicht wie hier, indem innerhalb des Interpretanten eine Differenzierung zwischen (vorgestelltem) Signifikant und (vorgestelltem) Signifikat eingeführt wird. Außerdem beschränkt Langer die Gültigkeit des viergliedrigen Schemas auf Zeichen, die „Instrumente des Denkens" sind – „symbols" –, während sie für Zeichen, die „zu handeln gebieten" – „signs" – das alte dreigliedrige Schema beibehält. Diese Unterscheidung liegt quer zu der sonst üblichen zwischen Zeichen und Anzeichen, und ihr Unterscheidungskriterium, letztlich Stimulus-Response oder Reflexion, ist m. E. den Zeichen selbst völlig äußerlich, kann nicht mit einem Unterschied der Struktur des Zeichenprozesses verbunden werden.

249 Vgl. die Beiträge von C. Jencks und insbesondere von G. Baird in: Meaning in Architecture, Hrsg. C. Jencks/G. Baird, London 1969
250 Es dürfte klar sein, daß diese vor allem von Abraham Moles und Max Bense entwickelte Informations-Ästhetik, die, wie die Technik der Nachrichtenübertragung, Information mit der Unwahrscheinlichkeit bzw. der Unerwartetheit des betreffenden Zeichens gleichsetzt, dessen (semiotische) Signifikanz völlig außer acht lassend, nur für eine rein formale Betrachtung taugt bzw. zu einer solchen führt. Versuche der Anwendung dieser Informations-Ästhetik auf die Architektur finden sich bei Kiemle, M., Ästhetische Probleme der Architektur unter dem Aspekt der Informationsästhetik, Quickborn 1967, und, bezogen auf den Raum bzw. Bewegungen im Raum, in Kapitel 6 der oben erwähnten Studie von A. Moles und E. Rohmer (siehe Anm. 180).
251 Vgl. Nauta, D., The Meaning of Information, The Hague/Paris 1972, insbes. Kap. 4; ferner Klix, F., Information und Verhalten, Berlin/Bern/Stuttgart/Wien 1971, Kap. 1.4
252 In diesem allgemeineren Verständnis von Information handelt die Theorie der Nachrichtenübertragung nicht von der Information des übertragenen Zeichens, sondern von einer speziellen (quantifizierbaren) Weise der Information *über* Zeichen bzw. *über* eine Nachricht.
253 Vgl. die in Anm. 150 genannten Texte.
254 In der Terminologie der maschinellen Datenverarbeitung: „match" und „mismatch". Vgl. etwa Fink, D. G., Computers and the Human Mind – An Introduction to Artificial Intelligence, London 1968, Kap. 7 und 8. Was das menschliche Gehirn betrifft, vgl. Vester, F., Denken, Lernen, Vergessen, Stuttgart 1978, S. 26, 63
255 Wiener, N., Cybernetics, or Control and Communication in the Animal and the Machine, New York 1948, S. 155
256 Siehe Leroi-Gourhan, A., Le geste ... (siehe Anm. 152), S. 346. Vgl. dazu Kap. 13
257 Vgl. dazu Adolf Loos: „Der einzelne mensch ist unfähig, eine form zu schaffen, also auch der architekt. Der architekt versucht aber dieses unmögliche immer und immer wieder – und immer mit negativem erfolg. Form und ornament sind das resultat unbewußter gesamtarbeit der menschen eines ganzen kulturkreises. Alles andere ist kunst. Kunst ist der eigenwille des genius. Gott gab ihm den auftrag dazu." Ornament und Erziehung (1924), in: Trotzdem, Insbruck 1931; ebenfalls in: Sämtliche Schriften, Bd. 1, Wien/München 1962, S. 391 ff.
258 Die Interpretation des Hauses des archaischen Menschen als Bild der Welt, „imago mundi", wie wir sie in der Nachfolge Mircea Eliades (Das Heilige und das Profane, Hamburg 1957) bei zahlreichen Autoren finden, ist eine Verzeichnung von unserer heutigen nicht-partizipierenden Betrachtungsweise aus. Es geht nach den Quellen zu urteilen, und wie bei Eliade selbst durchaus noch sich anzeigend, weniger um Abbildung als um Identifizierung (vgl. etwa Müller, W., Archaische Gesellschaften, und was wir von ihnen erfahren können, Scheidewege 13 1983/1984, S. 162–186, speziell S. 164 f.) – Identifizierung aber wohl nicht

des Hauses mit der Welt für sich genommen, sondern in ihrer Beziehung zum Menschen als einem der Welt noch nicht gegenüber, sondern in ihr Stehenden, wie oben beschrieben. In solcher Bezogenheit zum Menschen entwickeln sich die Vorstellungen vom Weltbau und vom Hausbau in wechselseitiger Abhängigkeit, wobei einerseits (zunächst) Erfahrungen des Hausbaus bzw. der Landnahme in die Vorstellung vom Weltbau eingehen (Technomorphie des Weltbilds), während andererseits die kosmologischen und kosmogonischen Vorstellungen auf den Hausbau im Sinn normativer Verfestigungen zurückgespiegelt werden. Vgl. Topitsch, E., Erkenntnis und Illusion, Hamburg 1979. Speziell Elemente des Hausbaus betreffend siehe Trier, J., Irminsul, Westfälische Forschungen 4 (1941), S. 99–133, sowie Nitschke, G., Shime: Binding/Unbinding, Architectural Design 44 (1974), S. 747–791. Vgl. auch die Herkunft des Wortes ‚bauen' aus einer gemeinsamen Wurzel mit ‚bin' und ‚bist', also mit Präsensformen von ‚sein', nämlich in der Welt sein. (Heidegger, M., Bauen, Wohnen, Denken, in: Vorträge und Aufsätze, Pfullingen 1954)
259 Siehe Müller, W., Amerika – die neue oder die alte Welt? Berlin 1982, S. 75

Abbildungsnachweis

S. 22 (oben): Murray, P., Architettura del Rinascimento, Venedig 1971. S. 25: Clark, K., Piero della Francesca, Köln 1970; The Paintings of Titian, Hrsg. H.E. Wethey, Bd. II, London 1971. S. 26: Battisti, E., Filippo Brunelleschi, Stuttgart/Zürich 1979; Michelangelo Architetto, Redazione di P. Portoghesi e. B. Zevi, Torino 1964 (retuschiert). S. 32: Swoboda, H., Der künstliche Mensch, München 1967. S. 34: Memmo, A., Elementi d'architettura Lodoliana..., Zara ²1833. S. 40: Semper, G., Der Stil in den technischen und tektonischen Künsten, ²1879, Bd. 2; Kulka, H., Adolf Loos, Wien 1931. S. 46: Architectur d'Aujourd'hui 29 (1959), H. 79, S. 47: Le Corbusier et Pierre Jeanneret, Oeuvre complète, Bd. 1. S. 50/51: Durand. J.N.L., Precis des lecons d'architecture... Paris ²1817–21, 1. Buch. S. 58/59: Activity Data Method, Hrsg. Ministry of Public Building and Works, Her Majesty's Stationary Office, London (1966). S. 62: Cousin, J., Topological Organization of Architectural Space, Architectural Design 15 (1970), S. 491–493. S. 86: Ayoub, R., Contrôl thermique naturel..., Technique et Architecture 20 (1960), H. 2. S. 89: Carpenter, E./F. Varley/R. Flaherty, Eskimo, Toronto 1959. S. 90: Elisseeff, D.u.V., Japan, Freiburg/Basel/Wien 1981. S. 93 (unten): Alvar Aalto, Bd. 1: 1922–1962, Zürich 1963. S. 96: Evans, R., Figures, Doors and Passages, Architectural Design 48 (1978), S. 267–278. S. 98: Benevolo, L., Die Geschichte der Stadt, Frankfurt/M. 1983; Reichow, H.B., Die autogerechte Stadt, Ravensburg 1959. S. 100: Evans, R., The fabrication of virtue – English prison architecture 1750–1840, Cambridge 1982. S. 102: Moles, A./E. Rohmer, Psychologie de l'espace, Paris 1972. S. 119: Fröbels Theorie des Spiels III, Weinheim 1962.

Bauwelt Fundamente

1 Ulrich Conrads (Hrsg.), Programme und Manifeste zur Architektur des 20. Jahrhunderts
2 Le Corbusier, 1922 – Ausblick auf eine Architektur
3 Werner Hegemann, 1930 – Das steinerne Berlin
4 Jane Jacobs, Tod und Leben großer amerikanischer Städte*
5 Sherman Paul, Louis H. Sullivan*
6 L. Hilberseimer, Entfaltung einer Planungsidee*
7 H. L. C. Jaffé, De Stijl 1917–1931*
8 Bruno Taut, Frühlicht 1920–1922*
9 Jürgen Pahl, Die Stadt im Aufbruch der perspektivischen Welt*
10 Adolf Behne, 1923 – Der moderne Zweckbau*
11 Julius Posener, Anfänge des Funktionalismus*
12 Le Corbusier, 1929 – Feststellungen
13 Hermann Mattern, Gras darf nicht mehr wachsen*
14 El Lissitzky, 1929 – Rußland: Architektur für eine Weltrevolution
15 Christian Norberg-Schulz, Logik der Baukunst
16 Kevin Lynch, Das Bild der Stadt
17 Günter Günschel, Große Konstrukteure 1*
18 nicht erschienen
19 Anna Teut, Architektur im Dritten Reich 1933–1945*
20 Erich Schild, Zwischen Glaspalast und Palais des Illusions
21 Ebenezer Howard, Gartenstädte von morgen*
22 Cornelius Gurlitt, Zur Befreiung der Baukunst*
23 James M. Fitch, Vier Jahrhunderte Bauen in USA*
24 Felix Schwarz und Frank Gloor (Hrsg.), „Die Form" – Stimme des Deutschen Werkbundes 1925–1934
25 Frank Lloyd Wright, Humane Architektur*
26 Herbert J. Gans, Die Levittowner. Soziographie einer »Schlafstadt«*
27 Günter Hillmann (Hrsg.), Engels: Über die Umwelt der arbeitenden Klasse*
28 Philippe Boudon, Die Siedlung Pessac – 40 Jahre*
29 Leonardo Benevolo, Die sozialen Ursprünge des modernen Städtebaus*

30 Erving Goffman, Verhalten in sozialen Strukturen*
31 John V. Lindsay, Städte brauchen mehr als Geld*
32 Mechthild Schumpp, Stadtbau-Utopien und Gesellschaft*
33 Renato De Fusco, Architektur als Massenmedium*
34 Gerhard Fehl, Mark Fester und Nikolaus Kuhnert (Hrsg.), Planung und Information*
35 David V. Canter (Hrsg.), Architekturpsychologie
36 John K. Friend und W. Neil Jessop (Hrsg.), Entscheidungsstrategie in Stadtplanung und Verwaltung
37 Josef Esser, Frieder Naschold und Werner Väth (Hrsg.), Gesellschaftsplanung in kapitalistischen und sozialistischen Systemen*
38 Rolf-Richard Grauhan (Hrsg.), Großstadt-Politik*
39 Alexander Tzonis, Das verbaute Leben
40 Bernd Hamm, Betrifft: Nachbarschaft
41 Aldo Rossi, Die Architektur der Stadt*
42 Alexander Schwab, Das Buch vom Bauen
43 Michael Trieb, Stadtgestaltung*
44 Martina Schneider (Hrsg.), Information über Gestalt
45 Jörn Barnbrock, Materialien zur Ökonomie der Stadtplanung*
46 Gerd Albers, Entwicklungslinien im Städtebau*
47 Werner Durth, Die Inszenierung der Alltagswelt
48 Thilo Hilpert, Die Funktionelle Stadt*
49 Fritz Schumacher (Hrsg.), Lesebuch für Baumeister
50 Robert Venturi, Komplexität und Widerspruch in der Architektur
51 Rudolf Schwarz, Wegweisung der Technik und andere Schriften zum Neuen Bauen 1926-1961
52 Gerald R. Blomeyer und Barbara Tietze, In Opposition zur Moderne
53 Robert Venturi, Denise Scott Brown und Steven Izenour, Lernen von Las Vegas
54/55 Julius Posener, Aufsätze und Vorträge 1931-1980
56 Thilo Hilpert (Hrsg.), Le Corbusiers „Charta von Athen". Texte und Dokumente. Kritische Neuausgabe
57 Max Onsell, Ausdruck und Wirklichkeit
58 Heinz Quitzsch, Gottfried Semper – Praktische Ästhetik und politischer Kampf
59 Gert Kähler, Architektur als Symbolverfall
60 Bernard Stoloff, Die Affaire Ledoux

61 Heinrich Tessenow, Geschriebenes
62 Giorgio Piccinato, Die Entstehung des Städtebaus
63 John Summerson, Die klassische Sprache der Architektur
64 G. Fischer, L. Fromm, R. Gruber, G. Kähler und K.-D. Weiß, Abschied von der Postmoderne
65 William Hubbard, Architektur und Konvention
66 Philippe Panerai, Jean Castex und Jean-Charles Depaule, Vom Block zur Zeile
67 Gilles Barbey, WohnHaft
68 Christoph Hackelsberger, Plädoyer für eine Befreiung des Wohnens aus den Zwängen sinnloser Perfektion
69 Giulio Carlo Argan, Gropius und das Bauhaus*
70 Henry-Russell Hitchcock und Philip Johnson, Der Internationale Stil - 1932
71 Lars Lerup, Das Unfertige bauen
72 Alexander Tzonis und Liane Lefaivre, Das Klassische in der Architektur
73 Elisabeth Blum, Le Corbusiers Wege
74 Walter Schönwandt, Denkfallen beim Planen
75 Robert Seitz und Heinz Zucker (Hrsg.), Um uns die Stadt
76 Walter Ehlers, Gernot Feldhusen und Carl Steckeweh (Hrsg.), CAD: Architektur automatisch?
77 Jan Turnovský, Die Poetik eines Mauervorsprungs
78 Dieter Hoffmann-Axthelm, Wie kommt die Geschichte ins Entwerfen?
79 Christoph Hackelsberger, Beton: Stein der Weisen?
80 Georg Dehio und Alois Riegl, Konservieren, nicht restaurieren, Herausgegeben von Marion Wohlleben und Georg Mörsch
81 Stefan Polónyi, ... mit zaghafter Konsequenz
82 Klaus Jan Philipp, Revolutionsarchitektur (in Vorbereitung)
83 Christoph Feldtkeller, Der architektonische Raum: eine Fiktion
84 Wilhelm Kücker, Die verlorene Unschuld der Architektur
85 Ueli Pfammatter, Moderne und Macht (in Vorbereitung)
86 Christian Kühn, Das Schöne, das Wahre und das Richtige
87 Georges Teyssot, Die Krankheit des Domizils (in Vorbereitung)
88 Leopold Ziegler, Florentinische Introduktion

---

*vergriffen

El Lissitzky
1929

Rußland: Architektur für eine Weltrevolution

Baugeschichte/Architekturtheorie

Band 14 der Bauwelt Fundamente.
Nachdruck 1989. 207 Seiten mit 117 Abbildungen

ARCHITEKTUR ■ BEI VIEWEG

Kevin Lynch

Das Bild der Stadt

Stadtgestaltung/Stadterlebnis

Band 16 der Bauwelt Fundamente.
2. Auflage 1989. 215 Seiten mit 61 Abbildungen

ARCHITEKTUR ▬ BEI VIEWEG

Wilhelm Kücker

Die verlorene Unschuld der Architektur

Aufsätze und Reden
1980 bis 1987

Architekturkritik/Zeitgeschichte

Band 84 der Bauwelt Fundamente.
1989. 135 Seiten mit 38 Abbildungen

ARCHITEKTUR ■ BEI VIEWEG

Christian Kühn

Das Schöne, das Wahre und das Richtige

Adolf Loos und das Haus Müller in Prag

Architektur/Baugeschichte

Band 86 der Bauwelt Fundamente.
1989. 109 Seiten mit 52 Abbildungen

ARCHITEKTUR ■ BEI VIEWEG

Bei Fragen zur Produktsicherheit wenden Sie sich bitte an:
If you have any questions regarding product safety,
please contact:

Birkhäuser Verlag GmbH
Im Westfeld 8
4055 Basel, Schweiz
productsafety@degruyterbrill.com